이생에서 최고의 행운은
불법(佛法)과의 만남

淨名 김성규

세상에서 가장 위대한 가르침
부처님이 깨친 연기(緣起) 이야기

세상에서 가장 위대한 가르침
부처님이 깨친 연기이야기

초판 1쇄 발행 2018년 10월 1일

지은이/ 김성규
발행처/ 통섭출판사
발행인/ 심관희
등록/ 제2014-4호
주소/ 대구시 남구 대명동 1길 11
전화/ 053.621.2256
팩스/ 053.621.2256
디자인제작/ 대구학원사 053.422.7200

ⓒ2018, 김성규

값 30,000원
ISBN 979-11-953733-9-0 03220

*독자 여러분의 의견을 기다립니다. http://www.tongsub.com

세상에서 가장 위대한 가르침

부처님이 깨친 연기緣起 이야기

김성규 지음

4_세상에서 가장 위대한 가르침, 부처님이 깨친 연기이야기

여는말

수 억 겁을 살아도 오늘 이 하루는 두 번 다시 오지 않습니다. 오늘 이 하루는 세세생생 살아도 다시 오지 않는 소중한 하루입니다. 우리는 지금 그 하루와 마주하고 있습니다.

세세생생 인간 몸 받으며 만난 최대의 행운은 불교와의 만남.
이생에서 만난 최고의 기쁨은 불교 아는 것.
참된 만남 거룩한 인연은 부처의 씨앗.
이생에서 이루어진 최대의 행운은 부처 되는 것.

부처님 감사합니다.
자다가 일어나 생각해도 부처님의 은혜에 가슴이 사무칩니다.
이렇게 좋고 바른 법을 어떻게 하면 많은 사람들에게 제대로 전할 수 있을까 하는 것이 저의 화두였습니다.
여기 부처님께서 깨친 존재의 속성인 연기를 부처님전에 공양 올립니다.
저는 이 강의를 하면서 내내 행복했습니다.
35년 동안 고민하고 잠 안자며, 나름대로 깨친 연기를 세상에 내어 놓을 수 있어서 너무나도 행복합니다.

가슴에 사무치는 부처님의 은혜를 조금이나마 갚을 수 있음에 진정 행복합니다.
　바로 볼 수만 있으면 정말로 쉬운 불교인데 어디에도 쉬운 불교가 없습니다.
　모두 장님 코끼리 만지기식의 불교입니다. 코끼리 다리를 만져 본 장님은 다리 같이 길쭉한 불교를 이야기하고, 코끼리 등을 만져 본 장님은 등 같이 평평한 불교를 이야기하고, 코끼리 얼굴을 만져 본 장님은 얼굴 같이 울퉁불퉁한 불교를 이야기 합니다.
　신이 존재하지 않는 불교에서는 불교 역사가 신만큼이나 중요함을 알아야 합니다.
　불교를 제대로 알려면 과연 부처님께서 우리들에게 무엇을 가르치려고 하셨을까?하는 문제와 부처님의 탄생부터 시작하여 2,600년의 불교역사를 알아야 합니다.
　아무리 쉽고 간단한 문제라도 모르는 사람이 보면 어려운 것이고, 아무리 어렵고 복잡한 문제라도 그 문제의 해답을 알고 있는 사람이 보면 쉬운 것입니다.
　이 책이 불교를 바로 이해하는데 좋은 길잡이 노릇을 할 수 있다면 무엇을 더 바라겠습니까!
　지금 가을 금풍이 가득합니다. 부처님께서 병드신 노구를 이끄시고 마지막 우안거에 드신 그 때처럼 따사로운 햇살이 거리마다 가득합니다.

정겹고 아름다운 축복이 모든 이웃들에게도 함께 하기를 기원
합니다.
부처님의 마지막 유훈이 귓가에 맴 돕니다.
우리의 삶이란 별거 아니다. 그렇다고 부질없는 것도 아니다.
항상 부지런히 애쓰고 노력하라.

모든 생명에게 부처님의 자비광명이 가득하기를 기원합니다.
다음 생에 태어난다면 누가 불교 곁에 얼쩡거리겠습니까?
바로 우리들입니다.
이것이 우리들이 불교를 제대로 알아야 하는 이유입니다.

망망한 풀바다 헤치며 너를 찾아가노니
물 굽이 멀고 산 첩첩하여 힘은 다했네
두 눈빛 가물가물 꺼져 갈 즈음
단풍나무엔 늦매미 울음이 물들고 있네.

2018년 추분지절에
정명 김성규

차례

여는말　　　　　　　　　　　　　　　　　　　　　　005

I. 불교란 무엇인가
제1강　　불교란 무엇인가　　　　　　　　　　　　013
제2강　　부처는 있는가　　　　　　　　　　　　　035
제3강　　무아와 무상　　　　　　　　　　　　　　051
제4강　　연기　　　　　　　　　　　　　　　　　069

II. 불교교리의 체계
제5강　　삼법인　　　　　　　　　　　　　　　　087
제6강　　사성제　　　　　　　　　　　　　　　　105
제7강　　중도와 팔정도　　　　　　　　　　　　　123
제8강　　사성제의 체계와 연기의 인식　　　　　　141

III. 존재에 대한 이해
제9강　　부처님 당시 인도의 역사적 상황 및 사상　165
제10강　 존재는 인식이다_12처설　　　　　　　　185
제11강　 세상에는 무엇이 존재하는가_18계　　　　203

| 제12강 | 죄악과 의지의 문제 | 217 |

IV. 연기의 체계 및 구조

제13강	시간연기_육육법연기	239
제14강	오온연기	257
제15강	오온연기의 발생양식	273
제16강	12연기_시공간연기	291
제17강	12연기의 성립	317

V. 연기의 실천

제18강	선악의 의미	333
제19강	삼세윤회설	349
제20강	불교의 우주관	369
제21강	사념처관	391
제22강	무엇이 정법인가	413

우리말 발원문   430

I 불교란 무엇인가

제1강 불교란 무엇인가
거룩한 인연/ 금강경 이야기/ 불교란 무엇인가?/ 두리뭉실 불교/ 기도 왜 성취될까? 뿌리를 알아보자/ 우바사비구의 인과이야기/ 왜 죽어야만 하는가?/ 연기/ 아인슈타인의 상대론/ 만유인력/ 프랙탈이론/ 1996년 단세포생물의 게놈지도를 풀다/ 무상에 대한 이해/ 무아에 대한 이해/ 부부싸움/ 연기, 무상, 무아, 적정

제2강 부처는 있는가
스님 찻잔이 넘칩니다/ 가장 큰 행운은/ 부분집합에 대한 이해/ 돌을 아무리 갈아도 거울이 될 수 없다/ 중생은 부처의 부분집합/ 중생보다 부처가 되는 것이 훨씬 이익이 크다/ 선혜보살 이야기/ 세속적인 가치는 진리적인 가치의 부분집합이다/ 감정의 뿌리, 불안/ 내일 죽는다면/ 자비광명/ 우연이란 없다/ 기적은 종교의 꽃/ 수행은 무명에서 연기로의 이동이다/ 내 삶의 목표는 부처/ 세속의 가치와 종교의 가치/ 부처가 되고자 하는 사람은/ 미륵의 의미/ 부처님의 마음

제3강 무아와 무상
무상에 대한 인식/ 무아의 정의/ 무아의 인식/ 미시세계에서의 무아에 대한 인식/ 우주에서 무아에 대한 인식/ 시간에 대한 인식/ 공간에 대한 인식/ 생명의 구성체, 세포/ DNA의 구조를 밝히다/ 세포는 끝없는 질서와 조화 속에 있다/ 암은 질서와 조화의 파괴이며 정신의 흐트러짐이다/ 자식이 아프면 부모도 아프, 무아의 연결고리/ 탐진치에서 계정혜로 이동/ 풀잎 하나도 다치게 하지마라/ 혼란의 척도, 엔트로피/ 윤회의 실체/ 무아와 무상을 인식하면 왜 이득이 되는가?

제4강 연기
이것이 있음으로 말미암아 저것이 있고/ 볏짚 두단으로 연기를 보이다/ 1%가 나를 부처로 만든다/ 선생님이 변하면 학생도 변한다/ 연기의 법칙은 내가 먼저 변해야 된다/ 내가 바뀌고 나니 상대도 바뀌는 것을/ 인이 바뀌면 연도 따라 변한다/ 부처의 속성은 자비광명/ 의가 부처되게 한다/ 연기의 꽃, 12연기/ 변화의 시작

제1강

불교란 무엇인가?

845년 당 무종에 의해 불교탄압의 칙령으로 중국 불교 최대의 수난기를 맞이하게 되었습니다. 이때 전국적으로 4천6백개의 사찰이 폐쇄되었으며 4만이 넘는 불당이 파괴되었습니다. 그리고 26만 명의 승려가 강제 환속을 당하였으며 16만 명이나 되는 절 소속의 머슴들이 국가에 강제로 귀속 당했습니다.

우리는 지금 당 무종의 불교탄압보다 더 심각한 위기를 맞이하고 있습니다. 불교를 제대로 아는 것만이 불교를 지킬 수 있는 힘이 될 뿐입니다. 나는 지옥에서 빛을 찾는 심정으로 이 강의를 합니다.

거룩한 인연

반갑습니다. 이생에서 이렇게 공부할 수 있는 인연이 되어 정말 감사합니다.

어떤 일이든지 그 일이 생기게 된 이유는 다 있기 마련입니다. 우리는 자신의 인연으로 이몸 받아 이렇게 살아갑니다. 불교방송에서 이런 불교강의를 할 수 있는 것을 생각해보면 아마 현생의 인연과 전생의 인연으로 인하여 꼭 한 번은 일어나야 할 일이 대구 불교방송을 통하여 이루어지지 않았나 싶습니다.

우리가 전생의 인연은 잘 알 수 없지만 가만히 생각해 보면 절대 무관하지가 않습니다. 불교방송 관계자와 청취자 여러분의 인연이 지중한 것입니다. 이렇게 불교방송을 통하여 불교공부를 하게 된 인연은 필연이 없이는 불가능한 것입니다. 여러분 중에 몇 분은 전생에 강의를 들어야 될 필연적인 어떤 사건이 있었기 때문에 이렇게 인연이 되어서 여기에 오게 된 것입니다.

금강경 이야기

제가 90년 초에 우리말로 번역된 금강경을 보면서 이렇게 되어서는 안 되겠다는 생각을 했습니다. 우리말로 잘못 번역 된 부분이 많았습니다. 그리고 불자들에게 부처님께서 금강경을 설하신 그 뜻을 쉽게 전달할 수 있는 번역이 이루어져야만 한다고 생각했습니다. 금강경 번역을 했던 90년 초에는 하루에 2시간씩 자면서 6개월 정도 금강경에 빠져있었습니다. 그러나 10년이 지나도록 책을 세상에 내놓지 못했습니다. 왜냐하면 미흡한 부분도 있고 또 지금 다시 보니까 잘못된 부분이 있었던 것입니다. 내 생각의 깊이가 달라짐에 따라 번역 부분이 달라질 수 있다는 것을 알고 오랫동안 망설였습니다. 긴 망설임 끝에 '마음은 보석'이라는 이름으로 신구문화사에서 출판하였는데 제가 그때 생각한 것은 이 책으로 말미암아 한 명이라도 진실한 마음을 낼 수 있다면 이 책은 역할을 충분히 한 것이 아닐까 하는 것이었습니다.

오늘 불교방송을 통하여 불교 강의를 시작하면서 불법을 한 명이라도 제대로 안다면 불교강의는 성공한 것이라고 생각합니다. 이 세상은 행복한 사람 한 사람만 있어도 행복합니다. 이와 같이 우리가 불법을 제대로 안다면 모든 것은 다 이루어집니다.

불교란 무엇인가?

부처님은 제자들이 '불교가 무엇이냐?'고 물으면 "12처가 불교니라"고 했습니다. 존재의 인식구조를 아주 명료하게 설명한 것입니다. 우리가 절에 평생을 다녀도 불자냐 불자가 아니냐 하는 것은 절에 다닌다고 해서 불자일까 하는 문제입니다. 결국 우리는 부처님의 법을 제대로 알 때 진정한 불자가 됩니다.

부처님께서 제자들한테 직접 이해를 시켰던 육근과 육경, 12처와 18계, 육육법연기, 오온연기, 12연기 등 불교의 가장 기본적인 체제를 이루고 있는 부분에 대해서 집중적으로 강의를 할 작정입니다. 이 부분을 이해하고 나면 불교를 아는 것입니다. 이 법당에 골격만 세워놓으면 아름답게 칠도 할 수 있고 부처님을 모셔 놓을 수도 있고, 모든 조형물을 설치 할 수 있습니다. 이와 같이 골격만 짜여지면 나머지 부분들은 장식하기가 수월합니다. 우리는 이 골격이 어떻게 되어 있는지를 알고 있으면 어느 생에 어떻게 태어나든지 불법에서 멀어질 수가 없습니다. 불법 속에서 살 수 밖에 없습니다. 체면상 형식상 억지로 하는 것은 한두 번이지만 진정으로 좋아서 하는 것은 시간이 흐르더라도 수백 번을 그대로 할 수 밖에 없습니다. 내가 진정으로 불법을 알고 있다면 그것으로 말미암아 불교가 아닌 다른 삶을 살 수가 없습니다.

오늘 이 공부를 시작하면서 부처님께서 가르친 진리를 아는 것이 삶에 대해서 이익이 안 된다면 목숨 걸고 할 필요가 없습니다. 가장 중요한 것은 이몸 받아 이렇게 사는 것에 큰 이득이 있기 때문에 불법을 제대로 알아야 합니다. 불법을 제대로 알기 위해서 부처님께서 깨치신 것이 무엇인지 알아보도록 합시다.

두리뭉실 불교

오늘은 계략적으로 연기와 무상과 무아 등을 알아보도록 하겠습니다. 우리는 불교가 무엇인지 물으면 한마디로 대답을 못합니다. 절에 평생을 다녀도 불교의 기본적인 용어의 뜻을 모르기 때문입니다. 그래서 불교를 제대로 이해할 수가 없고 전달 할 수도 없고 내 삶을 불교적으로 살 수가 없습니다. 우리는 국솥의 국자같이 살지 말아야 합니다. 절에 천 년을 다녀도 부처님의 가르침에 대해서 정확한 이해를 하지 못하면 국자와 다를 바가 없습니다. 절에 행사가 있을 때마다 열심히 다니고 기도하는 궁극적인 이유가 무엇입니까? 나한테 손해가 되면 하겠습니까? 내가 부처님한테 돈 천 원 갖다 드릴 때는 만 원 십만 원 요구하지요? 내가 보시하는 것 보다 더 많은 것을 요구합니다. 그 많은 것을 요구하더라도 들어주리라 생각하기 때문에 시주도 하고 보시도 합니다. 그런 생각을 하기 때문에 요구하는 것이 이루어졌던, 이루어지지 않았던 간에 다양한 방법으로 실행되고 있습니다. 실제로 그것 때문에 이루어졌는지 혹은 이루어지지 않았는지 모르지만 자신이 생각 할 때는 그것 때문에 이루어졌다고 마음 편하게 생각하고 있습니다.

이와 같이 어떤 상황이든 우리는 손해 보는 짓은 절대로 안합니다. 다 내게 이익이 된다고 생각하기 때문에 열심히 보시를 합니다. 만 원 갖다 주면 만 원 보다 훨씬 큰 이득이 있을 거라는 생각을 합니다. 그 부분이 잘못되었다는 것이 아니라 좀 더 본질적으로 알면 내가 갖다 주더라도 기분 좋게 즐겁게 줄 수 있는 것입니다. 이것이 우리가 근본 원리인 진리를 알아야 하는 중요한 이유입니다. 적은 액수의 돈은 매일 쉽게 갖다 주지만 큰 액수의 돈이면 줄 것인가 말 것인가, 주면 더 큰 이득이 있을까? 하고 우리는 망설이게 됩니다. 그렇지만 내가 근본 진리를 이해하면 삶 자체에 망설임이 없어요. 확신이 생기면 해야될 때는 무조건 하고 하지 말아야 할 때는 안합니다. 바로 이것이 진리에 대한 확신입니다. 부처님께서 이생에서 몸을 받아 그렇게 멋지게 살다 가셨듯이 우리도 부처님께서 깨치신 그 진리를 앎으로써 얼마든지 멋지게 살 수 있다는 겁니다. 부처님께서 깨치신 근본을 한 부분씩 이해하고 배워보자는 것입니다. 이제까지 절에 열심히 다녔지만 내가 알고 있었던 불교는 두리 뭉실 불교입니다.

기도 왜 성취될까? 뿌리를 알아보자

내가 열심히 기도하고 정진을 하면 복도 주고 집안도 편안하게 해준다는 생각을 하는데, 그렇게 될 수 밖에 없는 원리를 공부하자는 것입니다. 원리를 알면 지금 얻고 있는 복보다도 더 큰 복을 얻을 수 있습니다. 이제 그 원리를 제대로 알아보자는 것이 불교 교리 공부의 기본적인 취지입니다. 그래서 우리는 불교에 대해서 좀 더 분명한 개념을 갖고 구체적으로 알아야 되겠다는 것입니다.

　오늘의 주제인 "불교란 무엇인가?"를 강의하기 전에 우바사비구의 인연 이야기를 먼저 해야겠습니다. 우리가 살아온 평생에는 즐거운 것, 기쁜 것, 슬픈 것, 원망하는 것들로 쌓여있습니다. 그렇습니까? 기뻤던 일은 지나고 나도 잘 기억납니까? 기억이 안 납니다. 그러나 슬펐던 기억과 원망했던 일은 기억에 많이 남습니다. 우리가 일생을 살아가면서 품었던 마음 중에서 가장 많이 남아 있는 것은 원망하는 마음입니다. 죽고 나면 49재 천도재를 지내줍니다. 이 몸이 죽고 다음 몸을 받을 때까지 염라대왕의 심판을 받는 기간이 49일 입니다. 그 49일 동안 심판을 받을 때 옆에서 요즈음의 표현을 빌면 촌지를 집어주는 것입니다. 좀 잘 봐달라고 촌지를 주는 것이 49재입니다. 궁극적으로 과보는 그 사람이 살아온 대로 받을 수밖에 없습니다. 그렇지만 옆에서 응원을 잘 해주면 조금은 달라질 수 있습니다. 왜냐하면 눈에 보이는 물질적인 육신은 전부 다 떨어져 있지만 정신적인 세계는 연결되어 있습니다. 내가 조상님이 잘 되도록 지극하게 기도를 하면 결국은 그 은덕이 조상님께 영향을 끼친다는 것입니다. 그러면 염라대왕은 심판할 때 조금은 마음이 좋아지겠지요. 우리가 기도를 열심히 하는 것은 염라대왕의 마음을 움직여서 이왕이면 좀 더 좋은 집에 돈 많은 부자 집에 태어나기를 바라는 것입니다. 여유있는 집에 태어나면 출발이 수월합니다. 그런데 자식을 낳아보면 빵틀이지요? 아주 조금씩 이득을 줄 수는 있지만 아예 엉뚱한 데는 보내지 않습니다. 이것이 바로 우리가 갖고 있는 업의 문제입니다. 앞으로 연기 무아 무상을 공부하면 구체적으로 이렇게 될 수밖에 없음을 알게 됩니다.

우바사비구의 인과이야기

부처님은 거의 평생 동안 마가다국의 수도인 왕사성과 코살라국의 수도인 사위성에서 불법을 펼쳤습니다. 두 형제가 있었습니다. 혼기가 꽉 찬 두 형제는 잘 생겼고 성실하며 열심히 일을 했습니다. 그래서 그 마을에 돈 많은 부자가 딸을 형과 결혼을 시키면 좋겠다고 생각하고 약혼을 시켰습니다. 형은 약혼을 하고 한 번만 더 장사를 하고 돌아와서 가을에 결혼을 하겠다고 약속을 했습니다. 형은 그해 봄에 마을사람들과 무역을 떠났는데 풍랑을 만나서 돌아오지를 못했어요. 풍랑을 만나서 돌아오지 못하니까 도적들에게 살해를 당했다 등 소문만 무성하고 형은 돌아오지 않았습니다. 장자는 1년이 지나고, 2년이 지나고, 3년이 지나도 형이 돌아오지 않으니까 동생을 찾아가서

"야, 너의 형이 죽었으니까 네가 책임져라. 온 마을에 소문이 나서 내 딸을 다른데 시집보낼 수 없다."라 하면서 동생한테 책임을 지라고 계속 닥달을 합니다. 동생은 그래도 형하고 약혼을 한 형수인데 어떻게 내가 책임을 질 수 있느냐고 하면서 계속 기다립니다. 그렇게 기다리다 보니 8년이 지나갔습니다. 8년 동안 기다려도 형이 돌아오지 않자 풍랑을 만나 도적들한테 살해를 당했다고 생각하고, 동생은 장자의 압력에 못 이겨 결국 결혼을 합니다. 형수 될 사람과 결혼을 해서 1년 동안 재미있게 잘 살았어요. 그런데 형은 풍랑을 만나 배가 난파당하여 표류하다가 무인도에서 천신만고 끝에 9년 만에 왕사성으로 돌아오게 됩니다. 동생은 형이

돌아왔다는 소식을 듣고 죄책감 때문에 출가해버립니다. 출가한 동생의 법명이 바로 우바사입니다. 우바사라는 법명으로 출가해서 이생에서는 형을 위해서 그리고 형수 될 사람이자 자신의 아내였던 여인을 위해 열심히 기도하고 정진하면서 수행자 생활을 잘 합니다. 형이 돌아와서 보니까 동생은 출가해버렸고, 기다리고 있을 줄 알았던 여인은 동생의 아내가 되어버린 상황입니다. 형은 9년이라는 긴 시간 동안 있었던 상황을 생각하지 못했던 것입니다. 그래서 자기 나름대로 9년이라는 힘든 역경을 견뎌내고 마을로 돌아왔을 때 모든 것이 그대로 있을 것이라고 생각했었는데 모든 상황이 바뀌어버린 것입니다.

형은 죽을 고생을 하고 돌아왔는데 상황이 이렇게 바뀌어 버리니까 원망하는 마음밖에 없었어요. 원망하는 마음으로 가득찬 형은 수행자 길을 떠난 동생을 죽여야 되겠다는 생각밖에 없었습니다. 그래서 수소문해서 동생을 찾아가보니 숲에서 열심히 수행을 하고 있었습니다. 형은 은자 500냥을 주고 사냥꾼 한 명을 매수해서 동생을 쏴 죽이라고 합니다. 사냥꾼은 은자 500냥을 받고 수행하고 있는 동생을 향해 활을 쏘았습니다. 그런데 사냥꾼의 화살이 엉뚱하게 바위에 튕겨 옆에서 지켜보고 있던 형이 맞고 죽습니다. 원망하는 마음을 품고 죽은 형은 뱀의 몸을 받습니다. 뱀의 몸을 받아서는 전생의 기억들은 전혀 없고 오직 우바사 비구를 죽여야 되겠다는 그 생각 하나만 가지고 있었던 것입니다. 그래서 뱀이 되어서도 다른 곳으로 안 가고 우바사가 수행하고 있는 담 밑에서 맴돕니다. 어떻게 하면 기회가 올까? 마침 우바사가 수행하고 있는 집의 방문이 열려 있는 틈으로 기어 들어갑니다. 그 순간 바람이 거세게 불어서 문이 닫히는 바람에 뱀은 치여 그 자리에서 죽습니다. 그런데 또 원망하는 마음을 간직한 채 독벌레의 몸을 받게 됩니다. 독벌레가 되어서도 우바사 주위를 맴돌게 됩니다. 독벌레는 덩치가 작아서 쉽게 방에 들어갑니다. 그래서 천장에 붙어서 기회를 노리다가 우바사 비구가 참선하고 있는 모습 위로 떨어져서 독벌레 자신도 죽고 우바사비구도 죽이게 됩니다. 이것이 부처님께서 설하신 현우경에 나오는 얘기인데 원망하는 마음 때문에 결국은 이런 결과를 갖게 됩니다.

왜 죽어야만 하는가?

우리가 이생에서 살아가면서 원망하는 마음을 품게 되면 다음 생에서도 똑같이 원망하는 마음을 가슴에 품고 살아야 됩니다. 이것이 현재 우리 삶의 모습입니다. 특히 원망하는 마음이 가장 지독하고 또 강하게 남는 것입니다. 보살님들도 거사님을 원망하는 마음이 있습니까? 그 원망하는 마음이 무엇 때문에 생겼는지 따지고 보면 다 본인 중심으로 생각하기 때문에 생기는 것입니다. 우바사 비구의 형도 9년 동안 동생이 겪었던 일을 잘 살펴보았다면 어떻게 되었을까요. 고부간의 문제, 자식과의 문제, 부부간의 문제 등 모든 것은 본인 중심의 생각에서 이루어집니다. 강의하면서 이런 부분들은 풀어가고 부처님께서 무엇을 깨쳤느냐를 구체적으로 살펴보도록 합시다.

부처님은 왜 출가를 하셨고 수행자가 되셨습니까? 왜 죽어야만 하는가의 문제 때문입니다. 왜 죽어야만 하는가의 문제를 가지고 부처님께서는 평생을 몰두한 것입니다. 바로 부처님께서 깨친 법이, 우리가 왜 죽어야만 하는가의 문제로부터 얻은 답인 연기입니다. 그래서 우리는 연기를 제대로 알아야합니다. 왜 죽어야만 하는가? 이 문제에 대한 해답이 연기였습니다.

연기

예를 들어서 내가 내일 죽습니다. 내일 죽는데 오늘 여기에 공부하러 나올 수 있겠어요? 내일 죽는다면 무엇을 하겠어요? 그러나 우리는 분명 내일 죽는데 죽는다는 생각이 없습니다. 내일이 언제 내일일지 모르겠지만 내일이 까마득한 미래라고 생각하고 있어요. 자신한테는 그 내일이 절대로 안 온다고 생각하고 있습니다. 그렇지만 그 내일은 항상 내 곁에 와 있습니다. 우리는 그 문제를 심각하게 생각하지 않습니다. 항상 내 몸을 건강하게 유지할 수 있다고 생각합니다. 그러나 바로 내일 죽는다면 오늘 무엇을 할 것인가 하는 이 문제를 생각해보아야 됩니다. 부처님께서는 왜 죽어야만 하는가 하는 이 문제를 가지고 출가를 하셨습니다. 부처님께서 깨치신 연기가 왜 죽어야만 하는가의 문제에 대한 답인 '존재하고 있는 모든 것은 연기적으로 존재한다.' 라는 것입니다. 바로 여기에서 연기라는 말이 나옵니다. 깨치고 보니까 존재하는 모든 것은 연기적으로 존재한 것입니다. 또 부처님께서 어떻게 깨달았는가? 결국은 왜 죽어야만 하는가? 이 문제가 무엇 때문에 일어났는가? 하는 발생의 원인을 6년 수행을 하면서 보리수 아래에서 선정에 들어 왜 죽어야만 하는가 하는 원인을 밝혔습니다. 원인을 밝히고 보니까 결국은 존재하고 있는 모든 것은 연기적으로 존재하고 있다는 것을 알게 되었습니다.

그래서 우리가 앞으로 공부를 하면서 알아야 하는 것은 연기적인 관계와 연기법입니다. 부처님께서는 이 연기를 평생 동안 가르쳤으며, 우리는 세세생생 인간 몸 받으며 이 연기를 제대로 알아야 합니다. 존재하고 있는 모든 것은 연기적으로 존재한다는 것입니다. 그러면 존재하고 있는 모든 것은 어떻게 이루어져 있습니까? 우리도 존재입니다. 이 책상도 존재입니다. 존재를 좀 더 나누어 보면 크게 생명이 없는 무생물과 생명이 있는 생명체로 나눌 수 있습니다. 무생물체는 우리가 이해하기 쉽습니다. 생명이 없는 물체인 책상이라든가 화성이라든가 혹은 태양이라든가 이런 물체들이 어떻게 운동하고 있는지 이런 관계들은 어떻게 존재하고 있는지 이해를 하면 이 부분들을 생명체에 적용할 수 있는지 없는지도 살펴볼 수가 있습니다. 먼저 이해하기 쉬운 무생물부터 이해를 하고 나아가 생물체나 인간에게까지 적용을 해보면 되겠지요.

아인슈타인의 상대론

무생물 즉 물체들이 상호간에 어떻게 작용을 하느냐하는 이 문제를 가지고 지구의 역사와 풍요로움에 대해서 생각해봅시다.

물체들의 작용이라든가 생명체들이 어떻게 활동하고 있는지에 대해서 많은 사람이 연구한 결과로 우리는 풍요로움을 누리고 있습니다. 그런 결정적인 역할을 한 사람이 바로 아인슈타인입니다. 아마도 지구가 낳은 뛰어난 천재 중에 한 사람은 아인슈타인이 분명합니다. 그만큼 아인슈타인의 역할이 큽니다. 좀 더 구체적으로 이야기하자면 지금 우리가 누리고 있는 과학적인 물질문명의 풍요로움의 대부분을 이룩한 원동력이 아인슈타인의 상대성 원리입

```
무상
무아  ← 존재 → 연기
        └→ 무생물 → 물체들의 운동 및 관계
           생명체       ↓
           1) 뉴턴 → 만유인력
              〈왜 모든 물체는 밑으로 떨어지는가?〉
           2) 아인슈타인 → 상대론
              〈빛과 같은 속도로 달리면서 물체를 보면
              물체가 어떻게 보일까?〉

무생물에는 인과관계가 성립하는데 생명체에도 성립할까?
```

니다. 아인슈타인이 풀어놓은 해답이 바로 상대론이고 상대성원리입니다. 예전에는 지구가 우주의 중심이라고 생각했습니다. 그런데 지동설이 주장 되면서 이 지구는 우주의 중심이 아니었습니다. 태양이 중심이고 지구는 단지 태양 주위를 돌고 있었습니다. 여기서부터 인간의 사고는 바뀌기 시작합니다.

상대론이라는 개념을 쉽게 이해하기 위해서 예를 들어보겠습니다. 지금 A보살님이 북쪽으로 약 10미터씩 달려가고 있어요. 옆에 있는 B보살님은 남쪽으로 10미터씩 달려갑니다. 그럼 어떻게 됩니까? 북쪽으로 가는 A보살님이 B보살님을 보면 20미터로 가는 것처럼 보이죠? 서로 반대방향으로 A보살님은 북쪽으로 10미터를 달려가고 있고 B보살님은 남쪽으로 10미터를 달려가고 있습니다.

그러면 A보살님이 B보살님을 볼 때 B보살님이 20미터씩 달리고 있는 것처럼 보입니다. 이것이 상대 속도입니다. 상대 속도에서 A보살님이 10미터를 북쪽으로 가고 있고 B보살님은 10미터를 남쪽으로 가고 있었을 때 A보살님이 B보살님을 보면 20미터 가는 것처럼 보입니다. 그러면 좀 더 빨리 달려봅시다. A보살님과 B보살님이 30만 킬로미터로 가고 있어요. 빛이 1초에 가는 거리가 30만 킬로미터입니다. 이 우주에서 생각할 수 있는 최대 속도가 30만 킬로미터입니다. A보살님이 B보살님을 보면 60만 킬로미터 달리는 것처럼 보여야 되지요? 그런데 아닙니다. 여기서 생각할 수 있는 최대속도가 30만 킬로미터라 했습니다. 앞에서 분명히 10미터로 가면서 10미터를 봤을 때는 계산해 보면 정확하게 20미터 나옵니다. 그런데 30만 킬로미터로 가면서 30만 킬로미터를 보니까 30만 킬로미터로밖에 안된다는 것입니다.

이것이 아인슈타인으로 하여금 상대론을 낳게 하는 배경입니다. 결국은 상대론을 생각할 수 있는 상대속도라는 개념입니다. 또 예를 들어서 지금 보살님이 회장보살님 앞쪽에 있습니다. 바로 제 앞에 있어요. 따지면 저보다는 뒤쪽에 있습니다. 위치를 결정할 때 어떻게 합니까? 기준을 정하여 그것을 중심으로 어디에 있다는 것입니다. 이 우주에 절대적인 것은 없습니다. 모든 것은 상대적으로 존재합니다. 기준을 정하여 어디에 있다 무엇에 비해서 존재한다고 여깁니다. 우리의 사고에 일대 혁명을 일으킨 것입니다. 지금까지 이 우주에는 절대적인 위치가 있다고 생각했는데 알고보니 절대적인 위치가 없다는 것입니다. 모든 것은 어떤 한 지점을 기준으로 했을 때 어디에 있다는 생각으로 바뀌어갑니다. 결국 이것이 상대론을 낳게 했습니다.

만유인력

뉴턴은 만유인력을 발견한 사람입니다. 존재가 무상하고 무아임을 알기 위해서는 아인슈타인과 뉴턴을 이해해야 합니다. 우리는 과학에서 풀어놓은 부분들을 어떻게 적용시키느냐 하는 것입니다. 뉴턴은 우주에 존재하고 있는 모든 물체 사이에는 힘이 작용한다고 했습니다. 보살님이 여기 앉아 계시고 제가 탁자 앞에 서 있다면 두 물체 사이에는 힘이 작용합니다. 그런데 우리가 힘을 느낍니까? 힘은 분명 계산해 보면 얼마라는 값이 나옵니다. 우리가 끌려가지 않고 제자리에 있을 수 있는 것은 서로 당기는 힘이 있기 때문입니다. 지금 만약 이 힘이 커져서 서로 끌려간다면 이렇게 공부할 수가 없지요? 다 제자리에 앉아 있을 수 있는 것은 힘이 존재하기 때문이지만 그 힘은 느낄 수 없을 만큼 미약하기 때문에 그냥 그대로 있는 것입니다. 물체와 물체 사이에 있는 힘을 다 풀어냅니다. 뉴턴이 힌트를 얻은 것은 모든 물체는 밑으로 떨어지는 것입니다. 왜 이것이 옆으로도 안 가고 위로도 안 가고 밑으로만 떨어지는가? 뉴턴이 갖고 있는 화두가 '왜 모든 물체는 밑으로만 떨어지는가?' 하는 것입니다. 이 화두의 해답이 바로 만유인력입니다. 우주에 존재하고 있는 모든 물체 사이에는 힘이 작용합니다.

이것은 무아를 인식하는데 매우 중요한 내용입니다. 즉 이 우주에 존재하고 있는 모든 물체와 물체사이에는 힘이 작용한다는 것을 뉴턴이 풀어냈습니다. 20살에 런던왕립대학교의 교수가 된 뉴턴의 화두는 왜 모든 물체는 밑으로 떨어지는가 하는 문제였습니다. 누구나 의문을 가질 수 있는 평범한 문제입니다. 이 문제에 대한 해답이 우주에 존재하고 있는 물체와 물체 사이에는 힘이 작용한다는 것을 종합적으로 구체적으로 풀어놓은 것입니다. 근본적으로 모든 물체 사이에는 힘이 작용한다는 것을 풀었습니다. 또 하나의 이론인 아인슈타인의 상대성 이론은 20세기까지 세상을 지배한 가장 강력한 사상입니다. 아인슈타인은 어떤 화두를 갖고 있었습니까? 지금 제 앞의 보살님의 모습은 동그랗게 보입니다. 30만 킬로미터로 달려가면서 물체를 볼 것 같으면 어떻게 보일까요? 빛을 타고 가면서 존재하고 있는 3차원의 모습을 보면 그대로 3차원으로 보일 것인가하는 이 문제가 아인슈타인의 16살 때의 화두였습니다. 그것을 풀은 것이 상대론입니다.

프랙탈이론

1800년대에는 이 세상을 지배하고 흐름을 주도한 가장 중심적인 사상이 뉴턴의 절대적인 생각이었지만 지금은 아인슈타인의 상대적인 생각이 주도적입니다. 여기에서 우리가 생각해야 할 것은 인과의 문제입니다. 인과를 100%로 믿는다면 어떻게 살아야 할까요? 부처님 같이 살아야겠지요. 문제는 믿기는 믿는데 자신한테 유리한 쪽으로만 믿습니다. 믿음에 대한 확신이 생겨야 합니다. 인과문제에 대한 가장 중요한 이론이 프랙탈 이론입니다. 21세기를 이끌어 갈 가장 중요한 사상은 프랙탈 이론입니다. 프랙탈 이론에 의하면 이 세상에 일어나는 일들 중에서 일어날 일만 일어난다는 것입니다. 오늘 통섭불교원 법당에 왔습니다. 보살님은 오실 때 버스 타고 오셨어요? 걸어 오셨어요? 택시 타고 오셨어요? 자가용을 타고 올 수도 있습니다. 오늘은 자가용을 타고 왔다면 그 자가용을 타고 올 수 밖에 없는 인연 때문입니다. 자가용을 타고 올 때도 앞산으로 올라오는 큰 길로 안 오시고 만약 골목길로 왔다면 그렇게 밖에 올 수 없는 인과 때문입니다. 예를 들어 지금 향을 켜놓으면 향이 타들어 가지요? 향 연기가 올라가지요? 그러면 그 향 연기가 어떻게 올라갑니까? 지금까지는 아무런 의미도 생각도 없었습니다. 이제까지 무의미하다고 생각했던 향 연기에 조건을 결부시켜 생각해 보니까 향을 피우면 그 향 연기는 그렇게 밖에 올라갈 수 없다는 것입니다. 또 저녁에 향을 피우면 지금 보는 것과 다른 방향으로 올라갑니다. 모든 조건을 대입해 주면 향 연기는 그렇게 올라갈 수밖에 없는 것입니다. 이것이 바로 프랙탈 이론으로 이 세상에 일어나는 모든 일은 일어날 일만 일어난다는 중요한 결론을 만들어냅니다. 좀 더 깊게 생각해보면 바로 인과 문제가 됩니다. 현대과학이 풀어낸 인과입니다.

1996년 단세포생물의 게놈지도를 풀다

1996년에 단세포 생물의 전생이 기록된 게놈을 다 풀어보니까 40억년 역사가 들어있다는 것입니다. 죽고 죽는 단세포들의 유전인자를 풀어보니 40억년 역사가 들어있었다는 것입니다. 바로 우리도 똑같습니다. 이것이 과학적 인과 문제를 풀어나가는 것입니다. 인간의 게놈지도가 다 풀리면 우리가 전생에 어떻게 살았고 무엇을 했는지 전부 알 수가 있습니다. 그런데도 나쁜 짓을 할 수 있겠어요? 지금까지는 생물체가 없는 무생물들에게 일어나는 이런 부분들을 이야기한 것입니다.

　그러면 부처님께서는 무엇을 고민했습니까? 왜 죽어야만 하는가 하는 이 문제를 고민했지요. 왜 죽어야만 하는가하는 문제를 고민했고 이 문제에 대한 해답이 연기입니다. 즉 존재하고 있는 것은 무상이고 무아입니다. 아인슈타인이 풀었던 상대론은 시간적인 문제입니다. 뉴턴이 풀었던 문제는 공간적인 문제입니다. 프랙탈 이론은 시공간에서 일어나는 것들의 인과에 대한 문제입니다. 무생물 사이에서는 이런 것들이 일어나는데 생명을 갖고 있는 인간에게도 적용될 수 있는가 없는가? 이것이 적용된다면 불교를 이해하는데 훨씬 수월해집니다. 연기를 이해하기 쉽습니다.

무상에 대한 이해
　존재하고 있는 모든 것은 끊임없이 변합니다. 항상 일정한 모습을 유지하고 있는 것은 아무것도 없습니다. 그래서 부처님께서는 무상이라 했을 때 존재하고 있는 모든 것은 항상 끊임없이 변한다고 했습니다. 일정한 모습을 유지하고 있는 것은 아무것도 없다는 것이 바로 무상입니다. 무상은 이해가 쉽습니다. 왜냐하면 우리는 시간의 흐름에 따라서 어릴 때부터 지금까지 살아왔습니다. 살아오면서 대부분 쉽게 감지하고 느껴온 부분입니다. 내가 이러이러하기에 어떻게 해야되겠다는 생각은 못했지만 현재 몸을 받아서 지금까지 흘러오면서 느낀 부분이 무상입니다.

무아에 대한 이해
　이 우주에 존재하고 있는 모든 것은 독립적으로 존재하는 것은 아무 것도 없습니다. 나라고 하는 실체가 없이 독립적으로 존재하는 것이 없다는 것이 무아의 중요한 개념입니다. 무아는 나가 없는 것이 아니라 이 우주에 존재하고 있는 모든 것은 독립적으로 존재하고 있는 것이 없다는 것입니다. 공동으로 연관되어 존재하는 것입니다. 불교의 가장 궁극적인 문제는 바로 무아에 대한 인식입니다. 존재에 대한 인식인 무아를 내가 어떻게 이해하고 받아들이느냐에 따라서 엄청나게 달라집니다.

  예를 들어 앞에서 뉴턴은 이 우주에 존재하고 있는 모든 것은 서로 힘이 작용한다고 했지요? 독립적으로 존재하는 것은 하나도 없습니다. 서로가 다 연관되어 있고 영향을 미치고 공동으로 존재합니다. 우주에 존재하고 있는 어떤 것도 독립적으로 존재하는 것은 없다고 하는 것은 말로써 이해 할 수 있는 부분이 아닙니다. 내가 얼마만큼 알고 이해하고 체득하느냐에 따라 달라진다는 것입니다. 무아를 어떻게 이해하느냐에 따라 불교를 이해하고 세상을 살아가는 부분들이 달라질 수 있습니다.

  예를 들어 지금 손가락이 아픕니다. 손가락이 아프다 했을 때 이 손가락만 아파요? 손가락 때문에 전신이 다 아프지요. 왜냐하면 이 손가락은 단독으로 존재하는 것이 아니라 몸 전체와 더불어 존재하여 내 몸뚱이에 붙어 있으니까 내가 느끼고 알 수 있습니다. 이 손가락을 끊어버리면 손가락이 아프지 내가 아픈 것은 아닙니다. 내 몸하고 같이 붙어 있기 때문에 아프다는 것을 느낄 수 있습니다. 자식이 아프면 내가 아픕니다. 그런데 인도에서 지진이 일어났다하면 안 아픕니다. 바로 무아에 대한 인식에 의해 세상을 보는 내 눈이 달라지고 세상을 인식하는 모든 것이 달라집니다. 그래서 부처님께서는 무아만 잘 인식하면 이 세상을 행복하게 인식하는 것이라고 가르칩니다. 앞에서 자식이 아프면 아프다고 했지요? 아직까지 내 것이라고 생각하는 범주에 들어있기 때문입니다. 내 것이라고 생각하는 범주에는 자식이 들어가고 남편이 들어가고 부모가 들어갑니다. 그러니까 자식이 아프면 아프고 부모가 편찮으시면 신경이 쓰입니다.

부부싸움

부부가 싸우는 것은 서로 자신이 맞다고 생각하기 때문입니다. 남편은 남편대로 자신이 잘났다고 하고 부인은 부인대로 자기가 잘했다고 우기는 것입니다. 부부싸움하면 누가 손해 봅니까? 자식이 옆에서 싸우는 것을 지켜보고 있습니다. 자식이 그 영향을 받겠지요. 그릇이 하나 깨져도 그 집 그릇이 깨지고 자식이 잘못되도 자기 자식이 잘못되는 것입니다. 그런데 부인은 자신이 맞기 때문에 이겨야 하고 남편도 자신이 옳다고 생각하기 때문에 이겨야 합니다. 이해관계가 없을 때는 조금만 내 범주안에 들어오면 내 것이라고 생각되는데 이해관계가 상충되면 그것은 내 것이 아닙니다. 지장보살님은 지옥에 있는 중생이 한 명이라도 남아있으면 성불하지 않겠다고 했습니다. 왜? 지옥에 있는 중생이 다른 사람이 아니라 바로 자신이기도 하기 때문입니다. 이 우주에 존재하고 있는 모든 것이 무아라는 것을 인식하면 그만큼 내 것이 됩니다. 우주는 무아 속에서 존재하고 있기 때문에 부처님께서 진리의 법을 진정으로 안 가르쳐 줄 수가 없습니다. 우리에게 바른 가르침을 줌으로써 부처님은 마음이 편안한 것입니다. 지옥에 가 있는 중생이 한 명이라도 있으면 누가 마음이 불편한가요? 지장보살의 마음이 불편한 것입니다. 누구나 무아를 인식하고 나면 그렇게 될 수밖에 없습니다. 즉 존재하고 있는 모든 것이 불교라는 범주를 벗어나는 것은 없습니다. 부처님께서는 도둑질 하는 도둑을 보면 벌 주고 싶은 것이 아니라 바른 길로 인도하고 싶습니다. 그 사람도 도둑질을 하지 않으면 부처입니다. 바로 부처의 한 부분입니다. 존재하고 있는 모든 것이 제자리에 있고 제대로 되는 것이 우리가 이 세상에서 추구하는 가장 중요한 목적입니다. 그렇게 하기 위해서 내가 알아야 되고 내가 부처가 되어야 되고 내가 행복해야 합니다. 내가 행복하지 않고서 다른 사람을 행복하게 할 수 있겠어요? 내가 행복함으로써 나에게서 발산하는 에너지가 주위를 빛으로 만듭니다. 앞에서 이야기 한 뉴턴이 발견한 힘은 존재하는 모든 것에 미친다고 했습니다. 이것이 바로 무아를 인식하는 힘으로 하나의 무생물에게 까지 미치는 힘입니다.

연기, 무상, 무아, 적정

12연기에서 무명이 처음 나옵니다. 연기, 무상, 무아, 무명, 열반, 적정 등과 같은 가장 기본적인 용어들은 이해할 수 있어야 합니다. 무아와 무상이기 때문에 존재하고 있는 모든 것이 고다라는 것입니다. 무아와 무상을 인식하는 그 순간 나한테서 일어나는 상태가 바로 적정입니다. 또 무아와 무상을 모르는 것을 무명이라 합니다. 무아와 무상을 아는 것은 연기고 모르는 것이 무명입니다. 내가 아는 만큼 내것이 되고 내가 행복할 수 있습니다.

우리는 인과를 믿지 않습니다. 100% 확신할 수 있다면 믿는 데

100% 확신을 못하니까 믿지 않습니다. 내가 착한 일을 하면 착한 과보가 온다고 100% 확신하는데 착한 일 안 할 사람이 있어요? 보시를 할 때 백 원 갔다 주면 천 원 줄 것이라 생각하기 때문에 보시를 합니다. 예를 들어 내가 어떤 착한 일을 했을 때 그 착한 과보가 100% 나한테 온다고 확신이 생기면 반드시 착한 일을 하지만 우리는 확신을 하지 못합니다. 내가 생각하고 있고 상대방도 생각하는 생명체끼리 부딪치면 인과관계가 성립할까요? 생각이 없는 것이면 시키는 대로 하겠지만 생각이 있는 것은 시키는 대로 하지 않습니다. 생명체에 대해서 공부할 때 여기서 인과법칙이 성립한다면 100% 부처님이 가르치신 진리를 믿을 수 있습니다. 지금 우리는 51% 믿고 있습니다. 49%는 못 믿고 51% 믿기 때문에 아직까지 우리 모습대로 살아가고 있습니다. 전생에 내가 살아왔던 모습대로 지금 살고 있는 것은 51% 믿기 때문입니다. 그래도 불교와 인연이 되어 좀 더 바른쪽으로 진리를 알고 싶어하는 그 마음에서 여기까지 왔습니다. 이제 우리는 공부함으로써 이것을 100%로 내 것으로 하자는 것입니다.

제 2강
부처는 있는가

스님 찻잔이 넘칩니다

　옛날에 뛰어난 한 선사가 참선을 하고 있는데 불교를 잘 안다는 대학자가 찾아왔습니다. 스님하고 불교에 대해서 한 번 논쟁해 보겠다고 하니 스님은 먼길 온 학자한테 차를 대접합니다. 차를 따르는데 찻잔에 차가 넘쳐도 계속 따르는 것입니다. 그것을 보고 대학자가 " 스님, 차가 넘칩니다". 라고 말합니다. 그러자 그 선사께서 하신 말씀이 "지금 자네가 이것과 똑같네. 머릿 속에 자기 생각으로 가득 차 있으면서 어떻게 나하고 불교 이야기를 하겠다는 것인가" 합니다. 우리의 생각이 맞을 수도 있고 틀릴 수도 있습니다. 지나고 나면 내가 알고 있는 것들을 정확하게 판단할 수 있습니다. 그래서 일단 내 머릿속에 가득 찬 생각들을 다 비워버리고 시작합시다.

가장 큰 행운은

세세생생 살아오면서 제일 큰 행운이 무엇일 것 같습니까?

부처님 법 만난 것 보다 더 큰 행운은 없습니다.

세세생생을 살면서 부처님 법을 만날 수 있다는 것은 큰 행운입니다. 최고의 행운인 불법을 제대로 알아야겠습니다. 불법 아는 것만큼 더 큰 기쁨은 없습니다.

그래서 불법을 알면 부처되지 말라해도 부처가 됩니다. 우리는 불법을 만났고 불법을 알고 나면 실천하지 않고서는 못 견디니까 부처가 되는 것입니다.

그러면 우리에게 정말 불성이라는 것이 있는가? 즉 내가 부처 될 수 있는가? 불교의 가장 근본적인 목적이 부처되는 것이라면 내가 부처가 될 수 있음을 확신해야 합니다.

부분집합에 대한 이해

그러면 내가 부처 될 수 있는지 없는지는 집합관계에서 이해해 봅시다. 집에서 손주들이 공부를 합니다. 1,2,3,4를 가르쳐 주니까 며칠 만에 100까지 알았습니다. 한 달 후에는 1000까지 알게 된 것입니다. 100까지 아는 것이 1000에 포함됩니다. 그러니까 내가 100을 알고 1000을 안다고 할 때 당연하게 100을 안다는 것입니다. 100하고 1000하고 무관한 것이 아닙니다. 100이 따로 있고 1000이 따로 있는게 아닙니다. 1000까지 아는 사람은 당연하게 100을 알고 있는 것입니다. 이 부분의 개념은 앞으로 전개되는 불성이 존재하느냐 존재하지 않느냐에서 드러납니다. 선불교 경전에 보면 '내가 곧 부처다'하는 말이 나옵니다. 앞의 예시를 이해할 때 선불교 경전에 나오는 말을 이해할 수 있습니다. 그러니까 100까지 아는 것은 1000까지 아는 부분에 속하는 부분집합입니다.

돌을 아무리 갈아도 거울이 될 수 없다

남악회양과 마조도일의 이야기입니다. 젊은 스님이 열심히 공부하고 있다는 소문이 회양선사 귀에까지 들려옵니다. 마조도일은 산 중턱에 있는 암자에서 혼자 공부하고 있습니다. 그래서 회양선사는 마조도일이 수행하고 있는 수행처를 찾아갑니다. 남악 회양선사가 하루 종일 혼자서 참선을 하고 있는 젊은 수행자의 모습을 지켜보고 있는데 마침 화장실을 가기 위해서 젊은 스님이 바깥으로 나옵니다. 소변보러 나오는 젊은 수행자를 남악회양 선사가 "젊은 수행자여 자네는 무엇이 되기 위해 그렇게 열심히 앉아 있는가?" "부처되기 위해서 수행하고 있습니다" 고 마조도일이 대답합니다. 그러자 회양선사가 주위에 있는 벽돌을 하나 집어들고 법당 앞에 있는 큰 돌에 슬슬 갈기 시작합니다. 화장실 다녀오려던 젊은 수행자가 한참 쳐다보다가 "스님 지금 무엇을 하십니까?" 하고 묻자 "거울을 만들려고 돌을 갈고 있네" 그러니까 거울을 만들려고 돌을 간다고 말합니다. 젊은 수행자가 웃음을 참으면서 "스님, 돌은 아무리 갈아도 거울이 안 됩니다." 그러자 회양선사가 젊은 수행자에게 한마디 합니다. "그럼 자네는 앉아 있다고 부처가 되나?" 결국 이 말 한마디가 마조도일을 견성하게 만든 계기가 됩니다. 돌은 아무리 갈아도 거울이 안 됩니다. 거울이 될 수 있는 성분을 갖고 있어야 거울이 되고 때가 끼여 있으면 때를 벗기면 거울이 되겠지요. 즉 돌과 거울의 관계에서 돌이 결국 거울에 포함되어 있으면 어떻게든지 거울이 될 수 있습니다. 돌이 거울에 포함되어 있지 않으면 죽다깨어나도 거울이 안 됩니다. 바로 이 부분을 잘 이해해야 합니다. 결국은 돌이 거울에 포함되어야만 거울이 됩니다.

중생은 부처의 부분집합

중생이란 무엇입니까? 무명의 상태, 모르는 상태가 중생입니다. 중생과 부처는 별개가 아니란 것을 이 부분에서 이해해야 합니다. 회향선사와 마조도일의 대화와 어린 손주가 공부하고 있는 부분집합을 잘 이해해보세요. 결국 중생이란 무아와 무상을 모르는 상태입니다. 연기를 깨달아 알게 되는 상태가 부처입니다. 이것이 불교를 인식하는 가장 중요한 개념입니다. 불성의 존재 즉 중생은 부처의 부분집합입니다.

중생이라는 것은 부처속에 포함되어 있는 부분입니다. 아는 것하고 모르는 것을 비교할 때 어느 쪽이 더 큽니까? 모르는 것은 항상 아는 것에 포함됩니다. 중생이란 모르는 상태에 있는 것은 아는 상태에 포함되는 부분집합일 뿐입니다. 이것이 우리가 부처될 수 있는 이유입니다. 그래서 부처는 대승기신론에서 우주를 덮고 있는 일심이며, 중론에서 이야기 하는 공이며 무자성인 것입니다. 바로 중생이 곧 부처다 했을 때 어떻게 중생이 곧 부처입니까? 이 관계가 성립하기 때문에 중생이 곧 부처가 되는 것이고 중생으로서 열심히 노력하면 부처가 되는 것입니다. 중생은 부처의 속성과 부처의 씨앗을 갖고 있기 때문에 우리는 부처가 될 수 있는 가능성의 존재입니다. 부처되기 위해서는 수행을 하고 깨쳐서 알면 부처가 되는 것입니다. 불성의 존재는 바로 부처 될 수 있느냐 없느냐 하는 문제입니다. 결국 우리가 부처 될 수 있어야 삶의 목적을 부처에 둘 수 있습니다.

중생보다 부처가 되는 것이 훨씬 이익이 크다

모르는 것은 아는 것에 포함되어 있습니다. 중요한 것은 부처가 되어서 세속의 탐진치 속에 묻혀 사는 것보다 이익됨이 없다면 부처 될 필요가 없습니다. 중생으로 사는 것이 훨씬 더 이익이 크면 부처될 필요가 없습니다. 천 원 보시하여 만 원의 가치를 얻을 수 있다고 생각하기 때문에 우리는 열심히 돈을 보시하고 기도합니다. 똑같은 문제입니다. 부처가 되었을 때 중생으로 있는 것보다 훨씬 더 이익이 크고 가치가 높아야만 부처되도록 애를 쓰고 노력하는 것입니다. 여기에서 세속적인 가치와 불교가 추구하는 가치가 서로 어긋나는가의 문제입니다. 세속의 가치가 우리가 진리로 추구하는 가치에 위배된다고 하면 문제가 됩니다. 대부분의 생각은 이것 아니면 저것이다 식입니다. 지금 깨뜨려야 되는 것은 바로 이것 아니면 저것이다는 생각입니다. 부처 아니면 중생이다는 아닙니다. 중생이라 하는 것은 부처에 포함되어 있는 부분집합입니다. 중생은 부처가 될 수 있는 씨앗을 갖고 있어서 언젠가 부처가 될 수 있는 것입니다. 그래서 노력하면 바로 부처가 될 수 있는 것입니다. 그러면 세속적인 가치가 우리가 추구하는 진리 가치와 어긋나는 것이냐? 세속적인 가치라는 것도 따지고 보면 우리가 진리를 추구하는 이 진리법에 포함되어 있다는 것입니다.

인도 전역에 불교를 전파시키는데 가장 큰 역할을 했던 사람이 아쇼카왕 입니다. 절대권력을 갖고 있었던 아쇼카왕이 마음 한 번 돌리니까 불교를 전 인도에 전파시키는 큰 역할을 합니다. 세속적으로 갖고 있는 권력도 잘 활용할 수 있으면 크면 클 수록 얼마든지 좋습니다.

선혜보살 이야기

선혜보살은 전생에 부처님께서 성불 수기를 받은 부처님의 전생입니다. 다시 말해서 석가의 전생이 선혜였습니다. 선혜는 열두 살 어린 나이에 부모님이 돌아가십니다. 그런데 부모님은 인도에서 최고의 부자였습니다. 어린 나이의 선혜는 부모가 돌아가시는 것을 보고 무상을 생각합니다. 아버지는 인도에서 제일 많은 재산을 갖고 있었는데도 돌아가실 때는 그 재산을 하나도 가지고 가지 못했습니다.

어린 선혜는 평생을 살다가 죽을 때 가지고 가는 것은 재산이 아니라는 것을 알았습니다. 그래서 죽을 때 갖고 가야 될 가치는 재산이 아님을 알고 임금한테 고합니다. '임금이시여 내가 가지고 있는 이 모든 재산을 백성들한테 나누어주겠습니다.'라고 합니다. 다음 날 선혜는 임금이 북을 쳐 가난한 백성을 모으자 전 재산을 나누어 주고 출가 수행자가 됩니다.

세속적인 가치는 진리적인 가치의 부분집합이다

세속적인 가치라는 것은 우리가 추구하려고 하는 진리에 어긋나는 것이 아니라 진리에 포함된다는 것입니다. 돈도 많으면 많을 수록 좋습니다. 절에 보시를 할 때 적게 내는 것 보다 많이 내

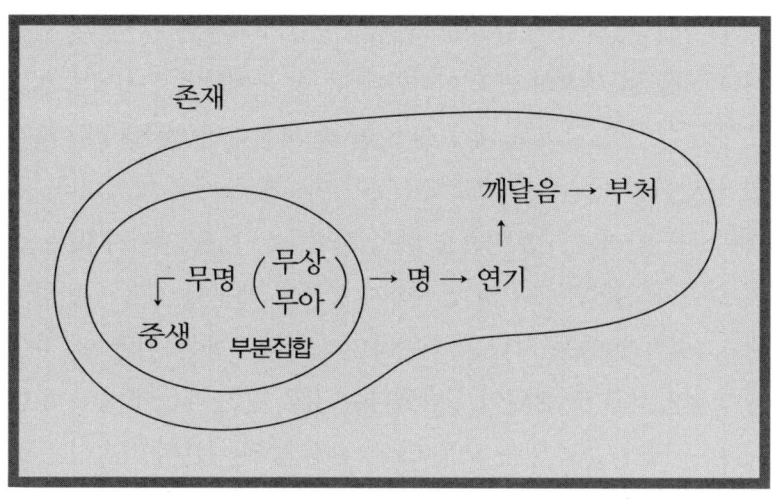

면 훨씬 더 기분이 좋습니다. 권력이나 돈이나 전부 다 똑같습니다. 세속적인 가치가 절대 진리의 가치에 어긋나는 것이 아니라 세속적인 가치를 추구하다 보니까 무명에 갇혀 악이 되는 것입니다. 세속적인 가치도 활용만 잘 하면 부처님께서 제일 좋아하시는 선재가 됩니다. 여기서 우리가 잘 이해해야 하는 것은 세속적인 가치도 진리 가치에 어긋나는 부분이 아니라 진리 가치에 포함되는 부분집합이라는 것입니다.

감정의 뿌리, 불안

지금 달나라에서 태어난 누군가가 지구에 온다면 주차위반과 같은 규제나 제도를 모릅니다. 자기 멋대로 차를 몰고 다니면서 무엇이 주차위반인지 모릅니다. 아무 상관이 없습니다. 그렇지만 우리는 차를 운전 하기 위해서는 교육을 받기 때문에 위반인지 아닌지 잘 알고 있습니다. 우리도 교육을 받았기 때문에 잘 알 수 있습니다. 하물며 세속의 법도 이러한데 좀 더 구체적인 부처님의 법인 무아와 무상을 알고도 내가 실천 할 줄 모른다면 안 됩니다. 모르면 불안하지 않습니다. 모르는 것이 이렇게 무서운 것입니다. 주차위반을 하거나 신호위반을 하는 사람들은 법을 지키지 않는 것이 얼마나 위험한 것인지 인식하지 못하기 때문에 계속 위반합니다. 그렇지만 아는 사람은 위반하더라도 다음에는 위반 할 가능성이 낮아지고 또 본인이 위반했다는 것을 알기 때문에 불안해 합니다. 우리가 갖고 있는 모든 인식, 감정 등의 기본적인 속성은 불안입니다.

내일 죽는다면

몸뚱이가 왜 생긴 것인지 왜 인간 몸을 받은 것인지 왜 죽어야 하는 것인지 하는 문제를 풀어 보면 가장 근본적으로 생기는 감정은 불안과 두려움이라는 것을 알게 됩니다. 결국 불안과 두려움이 이 몸뚱이를 만들어 냅니다. 세속법도 어겼을 때 불안하다고 했습니다.

지금 우리는 부처님 법을 모르기 때문에 지키는지 안 지키는지도 모릅니다. 그래서 모르는 만큼 위험 한 것이 없습니다. 우리가 인식하든지 못하든지 간에 내일 죽는다고 생각해 보세요. 내일 죽는다고 했을 때 평소처럼 보낼 수 있습니까? TV 보고 친구를 만나려 가는 등 무한정 살 것처럼 보내집니까? 내일 당장 죽는다면 그렇게 안 되지요. 내가 부처님 법을 모른다고 온 종일 TV 시청해도 괜찮고 친구를 만나서 수다를 떨어도 괜찮다고 생각하는 것은 착각인 것입니다. 오늘 한 시간 노력하는 것은 나이 들어 십 년 노력하는 것보다 더 좋습니다. 은행에 돈 넣어 놓으면 이자가 붙습니다. 공부도 똑같습니다. 우리가 지금 모르니까 이자가 안 붙는 것 처럼 보이지만 적금과 같이 이자가 붙는 것입니다. 부처님 법도 똑같습니다. 은행에 적금 든 것 이상의 복리 이자가 붙습니다. 그런데도 확신이 생기지 않으니까 못하는 것입니다.

자비광명

우리는 주차위반과 신호위반 등은 가능한 한 안 하려고 애를 씁니다. 내가 손해를 안 보기 위해서, 그리고 다른 사람한테도 피해를 입히지 않기 위해서 질서를 지킵니다. 결국 연기를 깨닫고 나면 이 보다 더 세상을 복되게 하는 것이 없습니다. 나에게서 일어나는 자비와 광명이 나한테만 덕이 되는 것입니까? 이 세상의 모든 것에 자비와 광명보다 더한 복과 지혜는 없습니다. 최고의 복덕입니다. 나와 더불어 살고 있는 모든 생명체와 중생들에게 매우 큰 복입니다.

스님들이 선문답할 때 본래청정이란 말을 자주 합니다. 불교의 근본적인 속성은 청정이며 자비광명일 뿐입니다. 밝음은 안다는 것입니다. 우리는 근본적으로 모르기 때문에 불안합니다. 궁극적으로 내가 다 알고 나면 편안해집니다. 이 몸뚱이가 만들어지고 온갖 문제의 해결점을 알게 되면 편안해집니다. 편안이라는 이 자체가 바로 적정이고 적멸입니다. 그래서 무아와 무상을 깨치면 열반 적정이 되는 겁니다. 자비광명과 열반적정은 반드시 청정해야 합니다. 맑고 깨끗하다는 것은 광명을 아는 것에서부터 나오는 것이며 적정은 하나의 속성일 뿐입니다. 부처님 법을 알게 되면 하지 마라 해도 그렇게 될 수밖에 없는 상황이 됩니다. 오늘의 가장 중요한 이야기인 '내가 부처다' 라고 말 할 때 내가 부처될 수 있는 성질을 갖고 있기 때문에 나는 부처가 될 수 있다는 것입니다.

우연이란 없다

로또 복권 10억짜리가 당첨되었다고 합시다. 복권 당첨자가 볼 때는 우연하게 된 것처럼 보입니다. 그렇지만 그사람은 세세생생 살면서 어떤 경우에는 농사꾼으로서 몇 생을 사는 동안에 일을 해주고 품삯을 못 받은 경우도 있을 것입니다. 전생에 했던 자신의 노력의 대가들이 우연하게 인연이 잘 맞아 떨어져 이 생에서 대가를 받은 것입니다. 우리가 볼 때 그냥 된 것 같지만 절대 우연하게 돌아오는 것은 하나도 없습니다. 보살님들 그냥 여기에 공부하러 왔는 것 같습니까? 절대 아닙니다. 여기에 오신 보살님들은 세세생생 살아가면서 앞으로 이 시간은 두 번 다시 안 옵니다. 정말 귀하고 귀한 시간입니다. 이 귀한 시간에 왜 여기에 와 있어요? 왜 불교 공부를 해야 합니까? 일어나는 일들은 필연입니다. 전생의 인과들이 있기 때문에 이 생에서 그냥 일어날 뿐입니다. 기적이라는 것도 우리가 모르니까 기적이라 생각합니다. 내가 목숨을 걸고 기도를 하면 기적이 일어납니다. 다 죽어가는 암 환자가 기적적으로 나았습니다. 충분히 가능한 것이지요. 그렇지만 우리가 갖고 있는 이 생각 속에는 100% 믿음이 안 생깁니다. 중요한 것은 100% 믿음이 생기면 모든 것이 다 해결됩니다.

그렇지만 100% 믿음은 죽다 깨어나도 안 일어나기 때문에 어떤 일이나, 기도를 열심히 했지만 결과는 80% 정도 성취되기도 하고 70% 성취되기도 하고 어떤 것은 전혀 안 이루어지기도 합니다. 기복이 갖고 있는 본질적인 문제에서 기도를 하면 99% 정도는 이루어집니다. 우리가 기복이라고 치부하고 있는 부분은 정말 기복이 아니라 연기를 잘 이해하고 내 속에 있는 인식의 가장 중요한 한 부분일 뿐입니다.

기적은 종교의 꽃

그래서 기적을 종교가 갖고 있는 아름다운 꽃중에 하나라고 여깁니다. 평생 절에 다니신 분들은 나름대로 기도를 했습니다. 이래저래 소원성취가 되었기 때문에 누가 뭐라해도 열심히 나옵니다. 부처님의 가피를 못 입을 때는 자신이 조금 손해 본다는 생각이 들면 다 떨어져 나갑니다. 그러나 평생 손해 본 것 보다는 이익되는게 더 많기 때문에 계속 나옵니다. 누구든지 본질적으로 손해 본다면 절대로 하지 않습니다.

기복은 종교의 본질을 잘 이해하고 보면 그 본질에 포함되어 있는 하나의 부분집합입니다. 종교가 갖고 있는 가장 아름다운 속성입니다. 불성의 존재 문제와 더불어 종교가 갖고 있는 본질적인 문제에 기복이 포함될 수 있다는 것이 중요합니다.

수행은 무명에서 연기로의 이동이다

금강경의 앞부분에 보면 지극한 마음을 일으킨 수행자들이 깨달음을 성취하고자 마음을 내었을 때 어떻게 생각하고 어떻게 수행하고 어떻게 마음을 지키는 것이 좋겠습니까? 하고 수보리가 부처님께 묻는 구절이 나옵니다. 즉 견성성불이 바로 목적이라는 것을 알 수 있습니다. 불교의 목적은 견성이며 부처되는 것입니다.

우리는 이 순간부터 부처가 되어야 합니다. 부처될려고 애를 써야 미래의 삶이 보장됩니다. 인과는 정확합니다. 절대로 엉뚱한 인과는 없습니다. 본인이 평생 살아왔던 모습을 생각해보세요. 그것은 내가 세세생생 살아오면서 지었던 업의 덩어리를 이 생에 표현하고 가는 것입니다. 내가 부처 되어야겠다고 생각하는 바로 이 순간부터 스스로를 개혁해야 합니다. 무명에 가깝던 내 삶을 연기 쪽으로 이동시켜야 됩니다. 이동시키는 작업이 바로 수행입니다. 어떠한 상황이든 우리는 이 생에서 한 번은 수행해 봐야 합니다.

내 삶의 목표는 부처

지옥중생은 99% 잘못해놓고 1%로 잘 한 것으로 자신이 잘 했다고 인식합니다. 보살은 99% 자기가 잘 해놓고도 상대방이 마음 아파하면 그 1% 때문에 자기가 잘못했다고 생각합니다. 그러면 세상이 어떻게 되겠어요? 세속적인 가치도 결국 다른 것이 아닙니다. 지금까지 살아온 자신의 삶에 대해 한 번 생각해보세요. 스스로가 어떻게 살았는지를 더 잘 압니다. 그래서 무아를 인식하는 상황이 얼마나 중요한지 알게 됩니다. 부처님 법 만난 것이 바로 최고의 행운인 것입니다. 다음 생에 누가 불교공부 하겠어요? 불교공부 했던 사람들이 또 불교공부를 합니다. 이생에서 공부를 잘 해놓으면 다음 생에는 쉽습니다. 전생에 공부를 안 했기 때문에 이생에 공부하려니까 어려운 것입니다. 공부는 한 만큼 해결됩니다. 다음 생에도 지금 공부했는 것 만큼 해결이 됩니다. 해결 못한 부분이 다음 생에 해결된다면 열심히 공부할 필요가 없습니다. 우연도 있을 수 있고 행운도 있을 수 있지만 이생에서 해결 안 된 문제는 다음 생에서도 해결 안 됩니다. 그렇기 때문에 우리는 공부를 해야 하고 수행을 해야 하며 내 삶의 목표가 부처가 되어야 합니다.

세속의 가치와 종교의 가치

이렇게 진리를 알고 보니 세속에서 추구하는 권력이라든가 명예라든가 부와 같은 세속의 가치도 결국 종교의 가치에 포함된다는 것입니다. 불교의 목적은 견성이며 부처되는 것입니다. 종교의 본질, 종교의 진정한 의미와 이해, 기복에 대한 내용을 앞에서 언급했습니다. 기복이 중요하지 않은 것이 아닙니다. 종교의 본질을 잘 이해하면 기복도 종교의 본질에 포함되어 있는 것을 알게 됩니다. 내가 종교인으로서 신앙을 더욱 성숙시킬 수 있는 좋은 계기가 될 수 있음을 이해하면 되겠습니다.

부처가 되고자 하는 사람은

부처가 되고자 하는 사람은 어떻게 해야 합니까? 자신만 잘 되게 해달라고 기도하고 자기 남편만 돈 많이 벌게 해달라고 기도하고 자기 자식만 공부 잘 하게 해달라고 기도 하겠습니까? 자신과 가족만 배부르면 소말리아와 같은 이웃이 굶주려도 상관없다고 생각하겠습니까? 나만 즐겁고 나만 잘 될 수 있다면 다른 생명은 무참히 죽여도 좋다고 생각하겠습니까? 내 자식이 학교에 잘 다니면 청소년 범죄와 무관하고 사회윤리가 무너져도 상관없다고 생각하겠습니까? 오늘 어떤 생각을 해놓고 내일 당장 그 일이 이루어지길 바라겠습니까? 백 년도 되지 않는 이 소중한 삶을 텔레비전이나 보며 술이나 마시면서 그렇게 보내겠습니까? 쓸데없는 일에 시시비비하며 그렇게 살겠습니까?

　지금까지 언급한 것은 부처가 되려고 생각하는 사람은 이렇게 살지 않는다는 것을 나열 한 것입니다. 목적이 분명하면 결국은 그 목적을 향하여 나아가고 목적은 반드시 이루어진다는 것입니다. 이생에서 불법 만난 것이 최고의 행운입니다. 그래서 불법을 제대로 알아야겠고 불법을 제대로 알았을 때 인생의 목표는 부처되는 것입니다. 세세생생 살아가면서 내 삶의 가장 소중한 목표는 부처되는 것임을 알고 그렇게 원을 세우고 맹세하고 나면 이 생의 삶이 훨씬 더 행복하고 아름다워집니다. 이생이 좋아지면 다음 생도 당연히 아름답고 좋아지겠지요.

미륵의 의미

　미륵보살은 도솔천에서 부처되려고 기다리고 있습니다. 도솔천에서 수억 겁 동안 있는 다고 부처가 됩니까? 부처되는 곳은 바로 이 사바세계 밖에 없습니다. 부처님께서 왜 사바세계에서 부처가 되었습니까? 미륵보살도 지금 차례를 기다리고 있는 것입니다. 미륵은 다른 것이 아니라 우리가 바로 미륵입니다. 미륵은 정해진 것이 아니라 열심히 수행정진하고 원을 세우는 사람이면 모두 미륵입니다. 그 중에서 누가 먼저 미륵이 될지는 알 수가 없습니다. 그래서 부처되려고 목표를 세우는 순간부터 바로 내 속에서 개혁이 일어나는 것입니다. 그 혁명을 일으키는 것은 내가 갖고 있는 탐진치를 계정혜로 바꾸는 작업입니다.

　이것을 본질적으로 인식하는 것이 바로 무아의 인식이라 했습니다. 무아를 인식하는 만큼 세상이 열리고 부처세계가 열립니다. 100% 인식한 사람이 부처이고 70%, 80% 로 인식한 사람이 보살이며 1%로 인식한 사람이 지옥중생입니다.

　목표가 부처이기 때문에 끝없는 자비가 생길 수 밖에 없습니다. 99% 잘 해놓고도 1% 잘못으로 아! 내가 잘못했구나 하는 마음이 일어나는 것은 끝없는 긍정적인 마음입니다. 세상 사람들이 잘 되어야만 된다고 생각하는 끝없는 긍정적인 마음이 바로 부처입니다.

부처님의 마음

　대학교 입학 시험에는 커트라인이 있습니다. 어느 점수 이상만 합격하고 그 점수 이하는 떨어집니다. 어떤 시험이든지 커트라인이 있습니다. 부처 될 수 있느냐 없느냐 하는 문제에서도 커트라인이 있습니다. 커트라인이 없으면 아무도 공부 안 합니다. 커트라인 없이 다 된다면 누가 공부 하겠어요. 예를 들어 이 생에서는 공부 한 시간만 해도 부처되고 부처님 당시에서는 10시간씩 공부해야 부처된다고 하면 불공평하겠지요. 부처님 당시에도 10시간씩 공부했던 사람이 부처된다면 지금 이 세상에서도 10시간씩 공부했던 사람이 부처되는 것입니다. 즉 부처되는 커트라인 합격점은 시대가 변한다고 해서 달라지는 것이 아니라 절대평가입니다. 상대평가가 아니기 때문에 커트라인 이상이 되어야만 부처가 될 수 있습니다. 바로 무아와 무상을 100% 인식해야 부처되는 것입니다. 세상이 매우 복잡해서 70%만 인식해도 부처가 되는 일은 없습니다. 부처님 당시나 지금이나 천 년 후나 만 년 후나 부처되는 합격점은 똑같습니다. 무아와 무상을 100%인식 할 때 부처되는 것이니까 그때 합격통지서가 날아옵니다.

  이제 어떻게 하면 부처될 수 있는지 공부를 해야 합니다. 오늘 이야기의 주요 내용들은 근본적으로 불교가 무엇인가? 부처가 되는 것이 불교의 목적이며 우리도 부처 될 수 있는가 하는 본질적인 문제를 계략적으로 설명했습니다. 다음 시간 부터는 무아 무상 연기 사성제 팔정도를 공부하면서 부처 되기 위해서, 부처님이 걸어가신 그 과정을 체계적으로 배울 것입니다. 불교의 기본적인 용어와 개념을 배우게 되면 불교가 쉽습니다. 아무리 어려운 것이라도 내가 알면 쉽습니다. 이것이 바로 진리입니다. 어떤 스님은 세수를 하다가 도를 이루었다고 합니다. 이와 같이 기본 개념과 용어만 제대로 알아도 불교가 쉬워집니다. 선불교에서 나오는 그 황당한 이야기들이 황당한 것이 아니라 기본 개념들을 모르기 때문입니다. 바로 논리의 초월일 뿐입니다. 우리는 어떤 개념을 설명할 때 하나하나 설명해야 이해할 수 있습니다. 선불교에서는 한 줄 설명하고 건너 뛰어버립니다. 논리의 비약 때문에 황당하고 엉뚱한 것 같지만 실질적으로 본질을 알고 있으면 바로 유추해서 정확하게 알 수 있습니다. 어떤 상황이든 기본개념들을 정확하게 이해하면 어려운 것이 없습니다. 그래서 불교를 제대로 알면 불교만큼 쉬운 것이 없습니다. 그런데 기본개념들을 잘 모르기 때문에 세세생생을 절에 다녀도 달라지는 것이 없습니다.

제 3강
무아와 무상

　불교는 2600년의 역사속에서 본질은 자꾸만 작아져 모래알만 하고 나머지는 여러 겹의 옷을 입은 상태로 변질 되었습니다. 불교를 제대로 알고 삼사 순례를 하고 영가 천도를 하면 다 불교가 될 수 있기 때문에 기복 불교도 종교의 가장 아름다운 속성이 될 수 있습니다. 종교의 본질을 모를 때는 형식적이고 기복적인 것은 불교가 아니라 엉뚱한 행위를 하고 있는 것입니다. 그래서 종교의 본질을 이해하는 것이 매우 중요합니다.
　종교의 본질을 알 때는 어떤 껍질을 덮어 쓰고 있더라도 껍질은 종교의 본질을 포함한 더불어 상생하는 종교의 사회성이 될 수 있습니다. 존재하는 것들의 기본 속성인 무아와 무상의 개념은 불교를 공부하면서 끊임없이 이해해야 하고 체득을 해야 할 부분입니다. 이것에 대한 인식이 완성되면 바로 부처입니다.

무상에 대한 인식

무상이라는 것은 이 우주에 존재하고 있는 어떤 것도 변하지 않는 것이 없다는 것입니다. 모든 것은 끊임없이 변해갑니다. 태어나서 지금까지 내 몸뚱이 하나만 보더라도 계속 변해가고 있음을 알 수 있습니다. 인식할 수 있는 변화의 종착역은 멸입니다. 죽고 없어지는 것입니다. 끊임없이 변해가고 있는 이 상황이 결국은 시간이라는 것을 인식하게 하며 무상하다는 것입니다. 우리는 끊임없이 변해가고 있는 실체를 인식할 수 있습니다. 시간의 흐름에 따라 어릴 때부터 지금까지 살아온 그 과정이 무상인 것입니다.

무상이라 하는 것은 끊임없이 변해가므로 이 우주에 존재하는 모든 현상은 끊임없이 변해 고정적인 것은 하나도 없습니다. 무상이고 무아인데 우리는 자꾸 내가 있다고 착각을 합니다. 내가 있다고 착각을 하여 내 것으로 만들려고 합니다. 내가 있다는 착각만 하지 않으면 관계를 이해할 수 있습니다. 내 것으로 만들려고 하는 욕심과 욕망으로 인해 탐진치가 생기는 것입니다.

무아의 정의

그렇다면 무아는 어떻게 인식할 수 있을까요? 무아의 정의는 이 세상에 존재하고 있는 어떤 것도 독립적으로 존재하는 것이 없다는 것입니다. 모든 것은 다 연관 되어 독립된 실체라고 주장할 수 있는 것은 없다고 했습니다. 나라고 한 것은 없다고 했지만 결국은 나 밖에 없습니다.

그렇기 때문에 문제가 계속 일어나는 것입니다. 내가 있다고 생각하기 때문에 욕심이 생기고 욕망이 생기고 애욕이 생깁니다. 그

관계의 흐름을 알 것 같으면 객관적인 눈으로 훨씬 더 잘 이해할 수가 있습니다.

무아를 좀더 구체적으로 살펴보기 위해서 이 세상은 어떤 것으로 이루어져 있는지 알아야겠습니다. 존재를 기본적으로 나누어 보면 책상과 볼펜 같은 생명이 없는 물체와 생명이 있는 것이 있습니다. 지난 시간에 연기에 인과가 있다면 생명체가 없는 무생물의 경우 원인을 알면 결과를 알 수 있다고 했습니다. 이것은 의지를 가지고 있는 생명체에도 인과가 성립 될 수 있느냐? 없느냐? 하는 것입니다. 연기가 결국 진리라면 무생명체에도 적용되고 생명체에도 적용이 되어야 합니다. 물질에 적용되는 것과 똑같이 생명체에도 인과법이 적용 될 수 있어야 합니다. 착한 일을 했을 때 착한 과보를 받는다고 하는데 그것을 100% 믿을 수 있느냐하는 것입니다. 이런 부분들은 앞으로 불교의 교리를 공부해 보면 구체적으로 증명되는 부분입니다. 존재는 무생물인 물질과 생명으로 나눌 수 있으며, 생명은 육체적으로 생명을 연장시키고 생명을 살게 하는 기본적인 생명작용과 좀 더 고차적인 정신작용이 있습니다. 이것이 이 우주의 모든 존재라고 하면 동시에 모든 존재가 무아라고 하는 것을 인식을 할 수 있습니다. 그렇다면 '이것이 무아다' 하는 것을 어떻게 알 수 있겠습니까?

무아의 인식

육신은 기본적으로 안, 이, 비, 설, 신, 의인 육근으로 이루어져 있습니다. 안은 눈, 이는 귀, 비는 코, 설은 혀, 신은 몸뚱이, 의는 의지, 뜻으로 우주에 존재하고 있는 것들을 다 표현 할 수 있습니

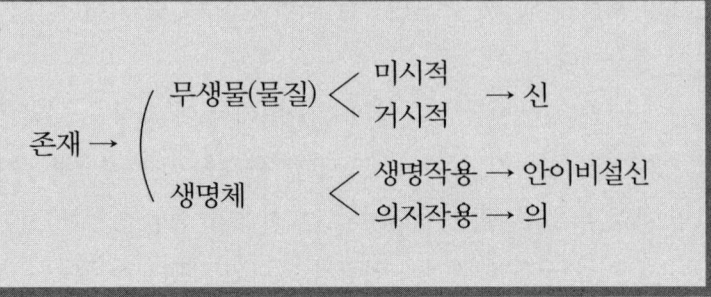

다. 생명이 없는 무생물은 몸뚱이 밖에 없는 것이 되겠지요. 몸뚱이 밖에 없는 이것을 물질이라고 할 수 있습니다. 생명이 있는 것은 안, 이, 비, 설, 신까지가 생명입니다. 그렇다면 의는 무엇입니까? 의는 우리의 정신작용입니다. 분별하고 판단하는 것은 의의 인식입니다. 종교의 탄생에는 두 가지 유형이 있습니다. 첫째 존재하는 모든 것은 신에 의해 창조되었다는 것과, 둘째 종교가 인간의 의지에 의해 탄생하였다는 것입니다.

부처님 당시 인도 사회에서도 많은 사람들이 신을 믿었습니다. 우주를 누가 창조했느냐? 절대자가 있어 창조했다고 하면 그만입니다.

그런데 절대자를 누가 보았느냐? 아무도 못 보았습니다. 못 보았다고 인정할 때 의에 의한 새로운 형태의 종교가 탄생하게 됩니다. 무엇이 존재하느냐 했을 때 눈이 있어 대상을 보고 코가 있어 냄새를 맡고 귀가 있어 소리를 듣습니다. 우리 눈에 보이지 않는 부분은 없애고 우리가 볼 수 있고 감지되고 인식되는 것부터 시작하는 것입니다.

이렇게 해서 안, 이, 비, 설, 신, 의까지 나옵니다. 의(意)의 의지를 가지고 있는 생명체에는 두 가지 중요한 생명작용이 있습니다. 생명작용과 의지작용입니다. 배가 고프면 밥을 먹으려고 하지요? 생명작용을 하는 모든 것은 배가 고프면 밥을 먹으려고 하고 피곤하면 잠을 자려고 합니다. 이와 같은 기본적인 생명작용을 넘어서 또 하나의 작용인 의지작용이 있습니다. 내 뜻대로 무엇인가 움직이려 하고 바꾸려 하는 의지작용이 있습니다. 바로 불교를 탄생하게 만든 위대한 정신작용이 이 의입니다.

미시세계에서의 무아에 대한 인식

무아의 개념은 이 우주에 존재하고 있는 모든 것에는 독립된 실체가 없다는 것입니다. 독립된 실체가 없다고 했을 때 물질에 대한 일반적인 생각에서는 미시적인 세계도 있을 것이고 거시적인 세계도 있을 것입니다. 미시적인 세계에서 물질은 그 성질을 가지고 있는 최소 단위인 분자가 있습니다. 그 분자 알갱이를 더 나누어 보면 원자가 있습니다. 원자를 더욱 더 쪼개면 쿼크라는 이 우주를 이루고 있는 가장 근본적인 입자가 있습니다. 지금은 이 쿼크들이 어떻게 만들어졌는가를 입증할 수 있는 힉스입자까지 설명되고 있습니다. 신이 만든 입자라고 하는 것이 바로 힉스입자입니다.

여기 물이 있습니다. 일반적으로 물은 H_2O입니다. 수소 원자 두 개와 산소 원자 한 개가 모여서 물이 됩니다. 존재하고 있는 모든 것은 독립적으로 존재할 수 없다고 했는데 물도 수소 원자 두 개와 산소 원자 한 개가 연결되어 물을 만들어 냅니다. 그럼 이 연결고리를 끊어버리면 수소하고 산소가 없어집니까? 없어지는 것은 아니지만 물은 없어졌습니다. 분명하게 산소와 수소는 그대로 존재하고 있는데 물은 연결 고리를 끊어버리니까 없어졌어요. 여기서 부처님께서 '이것이 있음으로 저것이 있고 이것이 없어짐으로써 저것이 없어진다'하는 생멸의 원리가 설명됩니다. 이 생멸의 원리와 생멸의 구조는 육근, 12처, 18계 연기를 공부할 때 구체적으로 나옵니다. 생은 이 우주에 존재하고 있는 모든 것이 연관되어 있는 상태를 말하는 것입니다. 이 관계가 끊어져버리면 산소와 수소가 그대로 있어도 물은 없어져버립니다. 이것이 바로 멸입니다.

멸이라는 것은 없어지는 것이 아니라 관계가 끊어져 단절된 상태입니다. 물이 없어졌다고 해서 수소와 산소가 없어진 것이 아닙니다. 물질세계의 미세한 입자에서 무아의 관계를 설명해보니 결국은 독립된 것이 없다는 것입니다. 독립되었을 때는 멸이 되어 버립니다. 그래서 연관되어 존재하는 것입니다. 연관되어 존재할 때는 물이 그냥 그대로 존재할 수 있는 상황이 되지만 관계가 끊어져 버리면 물이라는 것은 없어져버립니다.

그래서 존재하고 있는 모든 것은 연관되어 있습니다. 물은 물분자끼리 연관되어 물을 이루고 있습니다. 물이 흘러가서 강을 이루고 바다를 이룹니다. 결국 모든 것은 미시적으로도 연관이 되어있고 거시적으로도 연관되어 있습니다.

우주에서 무아에 대한 인식

우주의 가장 기본적인 입자인 쿼크와 힉스까지 이야기 했습니다. 그럼 우주의 거시적인 세계를 살펴보면 우리가 살고 있는 지구가 있고 지구는 태양 주위를 돌고 있습니다. 예전에는 지구가 이 우주의 가장 중심이라고 생각했는데 알고 보니까 지구는 어마어마한 규모의 태양계 주위를 돌고 있는 미세한 덩어리에 불과합니다. 태양계가 어마어마하다고 생각했는데 큰 망원경으로 살펴보니 태양계도 은하계의 구석에서 돌고 있는 한 부분입니다. 이 우주에서 볼 때 태양이라는 것도 하나의 입자밖에 되지 않습니다. 태양계와 같은 것이 이 은하계 속에는 약 1000억 개가 있습니다.

현재까지 천체 망원경으로 인식한 우주에는 이 은하계와 같은 것이 약 1000억개 가량 존재합니다. 존재도 인식할 수 없는 미시세계부터 어마어마한 거시세계까지 얘기 했습니다. 무아와 무상을 이해하기 위해서 현대 용어로 바꾸어 시간과 공간을 이해해야 합니다. 시간과 공간에 대한 개념을 이해하지 못하면 무아와 무상을 이해할 수가 없습니다.

시간에 대한 인식

이 지구가 움직이지 않는 존재로 있다면 시간을 느낄 수가 없습니다. 아침에 일어나 동쪽 하늘을 보면 해가 떠오릅니다. 또 저녁에 서쪽을 보면 해가 집니다. 천 년 만 년이 지나도 해는 동쪽에서 떠서 서쪽으로 집니다. 내가 만 년을 산다고 하더라도 항상 해는 동쪽에서 떠서 서쪽으로 집니다. 어마어마한 우주가 항상 일정한 방향으로 흘러간다는 개념을 느낄 때는 시간이 됩니다.

우리가 지금 느끼는 시간이라는 개념도 우리가 이해하고 우리가 인식하는 것 속에서 시간이지 이 우주 속에서 시간은 달라집니다.

내가 이 지구에서 북극성을 바라봅니다. 북극성에서 출발한 빛이 지구까지 오는데 천 년이 걸립니다. 빛은 1초에 30만 킬로미터를 갑니다. 우주에서 상상할 수 있는 최대 속도가 빛의 속도입니다. 30만 킬로미터로 달리는 그 빛이 천 년을 달려와야 우리에게 도착합니다. 북극성은 그만큼 멀리 떨어져 있는 곳에 위치하고 있습니다. 그러면 지구와 북극성의 중간쯤 위치에서 어떤 사람이 본다면 여기까지는 500년이 걸리겠죠?

오늘이 2018년 6월26일 저녁 7시입니다. 지금 저 밤하늘에 북극성이 폭발했다고 합시다. 그럼 이 북극성은 2018년 6월26일 7시에 폭발했지만 실질적으로 북극성은 천 년 전에 폭발한 것입니다. 북극성에서 볼 때는 천 년 전인 1018년 6월 26일 7시에 폭발했다는 것입니다. 중간쯤 별에 있는 사람이 북극성을 처다보았을 때는 1518년 6월 26일 7시에 폭발한 것입니다.

그래서 우주에서 시간을 인식할 때 절대적인 시간은 없습니다. 시간이라는 이 자체도 상대적으로 존재합니다. 상대성의 개념은 무아와 무상을 인식할 수 있는 가장 중요한 한 방법이 됩니다. 우리는 물질계를 이야기 하면서 어떻게 무아를 이해를 할 것인가? 하나의 물 분자를 생각해보더라도 연관되어 있어서 이 연관이 끊어지면 물이 되지 않습니다. 우리는 무생물인 물질을 생각을 해 보았는데 생명으로 넘어오면 이해하기가 어렵습니다. 물질은 대부분 우리가 원하는 대로 움직일 수 있습니다. 즉 쉽게 인과의 법칙이 성립됩니다.

공간에 대한 인식

공간이라는 개념은 기본적으로 물질들이 놓여있는 집합체가 모여 이루어 집니다. 이 공간을 잘 이해하면 무아를 이해할 수 있습니다. 물질이 움직이는 것을 느낄 때 시간이라고 합니다.

이것을 좀 더 쉽게 이해하기 위해 뉴턴의 만유인력을 생각해봅시다. 하나가 움직이면 그 힘이 다른 곳에 끝없이 미칩니다. 모든 물체는 다 연관되어 힘 속에서 함께 놓여 있습니다. 또 하나가 힘을 내면 다른 것에도 영향을 미칩니다.

뉴턴이 밝혔듯이 바로 공간 속에 존재하고 있는 모든 것은 힘이 작용하고 서로 연관되어 있습니다. 정신세계도 서로 연결되어 있다는 것입니다. 이런 부분들을 인식함으로써 무아라 하는 것을 깨닫게 됩니다. 결국 내 속에 있는 본질적인 부분을 이해함으로써 자비 광명이 쏟아지고 그 자비 광명을 인식하면 열반적정이 됩니다. 이제까지의 설명으로 무아를 이해할 수 있을 것입니다.

생명의 구성체, 세포

생명은 기본적으로 성장을 하고 번식을 하고 또 자극을 주면 반응을 하는 속성을 가지고 있습니다.

생물이라는 것은 기본적으로 원형질과 후형질로 이루어져 있는데 생명은 세포로 이루어져 있습니다. 세포에는 중심 부위에 핵이 있고 핵을 둘러싸고 있는 세포질 물질이 있습니다. 이 생명체에 대해서 과학적으로 체계화시키고 신에 도전한 최초의 사람은 다윈입니다.

즉 생명의 진화론을 이야기했고 자연도태설과 종의 기원을 이야기했습니다. 다윈은 생명체는 생물 고유의 특성을 특정지우는 생물학적 정보를 저장하고 그 정보를 이용하며 다음 대에 물려주는 무언가를 갖고 있다고 주장을 했습니다.

DNA의 구조를 밝히다

다윈이 주장한 것을 더욱 깊이 연구한 사람이 멘델입니다. 멘델은 그것을 유전자라고 했습니다. 이 유전자를 구체적으로 연구해 보니 나선형으로 이루어졌다는 것을 알았습니다. 유전자의 본질을 밝혀낸 사람은 윗슨과 클릭으로 우리가 지금 알고 있는 DNA 구조를 밝혔습니다.

DNA구조를 밝히고 보니 사람의 염색체 수는 기본적으로 46개인데 23개의 쌍으로 되어 있습니다. 남자나 여자나 22개의 쌍은 똑같고 마지막 한 개가 여자는 XX고 남자는 XY로 한 쌍이 틀립니다. 그래서 남녀가 구분이 됩니다. 예를 들어 남자와 여자가 결혼을 해서 아이를 낳는다면 23쌍 짜리 두 개가 결합하는 것입니다. 다시 말해서 2의 23승개의 가능성을 만들어냅니다. 이것을 계산하면 840억 개가 됩니다. 우리의 유전자 조합은 기본이 840억 개 입니다. 우리가 가지고 있는 유전자 조합은 840억 개의 가능성 중에 어떤 것이 나타날지 알 수 없습니다.

그런데 신기하게도 자식은 부모의 빵틀입니다. 틀릴 것 같은데 전혀 틀리지 않습니다. 우주는 시간에 의해 끝없이 커지고 혼돈이라는 기본 속성을 가지고 있습니다. 과학적인 용어로는 엔트로피라고 합니다. 우주 카오스를 이야기 할 때는 혼란, 혼돈이라고 합니다. 혼란은 끝없이 증가합니다. 이 혼란도가 끝없이 증가하는 것이 우주의 기본 속성입니다.

세포는 끝없는 질서와 조화 속에 있다

생명체를 좀 더 객관적으로 생각해보면 우리 몸 속에 있는 어떤 세포든지 질서와 조화를 벗어나는 세포는 한 개도 없습니다. 이것은 이 우주에 있는 모든 것의 총체로 수억 겁을 살아오면서 우리의 업들이 만들어낸 작용입니다. 어떻게 이 몸뚱이를 만들어 낼 수 있는가? 끝없는 질서와 조화 속에서 많은 세포가 자기 마음대로 활동할 것 같지만 한 개라도 자기 멋대로 활동하는 것이 없습니다. 전부 다 끝없는 질서와 조화 속에 있어요. 질서와 조화가 깨질 때, 만약 모든 세포가 일정한 속도로 번식하는데 세포 하나가 잘 났다고 자기 혼자 빨리 번식하면 이것이 바로 암세포입니다.

암은 질서와 조화의 파괴이며 정신의 흐트러짐이다

우리 몸속에 있는 모든 세포는 일정한 속도로 분열합니다. 그중 한 세포가 다른 세포보다 훨씬 빨리 분열한다고 생각해보세요. 그러면 우리 몸속에 없던 암 덩어리가 생겨서 목구멍을 막으면 식도암이 되고, 폐에 생기면 폐암이 되고, 위에 생기면 위암이 되듯이 어디든지 조화와 질서를 무너뜨리는 순간 바로 암이 되는 것입니다. 질서와 조화를 유지시키는 끝없는 공동체 의식 속에서 한 개라도 깨뜨려지면 그것은 암이 됩니다. 우리의 정신도 똑같습니다. 끝없는 질서와 조화 속에서 무엇이 하나 허물어지거나 튀어나오거나 잘못되는 것이 정신병인 것입니다. 육체에 생기는 병이 암이라면, 정신에 생기는 것이 정신병이 됩니다. 생명체라는 것도 질서와 조화 속에서 단독으로 존재할 수 있는 것은 아무것도 없습니다. 한 개라도 잘났다고 하면 전부 다 파멸해 버립니다. 정신이라는 것도 정신적으로 모두 다 연결되어 있습니다. 기본적으로 이해해야 할 것은 물질 속에서 내 손에 자극을 주면 내가 아픈 것을 느낍니다. 생명체가 떨어져 있다면 나하고 상관이 없기 때문에 아무리 자극을 주어도 아픈 것을 못 느낍니다. 일단 내 몸에 붙어 있는 것이면 자극을 주면 내가 아프다는 것을 충분히 느낄 수 있어요. 그러니까 이 생명체는 전부 다 하나라는 것을 인식 할 수 있는데 정신은 아무것도 없습니다.

자식이 아프면 부모도 아프다, 무아의 연결고리

자식이 아프면 부모가 아픕니까? 부모와 자식이 각각 새끼줄의 끝부분을 잡고 있는 것은 아닙니다. 그렇지만 분명히 자식이 아프면 부모도 아픕니다. 한국에 전쟁이 터졌다고 합시다. 우리 모두의 비극으로 슬픔과 아픔을 함께 느낍니다. 바로 인류애라든가 동족애와 같은 정신적인 느낌은 연결되어 있지는 않아도 우리는 함께 느낍니다. 무아는 독립된 실체가 있는 것은 아니지만 이렇게 연결될 수 있는 뭔가 있다는 것을 우리는 인식할 수 있습니다. 물질과 생명과 정신을 가지고 무아에 접근할 수 있다는 것을 설명했습니다.

탐진치에서 계정혜로 이동

내 몸속에서 일어나는 탐진치를 계정혜로 제거해야 합니다. 내가 무아를 인식하고 무상을 인식하면 본질에 접근해가므로 충분히 자유로워질 수 있습니다. 깨달음은 무엇이라 했습니까? 깨달음의 유용성은 느끼지 못했을 때보다 알았을 때 훨씬 더 큰 이익이 있습니다. 이처럼 내가 무상과 무아를 느끼면 마치 어마어마한 재산을 얻은 것과 같습니다.

부분 집합에서 세속적인 가치는 종교적인 가치에 포함된다고 했습니다. 즉 종교의 본질적인 가치가 바로 서면 세속적인 가치는 얼마든지 활용할 수 있다는 것입니다. 그것을 제대로 활용하지 못하면 아상과 아집 때문에 잘 써야할 때 쓰지 못하게 됩니다. 잘못된 방법으로 부를 축적하고 권력을 얻는 것은 이런 관계를 이해하지 못한 데서 오는 것입니다.

부처님께서는 경전에 무아와 무상을 분명하게 이야기를 해 놓았습니다. 지금 우리는 지식이 풍부하기 때문에 부처님 당시 보다 훨씬 이해하기가 쉽습니다. 부처님 당시에는 과학적인 부분을 이해하고 설명하는데 힘이 들었습니다. 그래서 부처님께서는 반복법으로 표현합니다. 반복법이 끊임없이 나오는 것은 그 당시 스님들에게 이해시켰던 보편적인 방법입니다.

풀잎 하나도 다치게 하지마라

부처님 경전에 이런 이야기가 있습니다. 어느 날 스님이 산길을 가고 있었습니다.

산길을 가다가 도둑을 만났습니다. 도둑은 스님의 은자를 다 털고 난 다음에는 혹시나 따라올까 봐 스님을 묶어놓으려 합니다. 그런데 주변에 묶을 것이 없어요. 그래서 길가에 있는 긴 풀을 가지고 스님을 묶었습니다. 스님은 묶여 있는 상태로 가만히 있습니다. 한번 생각해 보세요? 풀을 끊고 도망칠 수 있었지만 스님은 땀을 뻘뻘 흘리며 그대로 묶여 있었습니다. 몇 시간이 지나도 깊은 산속에는 지나가는 사람이 없었습니다. 마침 임금이 사냥을 나왔다가 그 길을 지나가게 됩니다. 임금이 보니 스님이 풀에 묶여서 땀을 뻘뻘 흘리고 있는 것입니다. 그래서 신하에게 스님을 풀어 드리라고 명령을 합니다. 스님에게 물어봅니다.

'스님! 왜 뜨거운 햇빛 아래 풀에 묶여 땀을 흘리고 있습니까?' 스님은 '임금님 고맙습니다. 임금님이 저를 풀어주셔서 저도 살리고 저 풀도 살렸습니다. 만약 내가 힘을 주어 풀을 끊어 버리면 풀들은 죽게 될 것입니다.' 풀을 다치지 않게 하려고 땡볕에서 땀을 흘리면서도 그냥 묶여 있었던 것입니다. 한번 생각해 보세요. 이 세상은 다른 사람을 위해서 무엇을 할 때 자신에게는 손해가 된다고 생각할 수도 있겠지만 결국 본질을 이해하고 나면 손해 보는 것은 하나도 없습니다.

혼란의 척도, 엔트로피

본질에 대한 이해를 얼마나 잘 하느냐가 중요한 것입니다. 우리는 함께 살아갑니다. 더불어 살고 있는 것은 본질적인 문제에서 존재의 속성입니다. 엔트로피 즉 혼란이라는 것은 우주가 가지고 있는 기본적인 속성입니다. 우주에 있는 모든 존재의 기본적인 속성은 혼란과 안정입니다. 혼란한 상태에서 안정해지려고 합니다. 안정해져야만 영생할 수 있고 연속할 수 있습니다.

예를 들어 오늘 강의 마치고 경주에 놀러가자고 했을 때 누가 갈 수 있어요? 결혼한 사람들은 가기 힘들겠죠? 그렇지만 결혼하지 않고 혼자인 분은 갈 수 있습니다. 결혼한 사람은 혼란도가 그만큼 작은 것입니다. 가족이라는 정해진 테두리 속에서 움직이기 때문에 혼란도가 작습니다. 그렇지만 결혼하지 않고 혼자 있으면 혼란도가 아주 큽니다.

예를 들어 방안에 두 사람만 있어도 알몸으로 있을 수가 없습니다. 그렇지만 혼자 있으면 멋대로 할 수 있습니다. 둘이 있으면 부딪칩니다. 그러나 혼자 있으면 부딪치지 않습니다. 우주가 멸망하지 않는 한 수행자와 진리를 추구하는 사람은 끊임없이 있기 마련입니다. 이 우주가 존재하는 한 존재의 본질에 대해서 이해하는 사람이 있기 때문입니다.

이 우주는 멸망할 수가 없습니다. 왜냐하면 혼자 있는 것은 혼란도가 100입니다. 그렇지만 혼자 선정에 들어가 있으면 혼란도가 0이 됩니다. 이 우주를 구할 수 있는 최소한의 혼란도를 만드는 것은 내가 선정에 들어 열반적정에 드는 방법 밖에 없습니다. 우주를 혼란스럽게 하지 않는 최고의 방법입니다.

우리가 결혼하지 않고 잘못 살면 빵점짜리 인생이 되지만 결혼해서 사는 사람의 인생점수는 못살아도 60점, 잘 살면 80점으로 비교적 안정적입니다. 그러나 혼자 살면서 잘하면 100점, 못하면 30점 짜리 인생이 됩니다. 그래서 수행자가 되는 것이 어려운 것입니다. 인과와 무아와 무상에 대한 철저한 확신이 없으면 혼자일 때 훨씬 더 힘들게 살 수밖에 없어요. 스님은 스스로 묶인 풀을 왜 안 끊었겠습니까? 무아에 대한 인식이 철저했기 때문에 그 풀을 끊을 수가 없었던 것입니다.

윤회의 실체

존재가 사라질 때 이생에서 다음 생으로 윤회하여 전생(轉生)하게 되는 것입니다. 사실 윤회의 주체는 인정하지 않습니다. 즉 '나'가 없다고 이야기합니다. '나'가 없는 상태에서 어떻게 설명될 수 있느냐? 부처님께서 잡아함경에 윤회에 대해서 다음과 같이 설명하고 있습니다.

'윤회를 위해서 한 생에서 다른 생으로 영혼과 같은 어떤 것이 반드시 옮겨가야 할 이유는 없다.' 어떤 실체가 있어서 옮겨간다는 것이 아닙니다. 여기서 윤회란 고정 불변하는 어떤 주체가 한 생에서 다른 생으로 옮아가는 것이 아니라 존재 그 자체가 변화하는 것입니다. 내가 갖고 있는 업이 이생에서 죽어 다음 생에 다른 몸뚱이를 받으면 그 업은 윤회 한다는 것입니다. 존재 그 자체가 계속 변화하는 것이 바로 윤회입니다.

그것을 부처님께서는 '업과 과보는 있지만 그것을 짓는 본체는 없다.'고 하십니다. 이 존재가 사는 것은 내가 이생에서 죽고 다른 존재로 계속 태어나는 것입니다. 부처님께서 이것을 좀 더 쉽게 나비로 비유를 들었습니다.

나비는 알의 상태로도 있고 애벌레의 상태로도 있고 번데기 상태로도 있는데 결국 알이 애벌레가 되고 번데기에서 나비가 됩니다. 우리가 볼 때 알과 애벌레는 다릅니다. 또 애벌레와 번데기도 다르고 번데기하고 나비도 다른 모습입니다. 이렇게 변하지만 알과 나비는 별개가 아닙니다.

알이 가지고 있는 속성에 의해서 나비가 됩니다. 알이 변해서 나비가 될 뿐입니다. 이것은 윤회하는 실체인 나가 없는 무아인데도 윤회를 할 수 있다는 것을 설명하는 것입니다. 여기서 우리는 무엇을 이해해야 하느냐? 모든 알은 나비가 됩니까? 아니지요? 나비알만 나비가 됩니다. 모기알은 나비가 되지 않습니다. 결국 나비알은 나비가 되고 모기알은 모기가 됩니다. 이처럼 인의 문제가 일어나게 됩니다. 부처님께서는 윤회하는 실체가 없는 무아를 주장하면서 존재를 설명하고 이해시킨 것입니다.

무아와 무상을 인식하면 왜 이득이 되는가?

존재에 대한 명쾌한 인식은 연기를 잘 이해하는 것입니다.

무명의 속성은 탐심이고 진심이고 치심입니다. 무명을 깨친 명의 속성은 깨끗함이고 올바름이고 지혜로움입니다. 무명의 상태에서 벗어나서 명의 상태가 되어야 어떻게 살아야 하는가의 명제에 대한 바른 결정을 할 수 있습니다.

왜 무아와 무상을·알아야 되느냐? 무아와 무상을 제대로 알면 내가 어떻게 살아야 하느냐에 대한 확실한 해답을 알 수 있기 때문입니다. 지금의 삶이 이생으로만 끝나겠는가?

만약 윤회를 한다면 이생에서 우리는 과연 어떻게 살아야 할까요. 이생에서 몸 받고 살아가는 모두에게 가장 중요한 문제입니다. 지금까지 살아온 것은 큰 문제가 안 됩니다. 앞으로 내가 살아가야 될 시간은 수억 겁입니다. 지금부터가 정말 중요합니다. 진리를 아는 순간부터 내 삶은 변하기 시작하여 잘못된 편견과 고정관념에서 벗어나게 됩니다. 예를 들어 여기에 불빛이 없으면 어둡습니다. 불빛이 있으면 밝아집니다. 이런 부분들을 몰랐을 때는 욕심밖에 없지만 알고 나면 바르게 됩니다.

어떻게 살아야 할 것인가 하는 명쾌한 답은 무아와 무상을 인식하는데 있습니다. 세세생생 사람 몸 받아 어떻게 살아야 하는가에 대한 바른 결정이 성불하게 만들고 모든 중생을 이롭게 하는 것입니다. 나를 이롭게 하는 것은 곧 모든 중생이 이로운 것입니다. 결국 모든 중생이 이로우면 내가 이로운 것입니다.

들판에 늘려있는 풀잎들
흩어놓으면 아무 것도 없는데
모아 엮으면 한 칸의 초가집

제 4강
연기

가장 위대한 가르침인 연기를 설하신 부처님께
이 목숨 거두어 돌아갑니다.
이것이 있으므로 말미암아 저것이 있고
이것 생김에 말미암아 저것 생기고
이것 없어짐에 말미암아 저것 없어지고
이것 멸함에 말미암아 저것이 멸한다

연기는 빨리어로 '빠띠짜사무빠다 Pati-ccasamppada' 라고 합니다. 빨리어는 부처님께서 법문하신 언어입니다. 빨리어 '빠띠짜사무빠다'는 세 단어의 합성어입니다. 빠띠짜는 ---로 인하여, ---을 원인으로 하여 라는 뜻이고, 삼sam은 잘, 분명하게, 정확하게, 바르게라는 뜻을 가지고 있으며, 우빠다uppada는 발생이라는 뜻입니다.

---을 원인으로 하여 정확하게 결과가 발생한다는 뜻입니다. 의존하여 발생하는 법칙입니다. 이것이 나타내는 의미가 윤회이며, 연기입니다.

이것이 있음으로 말미암아 저것이 있고

부처님께서는 깨달음의 표현을 '이것이 있으므로 말미암아 저것이 있고/ 이것 생김에 말미암아 저것 생기고/ 이것 없어짐에 말미암아 저것 없어지고/ 이것 멸함에 말미암아 저것이 멸한다' 입니다. 상응부 경전에 수록되어 있습니다. 이와 같이 부처님께서 연기를 설명할 때 '이것이 있으므로 말미암아 저것이 있고' 하는 이 부분에 대한 설명을 구체적으로 어떻게 해야 할지 고민합니다. 육육법연기와 오온연기, 12연기는 이것이 있으므로 말미암아 저것이 있고의 이것으로부터 모두 나옵니다. 이것이 있으므로 말미암아 저것이 있다고 표현한 이것에 대한 구체적인 이해가 앞으로 공부할 연기입니다.

무아와 무상에 대한 인식이 연기였고 왜 죽어야하는가? 이 부분에 대한 결론도 생각해 보니까 모든 것이 연기로 이루어져 있었던 것입니다. 어떤 일이 왜 일어났는가?의 그 원인을 밝히는 것이 우리가 불교를 공부하는 가장 중요한 이유입니다.

볏짚 두 단으로 연기를 보이다

부처님께서 가섭에게 볏짚 두 단을 놓고 설명을 했습니다. 볏짚 한 단은 서 있을 수 없지만 볏짚 두 단이 맞대어 서 있는 것을 빗대어 연기를 설명해 놓았습니다. 팔공산에 연기가 났다면 연기 피어오르는 것으로 불이 났다는 것을 알 수 있습니다. 직접 불은 못 봤지만 연기가 피어오르는 것을 보면서 알 수 있다는 것입니다. 이것은 부처님께서 연기를 설명할 때 일어난 원인, 그 원인을 우리로 하여금 생각하게 한 것입니다.

피어오르는 연기만 보고 불이 났구나 하는 것을 알 때 왜 연기가 일어나느냐, 연기가 일어나는 것은 볏짚이 타든 나무가 타든지 그 부분에서 불이 일어났기 때문에 연기가 피어나고 있는 것입니다.

경전에 구체적으로 볏짚에 대한 이야기 혹은 산 넘어 불이 난 것을 통해 연기를 이해할 수 있도록 설명해 놓았습니다. 결국 연기는 부처님께서 왜 죽어야 하는가 하는 문제의 결과입니다. 이 삶의 거시적인 관점에서 연기를 한 번 생각해 보면 반드시 어떤 원인이 있고 결과가 있습니다. 우리가 지금 보고 있는 것은 결과입니다. 이 결과를 보고 과연 무엇 때문에 그 일이 일어났는지 원인을 생각해 보는 것이 연기에 접근해 가는 방법입니다.

불이 일어난 것은 연기가 나는 것을 보고 아, 왜 연기가 나는가? 불이 일어났기 때문에 연기가 난다는 것을 알 수 있습니다.

1%가 나를 부처로 만든다

우리는 왜 죽습니까? 안 태어났으면 죽지 않는데 태어났기 때문에 죽습니다. 왜 태어났느냐하는 이 문제로 12연기를 공부합니다. 12연기의 마지막이 무명입니다. 무아와 무상을 모르는 것을 무명이라고 했습니다. 왜 태어났느냐, 왜 죽어야만 하는가하는 문제의 출발점이 다시 무명으로 돌아갑니다. 무아와 무상의 문제로 돌아갑니다. 이것은 엄밀하게 원인과 결과에 대한 이야기로 결과를 보고 무엇이 원인이 되어 그 일이 일어났는지를 생각하는 것이 연기입니다. 일반적으로 인과법칙이 바로 연기입니다. 우리는 인과를 믿습니다. 분명히 전생을 믿고 51% 인과를 믿는다고 했습니다. 51% 믿는 이 인과를 나 자신도 100% 믿을 수 있게끔 불교를 제대로 알자는 것입니다. 연기는 인과의 법칙입니다. 인과는 구체적으로 보면 인연과(因然果)의 법칙입니다. 인에 의해서 어떤 결과가 생겼습니다. 그래서 결과의 원인을 찾아보니 구체적인 원인이 있었고 그 원인이 되는 부수적인 환경까지 생각을 한다면 정확한 결과를 얻을 수 있습니다.

 이제 인과를 믿느냐하는 문제가 남았습니다. 인연과의 법칙에서 이해해야 할 중요한 개념은 인입니다. 바로 어떤 일의 근본원인이 되는 것이 인입니다. 즉 어떤 일의 주체가 자기 자신입니다. 어떤 일의 원인이 되고, 씨앗이 되는 자신이 바로 인이 됩니다.

 그러면 연이라 하는 것은 나를 둘러싸고 있는 주위 환경이 되겠습니다. 이 작용에 의해서 나타난 현상이 바로 과가 됩니다. 인과의 법칙하면 생각나는 격언이 있습니다. 콩 심은 데 콩 나고, 팥 심은 데 팥 난다. 콩 심은 데는 분명히 콩이 나고 팥 심은 데는 팥이 나게 마련입니다. 그런데 우리가 콩 심었을 때 다 똑같은 콩이 납니까? 만약 비옥한 땅에 콩을 심었다면 콩이 잘 자라서 수확이 엄청나게 많겠죠? 그런데 콩을 자갈밭에 심었으면 제대로 자라겠어요? 잘 자라지 않습니다. 그러면 콩이라는 씨앗은 인이 되며 그 콩을 심은 땅은 바로 연이 되겠습니다.

 그런데 인이 아무리 좋더라도 연이 좋지 못하면 인이 제대로 나타나지 않습니다. 반대로 비옥한 땅이라도 튼튼하지 못한 콩을 심었다면 콩이 제대로 나지 않습니다. 아무리 연이 좋더라도 인이 시원찮으면 제대로 결과가 안 나타나겠지요?

우리가 잘 이해해야 할 것은 몸 받아 살아가면서 일어나는 모든 문제가 바로 인연의 문제인 것입니다. 바람이 스쳐가도 오백 생의 인연입니다. 그 인연의 의미가 이렇게 깊습니다. 인과 연의 문제에서 인이 무엇이며 연이 무엇인지 이해할 수 있습니다.

선생님이 변하면 학생도 변한다

선생님과 학생의 입장에서 선생님을 중심으로 보면 선생님이 인이고 학생은 연입니다. 선생님이 인일 때 그 가치 기준은 90점입니다. 그런데 실제로 학생들을 가르쳐 보면 학생들은 죽어도 선생님의 가치 기준인 90점에 못 따릅니다. 문제는 60점밖에 안되는 학생들을 어떻게 해서 90점을 만드느냐? 입니다.

중요한 것은 인이 바뀌면 쉽다고 했습니다. 즉 선생님이 바뀌어야 됩니다. 학생들은 안 바뀝니다. 똑같은 것을 가르치더라도 알아듣는 학생이 있고 못 알아듣는 학생이 있지요? 그러면 못 알아듣는 학생을 위해서 밤새워가면서 연구하고 노력해야 합니다. 선생님은 가르치는 방법과 애들한테 접근해가는 방법을 생각해봐야 합니다. 결국 선생님의 끝없는 노력이 학생으로 하여금 90점을 만들게 합니다.

예를 들어 미운 학생도 있고 고운 학생도 있고 공부 잘 하는 학생도 있고 공부 못 하는 학생도 있습니다. 선생님이 가르쳐 주어야만 아는 것이 아니었습니다. 집에서 예습을 하면 선생님이 가르치기 전에 다 압니다. 문제는 예습을 해도 모르는 학생이 있습니다. 결국 선생님들이 고민해야 되고 끌어올려야 될 가장 중요한 것은 예습 복습해도 모르는 그 학생들이 문제입니다. 그 학생들은 일반적으로 선생님이 생각하는 방법으로 가르치면 이해를 못합니다. 그러면 어떻게 해야 되겠습니까? 예를 들어서 학생이 숫자를 이해 못한다면 구슬을 갖고 설명하고 이해시켜야 합니다. 학생이 쉽게 이해할 수 있는 방법을 선생님이 끊임없이 생각하고 고민해서 찾아내야 합니다. 그러면 학생은 어떤 시점이 되면 이해하기 시작합니다. 그 다음부터는 쉽습니다. 결국 선생님이 바뀌면 학생들을 가르치는 방법이 달라지게 됩니다.

연기의 법칙은 내가 먼저 변해야 된다

남자와 여자가 결혼을 해서 삽니다. 부부가 되어 살아가는데 있어 남자가 인이라면 여자는 연이 되겠지요? 남자가 인이라면 여자는 연이 되고. 여자의 입장에서 보면 자신이 주체니까 인이 되고 남자가 연이 되겠지요? 여성불자를 중심으로 생각해 봅시다. 즉 여자가 주체입니다. 여자가 인이면 같이 사는 남자는 연이 되겠지요?

그런데 결혼하기 전에는 100점짜리 남자라고 생각을 했는데 결혼해서 살아보니 영 형편없습니다. 나의 가치기준으로 90점짜리 정도만 되면 좋겠다 싶어 90점을 카트라인으로 정해 놓았습니다. 그래서 나와 같이 사는 남자는 최소한 90점짜리는 되어야만 하는데 90점 밑으로 갈 때는 계속 잔소리를 하여 90점 이상을 만들려고 애를 씁니다.

그런데 이 남자는 60점짜리 밖에 되지 못했습니다. 결국은 인이 갖고 있는 가치의 기준은 90정도 되는데 연이 만들어 내는 것은 60점 밖에 안 됩니다.

그러면 계속 전쟁이고 투쟁이 일어날 수 밖에 없습니다. 인이 60점짜리인 이 남자를 어떻게 하겠습니까?

내가 갖고 있는 가치기준을 60점으로 낮추어 버리면 이 남자가 100%로 마음에 듭니다. 가치기준을 90점에서 60점으로 낮춰 주위를 둘러보면 60점짜리 남자지만 마음에 들 수밖에 없습니다.

또 이 남자를 90점짜리로 만드는 방법도 있습니다. 그러면 우리는 어느 것을 택하겠어요? 당연히 후자를 택합니다. 본인은 죽어도 변하지 않으면서 상대를 자꾸 변화시키려고 합니다. 그게 바로 우리 중생입니다.

내가 바뀌고 나니 상대도 바뀌는 것을

여기서 우리는 중요한 공부를 합니다. 나를 변화시키느냐, 주위를 변화시키느냐의 문제에서 나를 바꾸기가 쉽습니다. 죽어도 주위는 안 바뀝니다.

나를 바꾸는 것만큼 쉬운 것이 없어요. 바로 여기서 연기의 가장 중요한 부분들이 나옵니다. 왜 공부하고 수행해야만 하는가? 세상에서 바꾸기 제일 쉬운 것이 자기 자신입니다. 나를 바꾸는 것이 주위를 바꾸는 것보다는 훨씬 더 수월합니다.

부처님께서 왜 견성성불하라고 하셨습니까? 주위를 변화시키는 것이 쉽다면 주위를 변화시키라고 했겠지요? 결국 스스로 변하는 것이 훨씬 수월한 방법입니다. 내 자신을 바꾸어야만 연도 바뀝니다.

인과 연에서 주체가 되는 것은 항상 인입니다. 강의를 처음 하면서 이 세상에는 행복한 한 사람만 있어도 이 우주는 행복하다고 했습니다. 한 사람의 행복 때문에 이 우주는 행복할 수 밖에 없습니다.

연기에 대한 결론으로 가장 중요한 것은 내가 바뀜으로써 연이 바뀌게 되는 것입니다. 그런데 지금 우리는 부처될 씨앗은 60점이고 지옥에 갈 중생심은 40점입니다. 아직까지 부처 쪽이 가까우니까 부처되기가 훨씬 더 쉽습니다. 연기의 가장 중요한 개념은 내가 바뀌어야 바로 연이 바뀐다는 것입니다.

인이 바뀌면 연도 따라 변한다

부처님께서는 무아를 인식하면 연민이 생긴다고 했습니다. 내가 90점을 생각하다가 60점으로 낮추었을 때 얼마나 가엾고 불쌍하게 보이겠어요? 연민의 마음이 60점짜리 밖에 안되니까 60점으로 만족하라는 것이 아닙니다. 60점에 만족해서 끝없는 연민을 느끼면 어느 날 자고 일어나니까 60점짜리가 70점이 되어 있고 80점이 되는 것입니다. 이게 바로 원력입니다. 연민이 상대방인 연을 바꾸게 하는 것입니다.

스님들이 축원할 때 들어주는 사람이 없어도 우주평화를 위해 계속 기도합니다. 어떻게 보면 황당하고 무모한 짓처럼 보일 수도 있습니다. 그렇지만 절대 아닙니다. 누군가가 이 우주와 지구의 평화를 축원하고 기도하는 기운 때문에 우주는 평화스럽고 또 좋은 쪽으로 나아가게 됩니다.

연기의 가장 중요한 속성은 인연과에서 인을 끝없이 바꾸어가야

```
원인 ──────→ 결과
인            과 ↑  ⇒ 인연과

인연과 법칙
⎧ 인 – 자신 : 직접적인 원인
⎨ 연 – 주위환경 : 간접적인 원인
⎩ 과 – 결과
```

한다는 것입니다. 내가 변하기 위해서 가치기준을 낮춘 것처럼 보이지만 무아에 대한 인식에서 생기는 연민 때문에 상대방이 60점짜리라도 기분이 좋은 것입니다.

부처님이 중생을 볼 때 얼마나 한심하겠어요? 그런데 부처님은 우리에게 끝없는 연민을 느낍니다. 즉 60점짜리 우리의 삶을 보고 부처님은 끝없는 연민을 느낍니다. 내가 90점짜리에서 60점짜리로 가치 기준을 하향시켰을 때 변한 것은 그 점수가 아니라 무상에 대한 인식 때문에, 연민 때문에 60점 되는 상대방에게도 충분히 만족할 수 있는 것입니다. 부처가 지옥을 싫어하겠습니까? 지옥에 가도 부처는 부처일 뿐 입니다. 중요한 것은 인이 확실하면 연은 아무런 문제가 안됩니다. 내가 확실히 부처이면 주위가 지옥이라도 문제가 안됩니다.

우리는 상대를 탓합니다. 내가 무상과 무아를 이해하면 탓할 대상이 없습니다. 연민인 끝없는 자비밖에 없습니다. 자비에서 볼 때 상대방이 30% 잘 했으면 30%로 잘 한 것이 반갑고 대견한 것입니다. 어린 자식을 키울 때 잘못했다고 해서 아이가 미운 것이 아닙니다. 그래서 세상을 보는 눈이, 세상을 살아가는 방법인 내가 바뀌는 것입니다.

부처의 속성은 자비광명

만약 누가 옆에서 잘못했을 때 그 잘못 때문에 내가 상당한 피해를 입었지만 잘못을 한 상대방이 고의로 잘못을 한 것이 아닐 때는 그 상대방이 불쌍한 것입니다.

거기에서 자비가 나옵니다. 지난 시간에 부처가 바로 자비광명이라 했습니다. 무아와 무상을 인식하면 일어나는 것은 자비광명밖에 없습니다. 끝없는 광명과 자비가 일어나게 됩니다.

제대로 된 불자는 어디에서 살던 상관이 없습니다. 천 년 전도 좋고 지금도 좋고 만 년 후도 좋고 어느 시기에 나타나도 똑같은 것입니다. 내가 확실하게 부처이면 태어나는 시기도 태어나는 시대도 태어나는 곳도 문제가 안됩니다.

그래서 내가 부처되어야 하고 내가 바뀌어야만 연이 끝없이 바뀌는 것입니다. 서로 상관관계를 맺고 살아가는 것은 매우 중요한 일입니다. 중학교에 다니는 학생 한 명을 감동시키면 세세생생 그 인연을 잊지 못할 것입니다. 선생님을 따라 다닙니다. 감동이라는 것은 일반적인 상황에서는 일어나지 않습니다. 선생님의 노력에 의해서 문제를 이해하면 수만 볼트의 전류가 흐르는 것처럼 짜릿합니다. 그럴 때 감동이 옵니다. 그런 감동을 받는 학생은 선생님을 평생 존경할 것입니다.

연기를 거시적인 현상에서 볼 때는 인과법칙이고 인과법칙을 좀 더 풀어쓴다면 인연과의 법칙입니다. 연기의 문제에서 변해야 되는 것은 자기자신입니다. 인인 주체가 변해야 됩니다. 결국 주체인 내가 변하기 위해서는 무아와 무상을 인식하지 않고는 변할 수가 없습니다. 바로 인식하는 것만큼 내가 변하게 됩니다.

의가 부처되게 한다
부처님께서 연기는 곧 무아와 무상을 떠나서 생각할 수 없다고 하셨습니다. 무상과 무아를 인식하는 순간 일어나는 마음이 적정입니다. 그 관계의 이해가 바로 연기입니다. 연기를 이해하는 순간, 내가 달라져 있고 주위가 달라져 있습니다.

연기에서 '안이비설신의'를 설명했습니다. 부처님이 위대하신 것은 이 의 때문입니다. 의에 대해서 구체적으로 풀어낸 것이 연기이며 모든 것은 의 때문에 생기는 것입니다.

생명체들은 기본적으로 배고프면 먹고 피곤하면 자고 번식해야 될 시기가 되면 새끼를 낳습니다. 생명체가 갖고 있는 기본적인 의식 활동은 먹고 자고 번식하는 이 세 가지 밖에 없습니다. 그냥 배가 고프면 먹고 배가 부르면 안 먹으면 됩니다. 그런데 의지가 없으면 맛있는 빵이 있을 때 나중에 먹기 위해서 서랍에 넣어 두지 않습니다. 예를 들어 개한테 빵을 먹으라고 주면 먹고 싶은 만큼만 먹고 더 이상 먹지 않으며 또 내일 먹어야지 하면서 자기 집에 넣어두지 않습니다. 또 피곤하면 자고 잠 안오면 자지 않습니다. 그런데 우리는 피곤해도 안 자려고 애를 쓰면서 하루에 4시간 자고 버티면서 공부를 합니다.

이렇게 하는 것은 의 때문입니다. 동물은 번식을 시도 때도 없이 합니까? 발정주기 외에는 일체 번식 행위를 하지 않습니다. 발정주기가 아닐 때 이러한 행위를 하는 것은 의에서 생겨납니다. 결국은 먹는 것에서 탐심이 생기고 생식에서 진심이 생기고 자는 것에서 치심이 생깁니다. 이런 문제들이 다 의 때문에 생겨납니다. 의를 이해하면 우리 몸뚱이가 갖고 있는 탐진치의 문제들이 구체적으로 다 나오게 됩니다.

연기의 가장 기본적인 속성인 인연과에 의해서 내가 바뀌면 주위가 바뀐다는 것을 인식해야하며 이 인식에서 불교 공부가 시작됩니다.

연기의 꽃, 12연기

연기에 대해 부처님께서는 12가지 속성인 12연기를 말씀하셨습니다. 오온연기나 12연기가 만들어지는 체제와 구성을 생각해보면 부처님 은혜에 탄복할 뿐입니다. 인간의 정신능력에서 생기는 열두 가지를 아주 절묘하게 설명해 놓은 것입니다. 세세생생 살아가면서 불자가 될 수 있느냐 없느냐하는 문제는 근본적으로 불교를 아느냐 모르느냐 하는 문제에 달렸습니다. 12처부터 시작해서 육근, 육경, 육식을 부처님이 제자들에게 가르쳤던 방법대로 구체적으로 이해해야 됩니다.

12연기의 처음은 무명입니다. 불교의 첫 출발은 무명입니다. 무명 다음에 행·식·명색·육입·촉·수·애·취·유·생·노사가 12연기입니다. 12연기에서 왜 죽어야하는 문제는 노사에 있습니다. 왜 죽어야 하는가 바로 앞에는 생입니다. 태어났기 때문에 죽습니다. 왜 태어났느냐? 바로 존재할 수 있는 인연이 성숙되어 태어났습니다.

(무명)

무아와 무상을 모르는 것이 무명입니다. 정견이 아닌 부정사유에서 무명이 생기며 그 다음 행이 일어납니다.

(행)

행은 잠재적 형성력이라고 할 수 있습니다. 우주는 카오스의 혼돈입니다. 모르기 때문에 혼돈이 생깁니다. 무명, 모르는 것에서 이런 행위들이 나옵니다. 카오스를 만들어내는 잠재적인 형성력, 만들어진 것, 만들어내는 힘, 이것이 바로 행입니다.

(식)

무명에 의해서 행이 생기고 이 행에 의해서 식이 만들어지고 식은 행동을 일으키는 생각, 인식작용, 또는 인식판단의 주관적인 능력이 됩니다. 우리는 육식으로 판단을 합니다. 안이비설신의를 통해서 육식을 느낍니다. 이 식에 대해서는 앞으로 구체적으로 설명할 것입니다.

(명색)

식이 생기고 나면 명색이 되고 명색은 '라마루파'로 생각을 일으키는 환경이라든가 인간을 구성하고 있는 5가지 요소인 오온이 바로 명색이 됩니다. 이 때 명은 수상행식을 나타내는 정신적인 능력이고 색은 물질 즉 육체를 나타내며, 육체와 정신을 통틀어 명색이라고 합니다.

(육입)

육입은 육경의 환경을 느끼게 하는 감각기관입니다. 명색이 세분화 되어 감지할 수 있는 능력에 따라, 대상을 감지할 수 있는 능력체인 육근을 만드는 근원적인 능력입니다.

(촉)

육근인 눈, 귀, 코, 혀, 몸, 뜻을 바탕으로 해서 촉이 일어납니다. 부딪치는 자체가 촉입니다. 눈으로 부딪히는 것은 눈에 보이는 것이고 몸으로 부딪히는 것은 촉감으로 느낄 수 있습니다. 근과 경과 식이 촉하여 수가 생깁니다.

(수)

촉에 의하여 수가 생깁니다. 접촉의 결과로 발생되는 느낌이 생기게 됩니다. 바로 이 느낌에 의해서 희노애락의 감정들이 생깁니다.

(애)

이런 느낌의 결과를 애라고 합니다. 느낌과 감정의 결과로 생기는 갈애, 탐심과 진심이 생기는 것이 바로 애입니다.

(취)

애욕 때문에 집착하게 되고 자기 것으로 만들고 싶은 소유욕인 취가 생깁니다. 취는 곁에 있는 것을 자신의 것으로 만드는 작용입니다.

(유)

집착 때문에 이 몸뚱이가 만들어지며 유하게 됩니다. 그러므로 유는 생존, 미혹한 생존, 윤회하고 있는 생존, 욕망충족의 행업 이런 것들이 만들어지는 것이 바로 유입니다.

(생)

유로써 우리는 다시 태어나게 됩니다.

(노사)

태어나서 한평생 살아가는 것이 늙고 병들고 죽는 과정입니다. 이것으로 12연기의 흐름을 알아보았습니다.

변화의 시작

불교란 무엇인가, 내가 깨달을 수 있는가, 내가 불성을 갖고 있는가? 무아와 무상 그리고 연기는 불교를 이루고 있는 가장 중요한 내용입니다. 아무리 좋은 것이라도 내가 부처될 수 없으면 소용이 없습니다. 내가 부처가 될 수 있기 때문에 우리는 공부를 해서 부처가 되어야 합니다. 부처가 되면 세속적인 이익보다는 훨씬 더 큰 이익이 있습니다. 바로 세속의 이익은 내가 부처되고 난 뒤에 받는 이익의 부분집합에 지나지 않습니다. 깨치고 나면 지금보다는 훨씬 더 큰 이익을 얻을 수 있기 때문에 불교 공부를 해야 합니다.

연기의 가장 중요한 부분은 무엇이었습니까? 어떤 상황이든지 인과 연의 문제에서 인이 바뀌면 연은 아무런 문제가 안됩니다. 그런데 우리는 죽다 깨어나도 바뀌지 않습니다. 이것이 바로 중생입니다. 이것을 바꾸는 작업이 바로 내가 무아와 무상을 인식하는 것입니다. 무아와 무상을 인식하기 전에는 안 바뀝니다. 바뀐 것 같지만 하루만 지나면 제자리로 되돌아옵니다. 안 바뀌는 이유는 자신이 맞다고 생각하고서 상대방이 바뀌기를 바라기 때문입니다. 연기를 알면 바뀌지 말라 하여도 변화가 일어납니다.

무아와 무상이 깨어지는 만큼
채워지는 것은 연기의 도리
무아무상 모두 깨어져 연기로
가득차 버리면 그것이 부처이며, 법성이며
진공묘유인 공이라네.

불교교리의 체계 II

제5강 삼법인
존재는 인식이다/ 육근과 육경, 12처/ 육근은 의지적 작용의 속성이 있다/ 육경은 필연적 반응의 속성이 있다/ 의식에 대한 이해/ 삼법인(제행무상, 제법무아, 일체개고)/ 제법무아(諸法無我)/ 케마비구의 꽃에 대한 비유/ 제행무상(諸行無常)/ 재상 불사밀의 지혜/ 밀라레빠/ 일체개고(一切皆苦)/ 열반적정(涅槃寂靜)

제6강 사성제
사성제란 무엇인가?/ 묘법스님의 인과이야기/ 싯다르타, 도를 이루어 부처 되다/ 사성제에 대한 이해/ 유일한 대기 설법/ 과제의 제시, 고/ 발생의 이유, 집/ 주리반특 이야기/ 실천방법, 도/ 해결된 상태, 멸

제7강 중도와 팔정도
실천적 중도/ 사상적 중도/ 선불교에서의 중도/ 중도/ 팔정도/ 정견/ 정사/ 정어/ 정업/ 정명/ 정정진/ 정념(위빠사나) / 정정(사마타)

제8강 사성제의 체계와 연기의 인식
깨달음에 이르는 방법/ 불교의 전래 시기/ 대승불교와 선불교/ 대승불교의 두 줄기, 중관과 유식/ 그대는 아직도 여인을 등에 업고 있는가/ 집_왜 그 일이 일어났는가/ 기도는 꼭 이루어진다/ 사성제로 문제 풀기/ 매일 한 문제씩 풀어보세요/ 사성제로 문제풀기 예1/ 진리는 어떻게 바르게 생각하고 살아가느냐 하는 문제다/ 사성제로 문제풀기 예2/ 잊을 수 없는 스님

제 5강
삼법인

　이제까지 무상, 무아, 연기에 대해서 설명했습니다. 이것은 진리입니다.
　진리는 누구에게나 똑같습니다. 부처님이 깨쳤던 연기와 2600년 후 김성규가 깨친 연기는 같은 내용입니다.
　그러니까 연기는 누가 깨치던 간에 같은 것입니다. 인도에서 깨치던, 한국에서 깨치던, 미국에서 깨치던, 2600년 전에 부처님이 깨치던, 오늘 김성규가 깨치던, 1000년 후 누군가가 깨치던 같은 것입니다.
　무상, 무아, 연기는 불교만의 교리가 아닙니다. 누구든지 깨치면 깨친 내용이 무상이고 무아이고 연기인 것입니다. 이것은 누구든지 깨치게 되면 공통적인 진리일 뿐입니다.
　무아, 무상, 연기라는 내용을 바탕으로 부처님께서는 불교라는 종교를 설립하신 것입니다.

무상, 무아, 연기가 불교의 진리로 탈바꿈하게 되는 것입니다.

무상은 제행무상이 되며, 제행무상이기 때문에 일체개고이며, 무아는 제법무아가 되는 것입니다.

비로소 불교의 진리인 제행무상, 일체개고, 제법무아인 삼법인이 성립됩니다. 연기의 내용이 삼법인이며, 이 연기를 체득하기 위하여 사성제라는 거룩한 가르침이 체계화됩니다.

부처님께서 인류에게 준 최대의 선물이 아마도 사성제가 아닐까 생각합니다.

존재의 본질은 무아이고 무상입니다. 무상과 무아를 모르는 상태가 무명이며 무상과 무아를 아는 상태는 명이고 명은 연기입니다. 즉 이것에 대한 인식을 연기라고 했습니다. 이것이 불교의 기본적인 존재에 대한 내용입니다. 여기서 우리 모두는 존재입니다. 이 우주에 존재하는 모든 것의 기본적인 속성은 삼법인이라 했습니다. 부처님 당시에 제자들을 어떻게 가르치신지 한 번 상상해봅시다.

존재는 인식이다

존재에 대해서 생각해 봅시다. 존재란 무엇인가?

나도 존재입니다. 또 나를 둘러싼 주위의 모든 것도 다 존재입니다. 이 우주에 존재 아닌 것이 없습니다. 다 존재하고 있습니다.

부처님께서 법을 물으러 오는 사람들에게 제일 먼저 한 말씀이 "너는 있느냐? 없느냐?" 였습니다.

'저는 있습니다." "그러면 너가 있다는 것을 증명해보라?" 합니다.

불자님들도 한 번 생각해 보세요. 내가 있다는 것을 무엇으로 증명할 것인가?

"너는 내가 보이느냐?" "예, 눈이 있어 부처님을 볼 수 있습니다."

"보기 때문에 인식할 수 있으며, 인식하기 때문에 있다는 것을 알 수 있습니다."

부처님께서는 존재란 인식이다. 인식할 수 있기 때문에 존재한다고 말씀하신 것입니다. 거꾸로 이야기하면 존재는 인식할 수 있기 때문에 존재하는 것이 됩니다. 우리가 인식할 수 없는 것은 존재가 아닙니다. 인식할 수 있는 것은 존재하고 있습니다. 존재의 첫출발이 인식에서 시작됩니다. 내가 인식할 수 있으므로 존재하고 있는 것입니다.

육근과 육경, 12처

인식이란 어디서부터 옵니까? 우리는 안, 이, 비, 설, 신, 의를 갖고 있습니다. 초기불교에서는 안, 이, 비, 설, 신 에서 '의'는 완전히 따로 전개되는데 지금 육근인 안이비설신의로 존재를 분석해 보니 눈, 귀, 코, 혀, 몸뚱이, 뜻이 전부입니다.

먼저 '안' 눈을 생각해 봅시다. '안' 눈이 있기 때문에 대상을 볼 수 있습니다. 예를 들어 눈을 가려봅니다. 눈이 없다고 하면 대상이 보이겠습니까? 대상을 못 봅니다. 눈 때문에 대상을 볼 수 있습니다. 눈에 보이는 대상이 있습니다. 그 대상이 육경의 색성향미촉법에서 색인 것입니다.

색은 눈으로 볼 수 있는 모든 대상입니다.

안이비설신의에 대응하는 대상이 되는 것을 생각해 보면 먼저 눈에 보이는 색을 이야기 했습니다. 여기서 불교의 가장 근본적인 출발인 육근과 육경이 나옵니다. 육근과 육경 중에서 안, 눈이 있기 때문에 형상, 모양인 색을 볼 수 있습니다. 눈이 있기 때문에 대상을 볼 수 있고 내 눈을 통해서 대상을 봄으로써 보는 작용이 일어납니다. 보는 작용이 일어나는데 눈으로써 보고 판단합니까? 판단은 '의'가 합니다. 그래서 안, 눈과 색이 부딪치면 식이 일어나게 됩니다. 이러한 것들을 총괄하는 의가 작용하여 분별하고 판단하는 능력인 의식이 생깁니다.

눈이 있어서 대상을 볼 수 있는 보는 작용에 의해서 안식이 생기고 눈으로 보는 작용은 안식에서 일어납니다. 안식에 의해서 의식과 결부되어 판단하고 분별하는 의식이 생깁니다. 육근이 근본적으로 갖고 있는 속성은 대상을 인식하려고 하는 작용능력을 가지고 있습니다.

부처님의 가장 위대한 점은 '의'를 회복하고 '의'에 의해서 구체화 시키고 '의'로써 불교의 모든 것을 만들어 냅니다. 불교는 바로 '의'의 종교인 것입니다. 기독교를 하느님의 종교라 한다면 불교는 '의'의 종교입니다. 불교의 마음 심. 그 다음 의식인 '식'을 분명하게 구별할 수 있다면 불교의 반은 알 수 있습니다. 지금 우리는 마음인지 의인지 식인지, 구별하지 않습니다. 모르기 때문에 구별할 수가 없습니다. 그렇지만 분명히 다르고 내용이 다 틀립니다.

육근은 의지적 작용의 속성이 있다

안이비설신의 육근이 기본적으로 가지고 있는 속성이 무엇입니까? 눈은 볼려고 하고, 귀는 들을려고 합니다. 즉 의지적 작용의 속성을 가지고 있습니다.

눈으로 대상인 색을 보면 필연적으로 눈을 통해서 보는 작용을 말합니다. 그러면 눈으로 대상을 보았을 때 이 세상은 필연적 반응의 속성을 가지고 있습니다. 항상 눈으로 보면 그 대상은 눈에 대한 반응의 작용을 합니다. 안은 의지적 작용을 합니다. 필연적 반응의 속성을 가진 것이 색입니다.

우리는 아이에게 더하기 빼기를 가르칠 때 그 개념은 안 가르칩니다. 그저 5+7=12 식으로 더하고 빼고 곱하기는 다 잘합니다. 그것에 대한 기본개념을 안 가르치다 보니 어릴 때는 공부를 잘하는데 고등학교 대학교에 들어가서는 미국이나 유럽의 학생들과 비교해 보면 너무 처집니다. 우리나라의 교육은 기본개념에 대한 설명이 없습니다. 어떤 상황이라든지 그 문제가 어떻게 이루어졌고 왜 이렇게 밖에 답이 나오지 않는지 대한 기본원리에 부딪치면 아무 것도 모릅니다.

지금 불교가 어렵고 잘 모르는 이유도 바로 불교에 대한 가장 기본적인 개념을 전혀 안 배우기 때문입니다. 선불교가 어려운 것은 불교에 대한 기본개념이 없는 상황에서 보면 선불교는 말 장난 밖에 되지 않습니다. 그렇지만 불교에 대한 기본개념을 알고 보면 그 기본개념의 흐름에 의해서 똑같이 전개됩니다.

육근이 나를 이루는 주체가 됩니다. 연기의 법칙을 말할 때 육근은 인이 되는 성분이고 육경은 연이 되는 성분입니다. 내가 주체가 될 때 대상은 연이 되며 또 누군가가 인이 될 때 우리 주위의 모든 것은 연이 되는 것입니다.

바로 이 인연과의 법칙의 출발점은 육근과 육경으로부터입니다.

육경은 필연적 반응의 속성이 있다

가장 기본적인 속성인 안과 색에서 볼 때 안은 의지적 작용의 속성을 가지고 있고 색은 필연적 반응의 속성을 가지고 있습니다.

안과 색이 부딪치면 식이 일어나는데 식은 판단, 분별을 합니다. 또 하나의 중요한 속성을 바로 모든 것은 삼법인의 속성을 가지고 있습니다.

안은 의지적 속성은 가지고 있고 색은 필연적 반응의 속성을 가지고 있으며 육근과 육경, 육식 모두가 삼법인의 속성을 가지고 있습니다.

의식에 대한 이해

눈을 통해 어떤 대상을 보면 인식을 합니다. 인식하는 것을 식이라 합니다. 불교의 가장 기본은 육근과 육경과 육식입니다.

제자들이 부처님께 불법이 무엇입니까? 하고 물으면 부처님께서 육경과 육근의 12처가 불교니라 했습니다. 또 육근과 육경, 육식의 18계가 불교라고 했습니다.

예를 들어 우리가 법당에 들어갔을 때 부처님을 봅니다. 우리는 눈을 갖고 있으며 이 안이 눈입니다. 부처님을 봤을 때 식이 생깁니다. 우리가 눈을 가지고 부처님을 보았을 때 부처님은 색이며, 눈이 색을 봄으로써 안식이 생기게 됩니다.

우리가 부처를 보고나서 머릿속에 생기는 식이 전부 다 똑같습니까? 여기에 백 명, 천 명이 있다면 모두 부처님을 보고 생각하는 것은 다 다르지요. 지구상에 인간은 60억이 넘습니다.

이 우주에 있는 모든 생명이 어떤 대상을 바라본다고 할 때 그 대상을 보고 판단하고 분별하는 식은 다 다릅니다. 똑같이 판단하는 식은 없습니다. 참 묘하지요. 여기에 있는 모든 분도 다 다르게 생각합니다. 식의 가장 기본적인 속성은 다르게 인식하는 것입니다. 자신의 업에 따라 다 다르게 받아들이고 분별하는 것입니다. 이것은 12연기의 중요한 속성 중의 하나인 식이 됩니다. 식은 모든 것을 다 다르게 인식합니다.

삼법인(제행무상, 제법무아, 일체개고)

불교, 기독교, 천주교 등 어느 종교든지 진리를 바로 본다면 인식하는 내용은 다 같습니다.

연기는 이 우주의 본질적인 법칙성입니다. 깨친 눈으로 볼 때 그 사람이 어떤 종교를 믿든지 인식하는 내용은 다르지 않고 똑같습니다.

그러므로 우주만물이 가지고 있는 기본적인 속성은 같다는 것입니다. 삼법인은 제행무상, 일체개고, 제법무아라고 합니다.

우주에 존재하는 모든 존재의 속성인 인식은 삼법인의 속성을 갖게 됩니다. 삼법인의 속성은 제행무상, 일체개고, 제법무아입니다. 제행무상, 이 우주에 존재하는 모든 것은 끊임없이 변합니다. 변하지 않는 것은 아무것도 없습니다. 끊임없이 변화하기 때문에 모든 것은 일정한 형태를 가지고 있지 않습니다. 모든 것은 무상입니다. 제행무상, 이것이 가장 기본적인 속성입니다.

```
            존재
             ↓
무명    ┌ 무상
        └ 무아

존재의 속성이 불교의 진리로 체계화 → 삼법인

┌ 무상 → 제행무상(무상하므로 고니라)
│ 고   → 일체개고
└ 무아 → 제법무아
```

부처님께서 끊임없이 변화는 것이 '고'이겠느냐?, '낙'이겠느냐? 고 제자들에게 묻습니다. 고입니다. 그래서 부처님께서는 끊임없이 변화하고 일정한 형태를 유지하지 않고 허물어지는 것은 '고'라고 했습니다.

변화의 시작은 생이고 변화의 끝은 멸이 됩니다. 무상한 모든 것은 생멸하는 것입니다. 생멸하기 때문에 부처님께서는 고라고 하셨습니다. 그래서 불교의 기본적인 속성이 제행무상과 끊임없이 변화하고 있는 모든 것은 바로 '고'인 일체개고입니다.

나라고 내세울 어떤 실체가 있느냐 없느냐? 바른 눈으로 존재의 본질을 보니 없습니다. 그래서 제법무아입니다.

눈으로 보는 대상은 끊임없이 변합니다. 변화는 것은 고입니다. 그러면 '고'라는 것에 '나'라는 대상. 즉 '나' 라는 주재성이 '있느냐 없느냐' 하는 문제에서 없습니다. 그래서 무아인 것입니다. 무상이고 무아고 고라고 말합니다.

부처님께서 삼법인을 제법무아, 제행무상, 일체개고라 했습니다.

제법무아(諸法無我)

나라는 실체는 없습니다. 이 우주에 존재하는 모든 것은 연관되어 있어 독립적으로 존재하는 것은 없습니다. 나라고 내세울 실체가 아무것도 없습니다.

그런데 무아인데 어떻게 윤회를 하느냐하는 문제는 2600년 불교 역사 속에서 끊임없이 논쟁을 불러일으킨 중요한 주제였습니다.

상태를 흩어 놓으면 무아이고 모아 놓으면 우리 몸뚱이가 됩니다. 이것이 무아입니다. 원래 무아인데 이 몸뚱이가 생기면서 아치 때문에 나라고 착각을 하며 나가 있다고 고집을 하는 아집이 생기는 것입니다. 그래서 평생 나가 있다고 생각하고 나 자신만을 위하여 살아가는 것입니다. 이것이 중생입니다.

부처님 경전에서 무아를 표현한 멋진 말이 있습니다.

"끌어 모아서 얽어매면 한 칸의 초가집. 들판에 헤치면 본래의 들판인 것을"

볏짚을 들판에 풀어 놓으면 들판에는 아무것도 없지요. 바로 들판일 뿐인데 볏짚을 끌어다 얽어 놓으니 한 칸의 초가집이 됩니다. 아무 것도 없는 상태에서 색수상행식을 끌어다 모으니 몸뚱이가 생깁니다.

부처님 당시에는 이 무아를 어떻게 설명했는지 생각해 봅시다. 그 당시 존재했던 사상들과의 관계는 부처님이 극복해야만 하는 문제입니다.

예를 들어 김성규도 뭔가 진리를 가르치고 박씨도 가르치고 이씨도 뭔가를 가르칩니다. 여러 사람들이 자기 것이 진리라고 가르칩니다. 이 때 부처님의 가르침이 정말 바르고 진실하다면 상대의 가르침을 다 타파해야만 합니다.

부처님 당시에 육사외도라는 뛰어난 여섯 명의 사상가가 있었습니다. 이 육사외도들의 사상을 부처님께서는 극복해야 할 대상이었습니다. 부처님께서는 존재에 대해서 육근, 육경, 육식을 설명하시면서 육사외도의 주장들을 타파하시고, 또 무상이고 무아인데, 어떻게 윤회가 가능한지 설명해야 합니다.

케마비구의 꽃에 대한 비유

부처님 당시에 케마라는 비구가 있었습니다. 비구 케마가 아파서 병석에 누워있습니다. 마침 다른 수행자들이 케마를 찾아와 병문안을 합니다. 부처님께서는 무아라 했는데 왜 아프냐고 농담을 합니다. 그때 케마는 '아니다' 나는 '나'가 있다고 생각합니다. 분명히 부처님께서도 무아라고 가르치신 상태인데 케마의 '나는 나가 있다'고 한 말에 대해서 많은 장로 비구들이 모여서 어떤 말이 맞는지 가리기 위해서 케마가 병 들어 누워 있는 수행공간으로 모여듭니다. 장로들이 모여 열띤 논쟁을 벌입니다. 그럴 때 케마가 '나가 있다'고 한 근거를 설명합니다.

예를 들어 만약 꽃에서 향기가 난다 하면 우리는 분명히 꽃 향기를 맡고 그 향기를 믿습니다. 꽃 향기를 맡았는데 그 향기가 꽃술에 있느냐, 꽃대에 있느냐, 꽃밑에 있느냐, 꽃잎에서 나는가? 분명히 꽃향기는 나는데 꽃대에서 나는 것도 아니고 꽃잎에서 나는 것도 아니고 꽃술에서 나는 것도 아닌데 분명히 꽃향기는 있습니다. 이와 같이 케마가 이야기 한 무아라고 하는 것은 바로 꽃향기와 같은 것입니다. 분명히 꽃이 없는데 향기가 나는 것은 아닙니다. 꽃이 있기 때문에 향기가 납니다. 이것을 설명하면서 케마는 장로들을 설득합니다. 무아를 설명할 때 가장 좋은 예로써 바로 '나가 있다' 고 한 이 말 한마디로 인해서 논쟁이 일어났고 그 논쟁으로 인하여 무아를 꽃향기에 비유해서 설명한 것입니다.

엄밀하게 꽃향기는 꽃에서 나지만 꽃대도 아니고 꽃술도 아니고 꽃잎도 아니라고 합니다. 그렇지만 향기는 분명히 있습니다. 이와 같이 케마의 이야기로 분명히 무아를 설명했습니다.

꽃에는 꽃대도 있고, 꽃술도 있고, 꽃잎도 있습니다. 이것이 모여 관계성을 가지면 꽃이 생기게 됩니다. 관계성이 없어지면 꽃은 없습니다. 그래서 원래 없는 무아인 것입니다.

제행무상(諸行無常)

육근, 육경, 육식으로 존재하는 모든 것은 끊임없이 변화합니다. 그래서 우리는 생노병사를 합니다. 태어나서 젊은 시절이 있고 그러다 늙고 병 들어 죽습니다. 예를 들어 천 년을 사는 누군가가 지켜 본다면 우리 인간이 생노병사 하는 것을 눈으로 직접 볼 수 있습니다. 백 년을 사는 동안 본인은 태어나는 것을 볼 수 없습니다. 죽을 때도 의식이 가물가물 합니다.

그렇지만 십 년이나 이십 년을 사는 개를 집에서 키운다고 합시다. 개가 태어나서 살아가는 것을 보면서 생노병사 하는 것을 볼 수 있습니다. 우리보다 짧게 사는 생명체를 보면 생노병사를 인식할 수 있습니다. 태양의 수명은 약 150억 년 정도라고 생각할 수 있습니다. 지금 태양의 나이는 70억 년 되었다고 합니다.

이 우주의 모든 만물은 성, 주 괴, 공을 합니다. '성' 이 우주에 존재하는 성간 물질을 모아서 지구나, 혹성, 별들을 만들어 냅니다. 태양은 지금 약 70억 년이 되었으니 '주'로써 한창 활발할 때입니다. 이 시기가 지나면 '괴'의 상태로써 백색왜성처럼 폭발직전에 한 번 자기 자신을 불태우는 왜성들이 있습니다. 파괴되고 나면 이 우주의 모든 성간물질은 흩어지거나 공이 되든지 블랙홀이 되겠지요. 바로 성주괴공을 합니다.

우리는 생노병사를 하고 정신작용은 생주이멸을 합니다. 어떤 사물을 보면 의식이 일어납니다. 그것이 내 머릿속에 머물러 있다가 시간이 지나면 사라집니다. 이 우주의 생명체들은 정신작용을 하여 생주이멸을 합니다. 그래서 제행무상이라고 이야기 합니다.

경전에 보면 이런 내용이 있습니다. 부처님께서 한 번은 깃자쿠우타산에 계실 때 유명한 수행자들이 삿비아 호숫가 정사에 모여서 수행자들이 알아야 할 것이 무엇인가? 를 토론합니다. 이때 외출에서 돌아오신 부처님께서 수행자들의 질문에 답을 합니다. 생명체로 살고 있는 모든 중생은 무명으로부터 시작된 것이 그 내용입니다. 부처님께서 이야기하신 무명으로부터 모든 생명체는 생명을 받아 우주 삼라만상의 생명체로 생겨납니다. 오욕 (재욕, 식욕, 색욕, 명예욕, 수면욕)의 대상이 되는 것은 모두 무상한 것이며 괴로운 것입니다. 또 욕계, 색계, 무색계에 태어나는 모든 생명도 '나'와 '나의 것'은 없다고 하신 무아, 연기를 말씀하셨습니다.

재상 불사밀의 지혜

부처님을 신봉하고 불교에 귀의한 파세나디왕의 모후가 돌아가셨을 때 이야기입니다.

왕에게는 불사밀이라는 뛰어난 재상이 있었습니다. 왕의 모후는 100살이 되도록 건강하게 잘 살고 있었습니다. 왕은 모후의 건강한 모습을 보고 전국 순행을 나섭니다. 파세나디왕은 효심이 지극하여 평생 어머니를 잘 모셨습니다.

왕이 돌아올 때 쯤 모후가 돌아가시게 됩니다. 불사밀 재상은 왕의 효성을 알기 때문에 어머니께서 돌아가신 소식을 들으면 누구보다 슬퍼하실 것을 잘 알고 있었습니다. 비통에 빠져 견디지 못하는 왕을 생각하고 불사밀이 꾀를 냅니다. 왕이 순행을 하고 돌아오는 길목에 불사밀은 어느 장자의 집에 어른이 돌아가셔서 장례를 지내는 것처럼 장례 행렬을 떠납니다. 그때 불사밀이 왕과 마주치게 됩니다. 오랫동안 못 보았던 왕이 불사밀을 보고 반가워 묻습니다. 누구의 장례이기에 이처럼 거창하게 하느냐고 묻습니다. 오백 마리 코끼리가 죽은 사람의 영혼을 따르고 같이 묻어질 사람들도 따르고 있었습니다. 그 당시에는 순장하는 관습이 있어서 장자를 모시던 노예도 같이 묻을 것이라고 합니다. 왕이 불사밀에게 말합니다. 사람은 언젠가는 죽게 마련인데 왜 쓸데없이 거창하게 장례를 치르느냐고 하면서 이것은 옳지 않다고 하십니다. 불사밀이 왕에게 "왕이시여, 다름이 아니라 모후께서 돌아가셨습니다" 이 장례행렬은 바로 모후의 장례라고 이야기 합니다. 임금은 한참 동안 침묵에 빠집니다. 침묵에서 깨어난 왕은 불사밀에게

"현명한 신하가 있어서 너무나 고맙다" 라고 합니다.

　장례 행렬을 보고 임금은 죽음은 당연히 있는 것이라고 했기 때문에 어머니가 돌아가셨다는 말을 듣고도 본인은 충격에 빠지지 않은 것입니다. 그 슬픔을 감당할 수 있었던 것은 불사밀의 지혜 덕분입니다. 왕은 말을 몰아 부처님의 처소로 갑니다. "부처님이여, 이제 모후가 돌아가셨지만 오늘 불사밀이 저를 위로해주었고 장례도 치루어 주었기 때문에 큰 슬픔은 없습니다."

　부처님이 파세나디왕에게 한 말씀이 "너무 슬퍼하지 마시오. 살아있는 모든 것은 반드시 죽게 마련입니다. 모든 것은 변하는 것, 아무리 그것을 막으려 해도 막을 수가 없소. 마치 질그릇을 구울 때 유약을 발라 구운 것이든 아니든 간에 부서지고 마는 것과 같소. 우리의 몸에 4가지 두려움이 닥치면 그것은 막을 수가 없는 것이오. 그 4가지란 늙음과 질병, 죽음, 무상이오. 이것은 그 어떤 힘으로도 막아낼 수 없는 것이오. 마치 큰 산이 무너져 사방에서 덮쳐오면 아무리 발버둥쳐도 빠져나올 수 없는 것과 같소. 견고하지 못한 것은 아예 믿을 것이 못되므로 법으로 다스려 교화하면 그 몸이 무너지고 목숨이 끝난 뒤에는 천상에 태어나지만 법 아닌 것으로 다스리면 죽은 뒤에는 지옥에 떨어질 것이오." 하면서 부처님께서는 파세나디왕을 위로합니다. 왕은 부처님의 말씀을 듣고 궁으로 돌아와서 다시 정치를 하게 됩니다. 이와 같이 누구나 다 겪는 무상을 어떻게 받아들이고 현명하게 넘어갈 수 있는지에 대해서 생각해 볼 수 있습니다.

　이것이 제행무상인 것입니다. 존재하는 모든 것이 끊임없이 변화하는 것은 무상이며 제행무상입니다.

밀라레빠

제행무상을 이야기 할 때 12세기에 살았던 밀라레빠라는 티벳의 스님이 기억나십니까? 밀라레빠는 티벳 최고의 스님으로 부처님에 버금 갈 만큼 존경받는 분입니다. 밀라레빠가 공부하고 수행했던 심정을 시로 남겼는데 우리가 지금 제행무상을 공부하는데 이 무상을 얼마나 절묘하게 잘 표현했는지, 아마 밀라레빠의 시만큼 무상을 잘 표현한 것은 없습니다. 언제 읽어도 참 좋습니다. 시를 한 번 읽어 드리겠습니다.

이 세상 모든것 덧없고 무상하여
나는 불멸의 행복찾아 수행에 정진하리.

아버지 살아 계실 때 내 나이 어렸고
내가 성인되니 그 분 이미 세상에 없네.
우리 함께 있었다 해도 영원을 기약하지 못하리
나는 불멸의 행복찾아 수행에 정진하리.

어머니 살아계실 때 나는 집을 떠나 있었고
나 이제 돌아오니 그 분 이미 세상에 없네.
우리 함께 있었다 해도 영원을 기약하지 못했네
나는 불멸의 행복찾아 수행에 정진하리.

경전이 있을 때 공부할 사람 없었고

공부할 사람 돌아오니 경전은 낡고 없네.
우리 함께 있었다해도 영원을 기약하지 못했네
나는 불멸의 행복찾아 수행에 정진하리.

기름진 밭 있을 때 농부 떠나 없었고
농부 돌아오니 밭은 잡초만 무성하네.
둘이 함께 있었다 해도 영원을 기약하지 못했네
나는 불멸의 행복찾아 수행에 정진하리.

좋은 집 있을 때 주인은 떠나 없었고
주인 돌아오니 집은 이미 폐허되었네.
우리 함께 있었다 해도 영원을 기약하지 못한것
나는 불멸의 행복찾아 수행에 정진하리.

나는 불굴의 귀의자 이세상 모든것 무상을 알았으니
불멸의 행복찾아 수행에 정진하리.

이것이 밀라레빠의 시입니다. 정말 무상을 절절하게 표현하고 있습니다.

일체개고(一切皆苦)

이 우주에 존재하는 모든 것은 '고'입니다. 불교를 공부하다 보면 묘한 것이 있습니다. 현상론적으로 볼 때는 모두가 무아고 무상이고 연기입니다. 그런데 반야심경을 보면 불생불멸입니다. 지금까지 배운 이야기와 전혀 다른 이야기입니다. 불교의 현상론은 연기이지만 불교의 실상론에 들어가면 불생불멸인 것입니다.

불생불멸은 이것과는 전혀 다른 것입니다. 연기의 현상론적인 입장에서는 태어나고 죽지만 연기의 실상론적인 입장에서 보면 불생불멸로써 죽음이 없습니다.

존재하는 것들의 현상적인 속성은 생멸이지만, 상상적인 본질은 불생불멸인 것입니다. 분명히 태어나면 언젠가는 죽습니다. 태어나서 언젠가는 죽게 마련인 것입니다. 생한 것은 언젠가는 멸하기 때문에 부처님께서는 '고'라고 하셨으며, 존재하는 모든 것은 고인 일체개고입니다.

열반적정(涅槃寂靜)

사법인이라 할 때 열반적정을 넣을 수 있습니다. 제법무아, 제행무상을 인식하는 순간 내 마음의 상태가 바로 열반적정입니다. 그래서 열반적정은 제법무아 제행무상을 인식하는 순간 인식되는 것입니다. 마음의 상태가 바로 적정이므로 무명에서 벗어나면 바로 적정이 됩니다.

불교의 기본용어를 모를 때는 선불교에서 사용되는 용어가 특별한 것이지만 기본개념을 정확하게 알게 되면 선불교의 화두가 쉬워집니다.

선불교의 모든 화두도 삼법인의 속성을 가지고 있는 존재의 법성을 나타내기 때문입니다.

이 우주의 존재에 대한 본질적인 성질을 살펴보았습니다. 누구든지 진리를 깨치고 나면 무아이고 무상일 수 밖에 없습니다.

무아와 무상은 우주의 본질적인 진리이기 때문입니다.

불교의 교리가 체계화 되는 과정에서 부처님은 제일 먼저 삼법인을 설명하였습니다.

이 우주에 있는 모든 것은 제행무상이고 제법무아이고 일체개고입니다. 이것이 바로 불교의 가장 기본적인 내용으로 삼법인이 됩니다.

무아와 무상을 인식하는 순간 그 때의 인식이 열반적정인 것입니다. 그래서 삼법인을 바로 알아 고를 벗어나 열반적정, 극락을 이루어 살자는 것이 불교의 목적입니다.

진리를 알게 되면 고통은 소멸하고 즐거움이 생기는 이고득락하게 되는 것입니다.

제 6강
사성제

사성제는 이 우주의 진리를 불교 교리로 체계화 되는 과정을 밝히는 것입니다. 삶과 더불어 수행정진 속에서 실천해야 할 가장 중요한 가르침이 사성제입니다.

지난 시간에 설명한 삼법인까지는 진리의 내용에 대한 설명입니다. 이 시간에는 그 진리를 어떻게 터득할 것인가에 대한 설명입니다. 이생에 몸 받아서 어떻게 하면 부처가 되는가에 대한 설명입니다.

매일 아침에 일어나서 '내가 부처다' '내가 부처가 될 수 있다'고 생각하면서 하루를 시작해보세요. 그렇다면 내가 부처될 수 있다는 것을 뒷받침해줄 수 있는 생활이 따라야 합니다. 어떻게 하면 부처가 될 수 있는가? 여기서 부처님이 가르치신 실천방법이 고집멸도 사성제(四聖帝)입니다. 생활 속에서 어떻게 불교를 실천하고 이해하고 체득하느냐 하는 문제가 바로 이 고집멸도를 통해서 이루어집니다. 고집멸도를 통해서 생활하고 수행하다 보면 무아다 무상이다 연기다를 느낄 수 있습니다.

사성제란 무엇인가?

부처님께서 깨치신 것은 연기라 했습니다. 분명히 사성제나 연기는 밀접한 관계가 있을 것입니다. 우리는 부처님께서 깨치신 것이 연기인데 최초의 가르침은 사성제로 가르친 것을 알고 있습니다. 그러므로 연기와 사성제는 밀접한 관계가 있습니다.

먼저 사성제의 가르침이 어떻게 체계화 되는지 알아보겠습니다. 예를 들어 어떤 사람이 허리가 아파서 병원에 갑니다. 일단 허리가 아프면 병원을 찾든지 혹은 민간요법을 써서 허리를 낫게 해야겠지요.

그러면 허리가 아프다는 상태는 무엇입니까? 부처님께서 말씀하신 '고'가 됩니다. 병원에 가면 X선 사진을 찍고 또 허리를 만져보고 해서 왜 허리가 아픈지 원인을 분명히 밝혀야 합니다.

허리가 왜 아픈가? 뼈와 뼈를 지탱하는 물렁뼈가 다 닳아서, 뼈가 어긋나서 아픈지, 디스크라서 아픈지 아픈 원인을 찾아내야 합니다. 그 찾아내는 것이 바로 '집'입니다. X레이를 찍어보니 디스크로 판명이 났습니다.

허리가 아픈 원인이 디스크 때문이었습니다. 여기서 허리가 아픈 것은 '고'이며, 원인은 디스크 때문입니다. 집, 즉 발생의 이유는 디스크인 것입니다.

수술을 하든지 교정을 해서 디스크를 낫게 하기 위해 어떤 처방을 내려야 합니다. 마침내 수술을 하든지 교정을 해서 허리가 다

나았습니다. 아픈 허리가 나은 것이 바로 현실적인 문제가 해결된 상태인 '멸'입니다.

아픈 허리를 수술해서 낫게 했다면 수술한 것이 바로 실천방법인 '도'입니다. 또 허리를 교정했다면 교정한 것이 실천방법인 '도'입니다.

아픈 허리를 가지고 고집멸도를 설명해 보니 허리가 아프다는 자체가 '고' 이기 때문에 '고'는 과제의 제시입니다. 어떤 문제가 나타나는 것입니다. '집'은 X레이를 찍어 아픈 상태, 원인을 찾습니다. 왜 허리가 아픈지 원인을 찾았습니다. 바로 '집'이란 발생의 이유입니다. 허리 아픈 것이 해결되고 극복되어 정상적인 상태는 '멸'입니다. 현실적인 문제가 극복된 상태, 해결된 상태가 바로 '멸'이 됩니다. 그러면 이 '도'라는 것은 무엇입니까? 허리를 낫게한 것이 수술과 교정이라면 교정하는 것이 실천방법인 도입니다.

고집멸도를 따져보니 부처님께서 2600년 전에 말씀하신 것으로 끝나는 것이 아니라 우리가 평생을 살아가면서 부처가 되기 위해서, 행복하기 위해서, 바르게 살기 위해서, 끊임없이 생각하고 되새기면서 해결해야 할 것이 바로 고집멸도 사성제입니다. 과제의 제시, 발생의 이유, 현실의 극복, 실천방법이 고집멸도입니다.

묘법스님의 인과이야기

묘법 노스님은 중국에서 태어나서 살다가 돌아가신 스님입니다. 묘법 노스님이 지은 '인과이야기'는 전생의 인과와 현생의 인과문제를 풀어 놓은 책입니다. 이런 이야기가 있습니다. 주물공장에 다니는 어떤 성실한 사람이 있었는데 10년 전부터 무단히 허리가 아프기 시작했어요. 그래서 X레이 사진도 찍고 온갖 방법을 다 해보 았지만 허리가 낫지 않았습니다. 병원에서는 당신은 어떤 방법으로도 허리를 낫게 할 수 없으니 복대나 사용하는 수 밖에 없다고 했습니다. 또 가급적이면 허리를 쓰지 않는 것이 좋겠다고 했습니다. 그래서 늘 복대를 차고 다녔습니다.

어느 날 우연히 묘법 노스님의 이야기를 듣고 스님을 찾아갑니다. '스님께서 전생의 인과를 잘 보신다고 해서 이렇게 찾아 왔습니다. 허리가 아파서 병원에도 가고 여러 가지 방법을 써 봐도 낫지 않아요. 어떻게 하면 나을 수 있을까요?' 하니까 스님께서 "자네, 주물공장에 다니고 있지" 라고 묻습니다. 그러자 그 사람은 깜짝 놀라면서 자신이 주물공장에서 평생 성실히 일하고 노력해서 높은 지위에도 올랐고 돈도 제법 벌어서 잘 산다고 했습니다. 노스님께서 "자네 집에는 공장에 있는 것은 다 있구만" 하니 그 사람은 "스님께서 어떻게 잘 아십니까" 하면서 공장에 있는 물건들은 자신이 열심히 만들었기 때문에 한두 개 정도는 가져와도 괜찮다고 생각하고 집에서 쓸 수 있는 못과 여러 가지 물건을 아무런 죄의식도 없이 당연하다고 생각하고 가져왔던 것입니다.

노스님께서 말씀하시기를 "자네는 아무 생각없이 공장의 물건들을 평생 가지고 왔는데 그것은 엄밀히 말해서 도둑질이며 남을 속이는 것으로 죄가 되는 것이다. 자네가 그 회사에 성실히 다니기 때문에 물건들을 가지고 와도 괜찮다고 하지만 자네가 평생 갖다 나른 못과 여러 가지 물건들을 생각해 보면 자네 허리가 아프지 않으면 오히려 이상하지 않는가?" 아무런 죄의식 없이 가지고 온 못과 나사의 무게 때문에 허리를 펼 수가 없었던 것입니다. 노스님의 이야기를 듣고 보니 그 남자는 한 번도 자신이 죄를 지었다고 생각해 본 적 없고 또 그것이 도둑질이라는 생각도 해본 적도 없었던 것입니다. '정말 내가 죄를 지었구나, 도둑질을 했구나' 하면서 그 남자는 바로 그 자리에서 참회를 합니다.

보름 후에 다시 스님을 찾아뵈었을 때 그 남자는 허리가 말짱하게 나았습니다. 허리가 아프다고 했을 때는 X레이 사진을 찍고 수술을 하고 교정을 하는 등 온갖 방법을 다 했지만 근본적인 치료가 되지 않았던 것입니다. 일시적으로는 낫는 것 같지만 근본적인 치료가 되지 않는 한 항상 재발하게 됩니다.

육체에 생기는 병도 단순히 육체의 병으로 여기면 병은 영원히 낫지 않습니다. 이 생에서 병을 가지고 가면 다음 생에도 그 병을 그대로 가지게 됩니다. 근본적으로 그 병을 치료할 수 있는 것은 스스로 참회하고 원인을 없애야 합니다. 바로 그 원인을 제거하여 문제를 해결하는 방법이 부처님께서 가르치신 고집멸도, 사성제입니다.

싯다르타, 도를 이루어 부처 되다

부처님도 처음 도를 이루고 전파하였을 당시에는 인도의 많은 사상가와 다를 바가 없는 한 사람입니다. 자기가 깨친 바를 설득시키고 이해시키고 믿고 따르도록 해야합니다. 그래서 부처님께서는 약 300km 떨어진 바라나까지 전도를 떠납니다. 부처님께서는 깨친 바를 누구한테 전할 것인가를 생각합니다. 부처님이 처음 출가했을 때 도를 가르쳐 주신 분들은 이미 다 돌아가셨습니다. 그래서 자신과 같이 6년 동안 고행한 5비구를 찾아갑니다. 수소문하여 5비구가 있는 녹야원까지 300km나 되는 거리를 보름이상 걸어서 찾아갑니다. 많은 사상가도 뛰어난 수행자이며 도를 이룬 사람이기 때문에 쉽게 받아들이지는 않을 것이라고 생각했듯이 부처님도 처음에는 퇴짜를 맞습니다. 5비구들은 부처님께 냉정합니다. '당신은 고행을 하다가 포기하고 간 것이 아닌가. 당신하고 이야기 할 것이 없다.' 고 하면서 거절합니다. 부처님께서 말씀하십니다. '벗들이여, 내 얼굴을 보아라. 내 얼굴이 지금처럼 이렇게 빛난 적이 있느냐, 나는 도를 이루었다. 자네들이 내 말을 들어보고 난 연 후에 그때 나를 내쳐도 좋다'고 합니다. 5비구가 부처님의 얼굴을 쳐다보니 광채가 나면서 이제까지 자신들이 본 적이 없었던 거룩한 얼굴이었습니다. 그래서 5비구들은 부처님과 둘러앉아 공부를 합니다.

  부처님께서는 분명하게 깨치신 것은 연기인데 이 연기를 사성제로 가르칩니다. 5비구와 부처님은 한 달 동안 설명하고 질문하고 이해를 합니다. 그냥 사성제를 설명하여 바로 알아듣는 것이 아니라 두 명이 나가서 탁발해 오면 여섯 명이 나누어 먹고 세 명이 탁발해 오면 여섯 명이 나눠 먹습니다. 이렇게 탁발해서 공양을 하고 또 설명을 하고 또 질문을 하면서 하루를 보냅니다. 그 다음 날도 똑같은 행동을 되풀이 합니다. 그렇게 한 달 동안 계속하여 비로소 5비구 중에 한 명인 콘다냐가 처음으로 부처님이 설명하신 사성제와 연기의 인식 체계를 이해하고 깨닫습니다. 콘다냐가 이해하고 깨친 것을 보고 부처님께서는 너무도 좋아하셨습니다. '콘다냐가 깨달았다. 콘다냐가 깨달았다'고 부처님께서는 자신이 깨치신 것보다 더 좋아합니다. 이와같이 최초의 법문이 사성제법으로 이루어집니다.

사성제에 대한 이해

저는 고등학교에 다닐 때부터 열심히 절에 다녔습니다. 고등학생이었던 시절에는 두뇌회전이 빠르기 때문에 반야심경이라든지 천수경은 그날 들으면 다 외웠어요. 아주 쉽게 잘 했었어요. 그때 부처님의 존재는 저에게 절대적이며 신격화 되어서 부처님을 다르게 바라본다는 것은 있을 수 없는 일이었습니다. 불교를 새로운 각도에서 볼 수 있는 계기가 된 것은 대학 다닐 때 현암사에서 번역한 일본판 불교전서가 있었는데 이 책에서 절대적이라고 생각했던 부처님이 참으로 진실되고 솔직한 인간임을 알게 된 것입니다. 우리와 똑같은 인간이었던 것입니다. 그 책을 보면서 불교를 바라보는 인식이 180도 바뀌어 버렸습니다. 아마 전생에 열심히 공부한 인연으로 불교경전을 보는 눈이 쉽게 열렸던 것 같습니다. 대학 1학년이었을 때 이 사성제를 고등학생들에게 어떻게 하면 쉽게 가르칠 수 있을까 생각하다가 그림을 그렸어요. 어느 정도 알면 그림으로 충분히 그릴 수 있습니다.

예를 들어 불교방송국을 말로 설명한다고 해보세요. 설명을 아무리 잘 해도 듣는 사람은 쉽지 않겠지요. 그렇지만 그림으로 보여준다면 구조를 훨씬 쉽게 알 수가 있습니다. 그래서 우리 몸에 붙어있는 안이비설신의 육근 중에 귀로 듣는 것보다 눈으로 보는 것이 훨씬 이해가 빠릅니다. 귀로 한 시간 듣는 것보다 그림으로 보면 바로 이해가 됩니다. 그림에는 지옥이라든지 염라대왕이라든지 죄를 지으면 어떻게 된다든지 하는 이야기를 쉽게 드러낼 수 있어요. 평생을 살면서 눈이 하는 역할보다 큰 것이 없습니다. 불교 교리 체계도 그림으로 나타낼 수만 있으면 훨씬 쉬워집니다.

어떻게 하면 이 사성제를 쉽게 이해시킬 수 있을까해서 그 때 그린 그림을 평생 써 먹고 있습니다. 그림만큼 불교를 쉽고 확실하게 이해할 수 있는 방법이 없어요. 사성제를 그리다 보니 불교 2600년의 교리의 흐름을 하나의 그림으로 다 그릴 수 있게 되었습니다. 전체 그림을 다 알고 있을 때 부분을 이야기 하는 것은 쉽습니다. 예를 들어 코끼리 등을 만져 본 사람은 코끼리가 평평하구나, 코를 만져본 사람은 코끼리는 길쭉하구나, 만져보는 부위에 따라 통일된 코끼리를 말하기가 어려운 것과 같습니다.

학교 다닐 때 공부가 쉽습니까? 공부 잘 하는 사람에게는 쉽고 못하는 사람은 공부가 어렵습니다. 공부 잘 하는 학생에게는 공부가 신나고 못하는 학생에게는 짜증이 납니다. 모든 것은 똑같습니다. 우리는 공부를 열심히 해야하고 또 잘 해야 합니다. 그래서 고집멸도를 평생 써 먹어야 하고 삶 속에서 실천해 나가야 합니다. 고집멸도를 과제의 제시, 발생의 이유, 현실의 극복, 실천 방법으로 설명했을 때 쉽게 이해하고 받아들이는지 상상해 보세요. 알고나면 불교가 재미있기 시작합니다. 그냥 고집멸도 하다가 이 고집멸도가 나의 생각과 생활에 깊이 연관되어 있다는 것을 알 때 얼마나 신기하겠어요?

지난 시간에 설명한 무아와 무상과 연기는 이 세상 어느 누가 깨쳐도 똑같습니다. 불교를 믿는 사람이 깨치든 기독교를 믿는 사람이 깨치든 천상에 있는 사람이 깨치든 누구든지 깨치고 나면 무아고 무상이고 연기입니다. 부처님께서는 우리에게 연기를 알게 하기 위해서 고민한 결과의 가르침이 고집멸도입니다. 고집멸도만 잘 알면 모든 것이 다 해결됩니다.

유일한 대기 설법

부처님께서 45년 동안 설법하면서 유일한 대기설법이 사성제법입니다. 부처님께서는 처음으로 가르칠 내용을 결정해 놓고 5비구에게 설법을 하십니다. 이것이 45년 설법중 유일한 대기설법입니다. 부처님께서는 어느 누가 법을 물어오면 법을 설명하고 실천방법을 설명합니다. 그렇지만 45년 설법하면서 유일하게 내가 무엇을 가르칠 것인가? 결정해 놓고 설명하고 이해시킨 것이 사성제법입니다.

연기의 인식방법으로 사성제의 체계화가 가장 근원적인 방법이며 최초의 설법입니다. 유일한 대기 설법인 고집멸도에서 이것이 있으므로 '고'의 원인인 '집'이 생기고, '집'이 있으므로 말미암아 저것이 있고 고가 발생합니다. '실천방법인 도가 생김으로 말미암아 저것이 생긴다. 고가 해결된 상태인 멸이 생긴다.'입니다. 가장 근원적인 방법으로 이것이 있음으로 저것이 있고, 이것이 생기므로 저것이 생기는 것이 진리입니다. 이것이 있음으로 원인과 결과를 부처님께서는 고집멸도로 풀은 것입니다. '이것이 있음으로 저것이 있고 이것 생기므로 저것이 생긴다'는 원인과 결과입니다. 원인과 결과에 대한 내용을 부처님께서는 고집멸도로 설명했습니다. 고집멸도의 고가 생기는 것은 집이 있기 때문에 생기고 멸은 도를 실천하므로 멸이 됩니다. 여기서 중요한 근본적인 가르침은 육근으로 설명이 됩니다. 지금 설명하는 것은 사성제를 거시적으로 설명하

> 이것이 있음으로 ⇒ 고의 원인 집
> 말미암아 저것이 있고 ⇒ 고가 발생
> 이것 생김에 ⇒ 실천방법 도
> 말미암아 저것이 생긴다 ⇒ 고가 해결된 상태인 멸

〈사성제-고집멸도〉

는 것입니다.

 이것이 있으므로 저것이 있다는 것은 근본적으로 육근과 육경과 육식의 12처 18계로 설명합니다. 이것이 있으므로 저것이 있다고 할 때, 고가 생기는 근본적인 이유는 무명 때문입니다. 모든 것의 '고'는 무명 때문에 발생합니다. 무명이란 무엇입니까? 무아와 무상을 모르는 것이 무명입니다. 무아와 무상을 모르는 것이 무명이고 그래서 고가 생깁니다. '고'가 생긴 이유가 바로 무아와 무상을 모르기 때문에 그 원인이 됩니다. '멸'은 무엇입니까? 무아와 무상을 아는 것이 '멸'입니다. 곧 연기입니다. 연기는 '명'이 된 상태이며 멸인 것입니다. 고가 멸한 상태입니다. 현실적으로 모든 것이 해결되고 극복된 상태입니다. 이것이 되기 위해서는 실천방법인 도가 필요합니다. 근본적인 무아와 무상, 무명, 연기 이것의 관계가 바로 고집멸도입니다. 고부터 공부해보도록 하겠습니다.

과제의 제시, 고

 고는 근본적으로 무아와 무상입니다. 부처님께서 5비구에게 설명했습니다.

"비구들이여, 이것이 고의 성제이다. 마땅히 들어라 생은 고다. 노는 고다. 병은 고다. 죽음은 고다. 시름, 근심, 슬픔, 불행, 번민은 고다. 미워하는 사람을 만나는 것은 고다. 욕심나는 것을 얻지 못함은 고다. 뭉뚱그려 말한다면 인생의 양상은 '고' 아닌 것이 없느니라."

이것이 부처님께서 5비구에게 구체적으로 설명한 내용입니다. 결국 생노병사의 인생은 무상입니다. 끊임없이 변화하는 것이 무상입니다. 생노병사가 바로 무상을 설명하는 것입니다.

그다음 시름, 근심, 슬픔, 불행, 번민은 '고'다. 부처님께서 우리 인간은 근본적으로 8고를 가지고 있다고 했습니다.

앞에서 설명한 생노병사가 4고이며 시름, 근심, 슬픔, 불행, 번민이 고라고 했을 때 증오하고 원망하는 원증회고가 다섯 번째 고입니다.

여섯 번째 고는 미워하는 사람을 만나는 것은 고다. 미워하는 사람 만나는 것도 '고'이고 사랑하는 사람과 헤어지는 것도 바로 '고'입니다. 미워하는 사람 만나고 좋아하는 사람과 헤어지는 것도 똑같은 것입니다. 이것이 여섯 번째 고인 애별리고입니다.

일곱 번째 고는 욕심나는 것을 얻지 못하는 것은 고다. 욕심이 나서 내것으로 만들고 싶은 욕심이 고이며 얻지 못하는 것이 고다. 얻고 싶은데 얻지 못하는 구부득고 이것이 일곱 번째 고입니다.

그 다음 인생의 양상은 고 아닌 것이 없다. 우리 몸뚱이를 이루고 있는 것은 다 고다. 오음성고의 오음이 색수상행식으로 바로 우리 몸뚱이입니다. 몸뚱이를 이루고 있는 모든 것은 고다. 몸뚱이는 무엇으로 이루어졌습니까? 탐진치로 이루어져 있습니다. 이 몸뚱이는 끝없이 탐심과 진심과 치심을 일으킵니다. 그래서 욕망이 치성해서 오음성고입니다. 앞에서 설명한 생노병사는 무상의 설명이고 뒤에 있는 4개의 고는 무아를 설명한 것입니다. 그래서 부처님께서는 사성제를 설명할 때 고라고 이야기한 근본적인 이유는 고는 무아고 무상이기 때문입니다.

고의 원인이 무엇인지를 한 달 동안 스스로 찾게 하였으며, 해결방법과 해결된 상태가 수행하는 목적임을 설명한 것입니다. 연기를 인식하기 위한 구체적인 방법으로 사성제법을 설하신 것입니다.

발생의 이유, 집

집은 고집성제, 발생의 원인으로 왜 고가 생겼느냐 살펴보는 것이 집성제의 성립입니다. 발생의 원인, 어떻게 해서 그것이 일어나느냐 하는 원인입니다. 우리는 불교공부를 하면서 불교적인 방법을 알아야 하고 불교적인 방법으로 살아야합니다. 그래야 불자가 되는 것입니다. 평생 절에 다니지만 불자일 수도 있고, 불자 아닐 수도 있습니다. 절에 열심히 나오면 불자이고 교회에 열심히 다닌다고 기독교일까요? 예수께서 좋아하는 천국으로 데려갈 사람, 영생할 사람, 예수께서 가르친 사랑을 실천하는 사람, 그렇게 살아가는 사람이 교인입니다. 교회에 일요일마다 빠지지 않고 간다고 해서 교인이 아니라는 말입니다. 절에 열심히 다닌다고 절대 불자가 아닙니다. 그러면 누가 불자일까요?

부처님께서 가르치신 진리를 추구하는 사람입니다. 이 진리적인 삶을 추구하면서 진리적인 삶을 살아갈 때 불자입니다. 왜 절에 열심히 돈을 갖다 줍니까? 만 원 갖다 주고 십만 원 달라고 합니다. 만 원 넣어서 나중에 십만 원의 효과가 있다면 돈을 넣습니다. 누구나 다 똑같습니다. 그래서 보시함에 돈 열심히 갖다 넣는 사람이 불자냐? 절에 열심히 나오는 사람이 불자냐? 결국 불자가 되기 위해서 불교를 제대로 알아야 합니다. 이 우주에는 언제나 진리는 있게 마련입니다.

중국에서 불교의 탄압이 여러 번 일어납니다. 그 탄압 속에서도 불교가 살아남습니다. 결국 탄압 속에서도 한 두 사람이 불교의 불씨를 다시 일으킵니다. 앞으로 십 년, 백 년, 천 년을 지나면 이 불교를 누가 지키겠습니까? 불교를 제대로 아는 한 사람이라도 있을 때 그 사람이 불교를 지키고 불교를 일으킵니다. 절에 평생 나오는 사람이 불교를 일으키고 지키는 것이 아니라 불교를 아는 불자가 불교를 지키고 불교를 일으키는 것입니다. 불교를 제대로 알아야 하는 것은 이 우주에 진리를 펼쳐야 하고 진리는 남아 있어야 하기 때문입니다. 천 년 후나 만 년 후에도 불교의 진리가 이 땅에 살아있기 위해서 우리는 불교를 알아야 하며 불교의 씨앗이 되어야 합니다.

우리는 생활속에서 끊임없이 사건에 부딪칩니다. 어느 하루도 일 없는 날이 없습니다. 부부가 싸움을 하든, 자식이 싸움을 하든 직장에서 동료와 갈등을 일으키든지 어떤 사건이 생겼을 때 우리는 어떻게 생각합니까? 먼저 자기중심적인 감정이 일어납니다. 자신이 맞다고 생각하기 때문에 모든 문제가 빗나가게 됩니다. 그러나 부처님께서는 발생의 이유를 생각하라고 했습니다. 왜 일어났는지에 대해서 깊이 생각하라고 했지요. 어떤 일이든지 그 일이 일어나게 되는 분명한 이유가 있습니다. 그 일어난 이유를 깊이 생각하여 정확하게 원인을 밝히라고 했습니다. 원인을 알 것 같으면 문제가 쉽게 해결됩니다. 문제는 원인을 밝히지 않고 무조건 본인이 맞다고 자기중심적으로 생각하기 때문에 빗나가고 커집니다. 그렇지만 냉정히 생각해보면 내가 60% 잘했다고 하지만 40%는 잘못했지요. 40% 잘못했다는 것을 곰곰이 생각해보니 잘못을 했는데 그때는 미처 생각하지 못했다고 하면 화해가 되고 문제가 해결됩니다. 바로 '멸'의 상태가 이루어집니다.

부모미생전이라는 화두가 있습니다. 인인 내가 태어나기 전 '나는 누구인가' 하고 계속 생각을 합니다. 결국 그것이 화두가 되어 도를 이루게 됩니다. 바로 이런 문제들이 왜 일어났느냐는 근본적인 원인을 알게 되면 바르고 행복한 삶의 진리를 깨닫게 됩니다. 바로 발생의 이유를 알게 되는 것입니다.

우리에게 가장 안되는 것이 무엇입니까? 세세생생 그렇게 안 살아왔기 때문에 또 이생에서도 그렇게 안 살았기 때문에 안되는 것입니다. 이 몸을 받아서 한 생 잘 살아갈 수 있는 가장 좋은 방법이 불교를 제대로 알고 실천하는 것입니다. 불교를 알았다면 공부를 한 번 해보아야 합니다. 공부를 하지 않으면서 '발생의 이유'를 찾는 것은 쉽지 않습니다. 그래서 우리는 공부를 해야합니다.

주리반특 이야기

지구상의 특수교육의 선구자가 바로 부처님입니다. 주리반특 이야기는 다 잘 알고 있습니다. 돌아서면 잊어버리고 아무것도 생각하지 못하는 정신적인 장애아가 바로 주리반특입니다. 주리반특은 친구들과 함께 출가를 합니다. 수행생활을 6개월 해보니까 도무지 잘 되지가 않습니다. 돌아서면 잊어버려 동료들에게 비난 받기가 일쑤고 방해가 되어 다 싫어합니다. 더 이상 견딜 수가 없어서 부처님을 찾아갑니다. 부처님! 저는 마음을 먹고 출가를 했는데 도저히 공부를 할 수가 없습니다. 여기에 있으면 동료들에게 방해가 됩니다. 그래서 고향으로 돌아가야겠습니다. 부처님께서 주리반특에게 하신 말씀이 "반특아 너는 출가하기 전에 무엇을 하였느냐?" "부처님, 저는 청소부였고, 청소를 잘 합니다." 그러면 "너는 앞으로 자고나서 밥 먹고 청소만 해라" 하십니다. 그 후에 주리반특은 잠 자고 밥 먹고 청소만 합니다. 그러던 어느 날 부처님께서 왜 내게 청소만 시켰는가? 자신이 할 수 있는 것은 청소밖에 없다고 해서 청소만 했는데 문득 아! 부처님께서 자신에게 청소를 시킨 이유를 스스로 깨친 것입니다. 내마음을 닦고 깨끗하게 하라는 부처님의 뜻을 깨친 것입니다. 결국 빗자루로 쓸어내는 것은 마당만 깨끗이 하는 것이 아니라 내 속에 있는 탐진치를 쓸어내라는 것을 깨친 것입니다. 한 가지 일을 지속적으로 하는 것 보다 이생에 더 좋은 것이 없습니다. 공부하고 수행하는 것은 쉬우면서도 어렵습니다.

실천방법, 도

실천방법인 도는 원인인 집을 알면 해결 방법이 생기게 됩니다. 그 해결 방법이 바로 도인 것입니다.

어떤 비구가 천당에 태어나려고 열심히 공부를 합니다. 부처님 당시에도 불법을 모르는 대부분의 수행자들은 천당에 태어나는 것이 최고의 목표였습니다. 바라문교를 믿는 수행자도 최고의 목표가 천당에 태어나는 것입니다. 사람들이 살아 생전에 온갖 짓을 다하고 죽고 난 다음 천당에 태어나려고 기도를 하면 천당에 태어난다고 가르칩니다. 이 사람은 아무리 생각해도 이해가 안 됩니다. 어떻게 나쁜 짓을 한 사람이 천당에 태어납니까? 기도를 해주면 천당에 태어날 수 있단 말인가? 왜 우리는 이렇게 살아가야 하는가 하는 이런 회의를 느끼고 부처님을 찾아갑니다. 부처님은 그 바라문을 데리고 뒤뜰 연못가로 갑니다. 연못가에서 돌을 던집니다. 돌이 가라앉습니다. 부처님께서 "바라문이여, 어떤 현상이 일어나느냐?" 하고 물으니 바라문이 "돌이 가라앉습니다." 그러자 부처님께서 하신 말씀이 "바라문이여 돌아 떠라! 돌아 떠라! 기도를 하면 돌이 뜨겠느냐?" 아닙니다. 떠오르지 않습니다. "바로 그렇다. 바라문이여" 돌아 떠라 돌아 떠라 아무리 기도해도 저 돌은 무거운 속성 때문에 가라앉습니다. 만약 그 사람이 이 세상에 살면서 나쁜 일을 했다면 나쁜 과보로 지옥의 불구덩이에 떨어질 것이며 만약 착한 선업을 쌓았다면 천당에 태어날 것입니다. 바라문이여, 어떤 종교를 믿고 있는 것이 중요한 것이 아니라 바르게 생각하고 바르게 살아가는 것이 중요한 것입니다. 여기서 부처님께서 연못에 돌을 던져 바라문을 이해시킨 것이 실천방법인 도입니다.

아픈 허리의 원인을 알고 치료하여 낫는 것도 도이며, 이와같이 문제의 원인을 알아 고를 해결하는 방법이 실천방법인 도인 것입니다.

해결된 상태, 멸

과제의 제시인 고가 해결된 상태, 또는 현실적인 문제가 해결된 상태가 멸인 것입니다.

부처님께서 인류에게 준 최대의 선물은 고집멸도 사성제입니다.

고의 상태에서 집,

발생의 이유인 집을 정확하게 알아,

실천방법인 도를 통하여

고가 해결된 상태인 멸이 되는 것입니다.

무상, 무아인 고의 상태에서 이것이 연기적인 관계라는 것을 인식함으로써 고가 해결된 락의 상태가 되는 것입니다.

우리의 삶은 부처되기 위한 연습장입니다.

매일 일어나는 사건들을 사성제로 해결하면 어느듯 부처가 되어 있는 것입니다.

이것을 잘 하기 위하여 하루에 70분씩 수행을 해야합니다. 새벽에 일어나 108배를 하고 40분 참선을 하고 나면 몸에 아픈 곳이 없어지고 또한 일체 정신적인 장애가 없어집니다. 지금부터 실천하면 평생 건강한 몸으로 건전한 정신으로 살 수 있습니다. 6개월만 지나면 자연히 하게 됩니다. 공부해 보면 정말 묘합니다. 모든 습의 한계는 100일입니다. 불교의 이론과 교리체계를 알면 이 생을 살아가는 동안 삶에 적절히 적용이 되어야 합니다.

앞으로 얼마나 더 살지는 알 수 없지만 불교를 제대로 알면 바르게 행복하게 살아가기 위한 방법이 생길 것입니다. 불교를 제대로 알아야 하고 또 실천도 해야 합니다.

제 7강

중도와 팔정도

중도와 팔정도를 보면 연기가 한층 구체화되는 것을 알 수 있습니다.

생겨나지도 않으며 없어지지도 않으며,
영원하지도 않으며 단절되지도 않으며,
같지도 않으며 다르지도 않으며,
오지도 않으며 가지도 않는다.

우리는 이생에서 수행과 정진을 하지 않고 한평생 살아갈 때 본전치기 삶 밖에 안됩니다. 수행과 정진을 통해서만 이 생보다 더 나은 삶이 보장됩니다.

부처님께서 가르치신 고집멸도의 실천방법이 바로 팔정도입니다. 어떻게 실천할 것인가? 어떻게 생각할 것인가? 바른 생각과 바른 행동과 바른 실천이 팔정도를 이루고 있는 덕목입니다. 불교를 공부할 때 중도라는 말을 많이 듣게 됩니다. 중도와 팔정도를 같은 의미로 생각해도 좋습니다.

부처님께서 6년 동안 고행하면서 갈비뼈가 다 드러난 고행상은 너무나 많이 알려진 사실입니다. 뼈가죽이 허리에 붙었다고 했습니다. 그렇게 고행을 하였지만 이 방법으로는 궁극의 깨달음에 도달할 수 없다고 생각합니다. 마지막 도를 이룰 때는 고행하는 것도 궁극적인 길이 아니라고 포기합니다. 우유죽으로 체력을 회복하고 마음을 쇄락하게 하여 길상초 위에 앉아 선정에 들어 마지막 도를 이룹니다. 이와 같이 깨달음에 이르는 길은 지나친 쾌락주의도 아니고 지나친 고행주의도 아니라는 것입니다.

우리의 삶 자체는 쾌락도 아니고 고행도 아닌 가장 안정되면서 바른 생각에 의해서 매일매일 생활되어야 합니다. 이와 같이 부처님께서 중도라 했을 때 쾌락도 버리고 고행도 버린 바로 그 중도의 길이 도에 이르게 하는 바른 길이라는 것입니다.

실천적 중도

부처님께서 말씀하신 중도를 보면 "벗들이여, 그대들은 두 극단(고행과 쾌락)을 달려가서는 안되나니, 그 둘이란 무엇인가? 온갖 욕망에 집착함은 어리석고 추하다. 범부의 소행이어서 성스럽지 못하며 또한 이로움이 없느니라. 또 스스로 고행을 일삼으면 오직 괴로울 뿐이며 역시 성스럽지 못하며 이로움이 없느니라. 나는 이 두 극단을 버리고 중도를 깨달았으니, 그것은 눈을 뜨게 하고 지혜를 생기게 하며 적정과 중지와 등각과 열반을 돕느니라".

부처님께서 고행과 수행을 해보니 결국은 양극단을 버리는 것이 깨달음에 이르는 길임을 설명하신 것입니다.

그런데 우리가 가보지도 않고 해보지도 않고서 양극단을 버리는 것이 바른 길이라 하면 되겠습니까? 우리도 한 번 해봐야 겠지요. 부처님처럼 갈비뼈만 앙상하게 남은 그런 고행은 하지 않더라도 육신이 견딜 수 있는 고행도 해보고 수행을 거쳐봐야 할 것입니다. 우리는 아무리 고행을 해도 머릿속에는 번뇌망상 밖에 없습니다.

우리의 정신상태인 인식능력이 맑고 깨끗하여 선정에 들어야 하는데 육신이 고통스러우면 온갖 잡념만 일어납니다. 산란한 마음이 끊임없이 일어납니다. 그래서 부처님께서 양극단을 버리라고 한 것입니다. 마음상태를 적정과 깨달음에 이르게 하기 위해서는 산란해도 안 되고 번뇌망상이 일어나서도 안 되고 무기에 빠져서도 안 되기 때문에 양극단을 버리라는 것입니다.

사상적 중도

중도는 실천적 중도와 사상적 중도로 나눌 수 있습니다. 실천적 중도는 앞에서 이야기한 불고불락 즉 고행주의와 쾌락주의적인 수행관을 비판한 것으로 양극단을 버리는 것입니다.

천태지의가 주장했던 사상적 중도란 쌍차쌍조입니다.

천태지의는 중국 교종을 확립하는 정점에 있었던 스님입니다. 천태종은 묘법연화경을 소의 경전으로 확립됩니다. 또한 부처님께서 45년 동안 법을 설하시면서 어떤 경전을 어느 시기에 설했을까? 하는 5교8시의 교상판석을 완성합니다.

그 내용을 보면 "원교란 중도를 나타내니 양변을 막느니라. 마음이 이미 맑고 깨끗해지면/ 양변을 다 막고/ 바르게 중도에 들어가면/ 두 법을 다 비추느니라. [심개명정(心慨明淨), 쌍차이변(雙遮二邊), 정입중도(正入中道), 쌍조이제(雙照二啼)]" 실질적으로 마음이 맑고 깨끗해지면 쾌락과 고행을 막고 또 바르게 중도에 들어갈 수 있어서 두 법을 다 비춥니다. 어떤 쾌락도 어떤 고행도 다 그 안에 들어있다는 이야기입니다. 천태지의는 중도를 쌍차쌍조라고 설명하면서 불교의 기본 가르침이 중도라고 합니다.

선불교에서의 중도

마조의 제자인 대주혜해는 중도에 대해 다음과 같이 말했습니다.

"마음에 이미 양변이 없으면 가운데도 또한 어찌 있을 것인가? 다만 이렇게 얻은 것을 중도라 이름하니 참으로 여래의 길이니라."

대주혜해가 처음 마조를 찾아가 인사를 드리자 마조가 물었습니다.

'어디서 왔느냐?'

'월주 대운사에서 왔습니다.'

'무엇을 구하려고 여기에 왔느냐?'

'불법을 구하려고 왔습니다.'

'너는 어째서 자신의 보배 창고는 살피지도 않고 다른 곳을 찾아 방황하며 다니느냐? 도대체 너를 떠나 무슨 불법을 구하겠다는 것이냐? 나는 너에게 줄 것이 아무것도 없구나.'

대주가 어리둥절해 하며 물었습니다.

'무엇이 이 혜해의 보배 창고입니까?'

'지금 나에게 묻는 그것이 바로 그대의 보배 창고이다. 그것은 일체를 다 갖추었으므로 조금도 부족함이 없어 작용이 자유자재하니 어찌 밖에서 구할 필요가 있겠느냐?'

이 말에 대주는 더 이상 의심함이 없이 직관으로 자신의 참본성을 꿰뚫어 볼 수 있었습니다. 그 후 6년 동안 마조 곁에서 수행을 한 뒤에 돌아가 '돈오입도요문론' 1권을 지었습니다.

밖으로만 향해 있던 나침반을 자신의 내부로 돌려 내면세계를 인식하기 시작할 때 우리는 진정한 보배창고인 중도를 보게 됩니다. 우리의 육신도 현상세계도 내면으로부터 울리는 자기 소리의 인식, 이것을 터득하는 것이 중도를 인식하는 것입니다.

중도

용수보살이 설명한 팔불이 바로 중도로써 연기를 가장 적절하게 설명한 것이라 할 수 있습니다.

팔불이란 불생불멸(不生不滅), 불상부단(不常不斷), 불일불이(不一不異), 불래불거(不來不去)로써 용수보살의 연기를 중도라 표현한 가장 좋은 명문입니다. "생겨나지도 않으며 없어지지도 않으며, 영원하지도 않으며, 단절되지도 않으며, 같지도 않으며 다르지도 않으며 오지도 않으며 가지도 않는다" 이것이 용수가 중론에서 표현한 중도, 연기에 대한 표현인 것입니다. 여기서 용수는 연기의 본성은 무자성이다. 그러므로 연기를 공이라고 하였으며, 공이기 때문에 가명이며, 이것 또한 중도라고 하였습니다. 위대한 연기에 대한 공의 철학이 성립됩니다. 대승불교로 체계화되면서 연기가 곧 공이다의 내용이 확립됩니다. 그래서 팔정도가 바로 중도인 것입니다. 구체적으로 팔정도가 무엇인가? 실천을 바탕으로 하는 가장 중요한 내용들은 팔정도에 다 나옵니다. 팔정도는 다 외워야 합니다. 불교에서 이야기하는 기본적인 용어는 전부 다 알고 외워야 합니다. 예를 들어 숫자 1.2.3.4.5.6. 등을 모르고서 더하기를 할 수 없습니다. 더하고 빼고 나누고 곱하기는 숫자 1.2.3.4 등을 모르고는 할 수 없는 것과 똑같습니다. 그래서 불교에서 가장 기본적인 용어는 다 알고 있어야 합니다.

지금까지 공부한 내용들은 연기, 무아, 무상 또는 삼법인, 사성제, 팔정도로써 조금씩 양이 늘어갑니다. 부처님께서는 불교를 아주 묘하게 가르치십니다. 팔정도를 보면 정견, 정사, 정어 등 말 순서대로 가르치고 있습니다. 그래서 부처님의 가르침을 순서대로 외워놓으면 실천하기도 쉽고 이해하기도 좋습니다.

팔정도

내 나이 스물아홉에 집을 떠나
유익함을 찾기 어언 51년
계율과 선정과 지혜를 닦고
조용히 사색하며 살아왔다네
이 길을 떠난 수행자의 삶은 없는 것이네
길은 팔정도 진리는 사성제
욕망을 다스림에는 법이 최고네
진리에 이르는 길은 이 길 뿐 다른 길은 없네

이 시는 부처님이 6년의 고행과 45년 동안 전도를 마치시고 자신의 삶을 돌아보시면서 읊은 것입니다.

부처님과 부처님의 마지막 제자가 된 수바드라와의 대화에서도 팔정도가 얼마나 중요한지는 알 수 있습니다.

부처님께 45년의 전도를 마무리 짓고 쿠시나가라의 사라쌍수 나무 아래에서 열반에 드시기 직전에 있었던 사건입니다.

이 때 늙은 수행자 수바드라가 부처님이 돌아가시기 전에 평소 품고 있던 의문을 풀어야겠다고 생각하며 사라쌍수의 숲으로 달려왔습니다. 그러나 아난은 부처님께서 지금 매우 피곤하고 병을 앓고 계시니 번거롭게 해선 안 된다며 청을 받아주지 않았습니다. 그런데 수바드라는 큰 소리로 부처님을 만나야겠다고 했습니다. 그때 부처님께서 아난에게 "진리를 알고자 찾아온 사람을 막지 마라. 내 설법을 듣고자 온 것이다. 그는 내 말을 들으면 곧 깨달을 것이다."라고 하시면서 열반에 드는 순간에 찾아온 수바드라에게 설법을 들려주셨고, 수바드라는 부처님의 마지막 제자가 되었습니다.

이 때 부처님께서 수바드라에게 하신 말씀은

천 년 후나 만 년 후에도 부처되는 방법은 팔정도의 수행밖에 없다고 하였습니다.

정견

팔정도에서 제일 먼저 나오는 정견만큼 중요한 것이 없습니다. 정견은 무아와 무상을 인식하는 순간 생기는 견해입니다. 우리는

> 1. 정견(正見)-바르게 보아라.
>   무아와 무상을 인식하는 생각을 바탕으로 사성제와 연기법의 도리를 이해하여 있는 그대로 바로 보는 것.
> 2. 정사(正思)-바르게 생각하라.
> 3. 정어(正語)-바르게 말하라.
> 4. 정업(正業)-바르게 행위하라.
> 5. 정명(正命)-바르게 살아라.
> 6. 정정진(正正進)-바르게 정진하라.
> 7. 정념(正念)-바르게 염하라.
>   위빠사나. 마음 속에 바른 지혜를 일으켜서 일체 대상의 실상을 그대로 관조하는 것.
> 8. 정정(正定)-바르게 인정하라.
>   사마타. 마음을 굳게 가지고서 일체의 외부대상이나 내부의 산란한 마음 상념에 동하지 않고 특정한 대상에 생각을 집중시키는 것.

〈8정도〉

정견에 가까워지도록 노력해야 합니다. 정견의 의미는 "무아와 무상을 인식하여 사성제와 연기법의 도리를 바로 이해하며 선악을 구별하고 인연따라 나타나는 법을 보는 것이고, 정법을 지키는 것이며 정견을 가지는 것이다. 진리와 진실을 바탕으로 한 보편타당하고 편견이 없이 있는 그대로 바로 보는 것이다."

이렇게 정견이 중요한 것입니다. 이제까지 공부한 전부가 정견인 것입니다. 무아와 무상과 연기가 바로 정견입니다. 무아와 무상을 인식하고 연기를 이해하는 상황이 되었을 때 함께 일어나는 생각이 정견인 것입니다. 사성제는 정견이 되도록 끊임없이 노력하는 것입니다.

'왜 그 일이 일어났느냐?'를 끊임없이 생각하다보면 원인을 정확하게 판단하게 되고 거기에 대한 처방을 할 수 있겠지요. 결국 정견이 생길 때 가장 합리적인 처방이 나옵니다. 정견이 안되면 다른 사람에게 상담을 해서라도 정견에 가까이 갈 수 있도록 노력하는 것입니다.

우리가 수행하여 정견이 생기면 모든 것이 다 이루어집니다.

정견에 대한 재미있는 일화가 있습니다.

중국 선불교에서 가장 큰 역할을 한 조주의 이야기입니다. 조주는 선불교의 천재 중에 한 사람입니다. "뜰 앞에 잣나무니라" "개에게도 불성이 있느냐" 하는 화두는 매우 유명합니다. 우리가 지금 알고 있는 화두 중에 조주에게서 나온 것이 많습니다.

조주가 젊은 시절에 스승인 남전선사 밑에서 열심히 수행하고 있을 때입니다. 조주는 짓궂고 유머가 넘치는 젊은이였습니다. 출가하여 수행을 할 때에는 나름대로 직책이 주어집니다.

어떤 스님은 법당 청소를, 어떤 스님은 마당을 이런 식으로 직책이 주어집니다. 그 당시 조주스님의 직책은 부엌에서 불을 때는 화부였습니다.

하루는 저녁공양을 한다고 불을 떼면서 부엌에 불을 냅니다. 연기가 자욱하게 피워오르고 불길이 솟아오르자 사람들이 "불이야" 하면서 밖으로 뛰어나갑니다. 조주스님은 부엌 안에 가만히 앉아 있습니다. 그러자 밖에서 나오라고 야단입니다.

스승인 남전스님도 빨리 밖으로 나오라고 하는데 조주는 부엌 안에서 바른 말 한마디 일러주면 나갈 테니까 너희가 나를 밖으로

제7강 중도와 팔정도_131

끄집어 낼려면 바른 소리를 한마디 해야 한다고 합니다. 그렇지 않으면 나는 안에서 불에 타 죽을 것이다. 하면서 밖으로 나오지 않습니다. 조주스님을 밖으로 끄집어내기 위해서 온갖 이야기들이 나옵니다. 그러나 조주는 전부 다 아니라고 합니다. 그래서 스승이 돌맹이 하나를 창틈으로 던져줍니다. 옛날 부엌에는 창틀이 있지요. 창틀 사이로 돌맹이를 넣어줍니다.

"조주야 받아라" 하면서 돌맹이를 던져 줍니다. 그러자 조주스님이 "쓸만한 놈이 하나 있구나" 하면서 문을 열고 밖으로 나옵니다.

선사들이 하는 선문답은 재미있고 흥미롭습니다. 우리가 만일 법당 안에 갇혀 있다고 했을 때 법당 안에서는 밖으로 나갈 수 있지요. 안에서는 바깥문을 잠글 수가 없습니다. 조주 자신은 얼마든지 문을 열고 밖으로 나갈 수 있지만 다른 사람들을 놀라게 한 뒤 나온 것 뿐입니다. 스님의 깨달음에서 나오는 모든 이야기는 정견으로 다 이루어집니다.

남악회양선사가 육조혜능을 찾아 갔을 때 "어떤 물건이 왔느냐?"라 하자 남악선사는 대답을 못합니다. 8년 동안 수행을 하고 깨치고 나서 다시 혜능을 찾아갑니다. 혜능이 다시 물었을 때 "스님 어떤 한 물건이라 해도 맞지 않습니다" 라고 대답합니다. 바로 정견이란 끊임없이 찾을려고 노력해야 하는 것으로 화두로 깨친 것도 정견이 되며, 무아와 무상을 인식하여 연기를 터득한 데서 나오는 생각도 정견입니다.

마음을 깨친 자리에서부터 시작해서 일상생활에서 일어나는 바른 생각, 바른 견해가 다 포함이 됩니다.

정사

생각인 정사부터 나와야 하는데 정견이 먼저 나왔습니다. 정견이 되고나면 모든 것이 끝납니다. 그래서 정견이 되기 위해서 바르게 생각해야 합니다. 정사는 바르게 생각하라 입니다.

"번뇌, 망상과 삼독심에서 벗어나 주관이나 편견에 치우지지 않고 진심과 원한이 없는 바른 생각, 바른 마음을 갖는 것" 이것이 정사가 됩니다. 정사가 되면 삶 자체가 바르게 연결 될 수 있습니다.

무명의 속성은 불안과 두려움입니다. 무명의 속성에서 나타나는 현상이 탐진치입니다. 탐진치를 크게 나누면 탐은 식욕, 형상이 있는 것에 대한 욕망이고 진은 색욕으로 감정적인 욕망, 치는 수면욕, 치에서 무명의 상태가 일어납니다. 치심에서 탐심과 진심이 나옵니다. 명의 속성은 밝음과 편안함입니다. 밝음과 편안함에서 바른 말이 나오고 바른 행동이 나옵니다. 바르게 생각하는 바탕에서 바른 행동이 이루어집니다.

정어

바르게 말하면 정어가 되며 바르게 행위를 하면 정업이 이루어집니다. 바른 생각만 되면 정어와 정업이 이루어지겠지요. 정어란 무엇인지 한 번 생각해 봅시다.

"있는 그대로 바르게 보고 바른 생각, 바른 마음을 갖게 하는 바른말, 거짓말을 하지 않으며, 욕을 하지 않으며 서로 다른 말 이간질 하는 말을 하지 않으며 허황된 말을 하지 않는다" 입니다.

법구경에 보면 '바른말 한마디가 참된 공양이구요' 부처님께 올리는 가장 좋은 공양은 바른말 한마디입니다. 이 바른말 한마디를 해야하는데 정사가 되지 않으면 정어도 되지 않겠지요. 정사가 되면 정어가 되고 정어가 되면 바른 행위가 나옵니다.

정업

바른 생각, 바른 마음으로 하는 행동이 정업입니다.

바른 생각과 바른 마음은 바른 행동을 하게 하고, 바른 행동을 계속하면 바른 습관이 생기게 되며, 바른 습관은 바른 생활을 하게 하고, 바른 생활은 바른 인생을 살게 합니다. 바른 생활은 현생에서도 내생에서도 복을 받게 합니다.

학생들에게 공부 열심히 하라는 것은 정업을 하라는 것입니다.

정명

행위가 지속되는 것이 우리의 삶입니다. 바른 행위의 연속이 삶입니다. 그래서 정업이 되면 정명인 바른 삶이 됩니다. 바른 생각인 정사부터 정어가 되고 정업이 되고 정명이 됩니다. 정명의 뜻을 보면 "십 악업을 멀리하며 또한 남에게 이익이 되는 바른 일로 직업을 삼아 바른생활을 영위" 하는 것입니다.

바른 삶이 정명입니다. 우리의 삶은 평생 바르게 살아도 본전치기 밖에 안 됩니다. 이 생에 힘들게 받은 사람 몸을 본전치기보다는 나은 삶을 살아야겠지요. 바르게 살아가는 것까지는 기본적으로 본전치기 삶이고 더 나은 삶을 위해서는 정정진을 해야 되는 것입니다.

정정진

이생을 살아가는데 가장 중요한 것은 정진하는 것입니다. 어떻게 정진할 것인가? 평생 정진하지 않는 삶을 살아간다면 한치 앞을 내다볼 수가 없습니다. 그래서 이생에서 정진 한번 해보고 죽어야합니다. 그 정진을 바탕으로 다음 생은 더 나은 삶을 살아갈 수 있습니다. 그런데 우리는 세세생생 살아온 습에 의해서 사성제로 하루에 한 문제씩 푸는 것도 안 됩니다.

정진이 되는 순간 모든 것이 다 이루어집니다. 정진은 어떤 문제를 놓고 시간적으로 공간적으로 같은 행위를 되풀이 하는 것입니다. 그래서 매일 새벽에 일어나서 한 시간 씩 공부하는 것입니다. 이 한 시간이 바로 정진입니다.

예를 들어 나는 하루 1시간 참선을 하겠다 하루에 절을 500배 하겠다고 정합니다. 그런데 시간을 정하지 않고 어떤 때에는 오전 10시에 했다가 어떤 때는 오후 8시에 했다가 새벽에 했다가 멋대로 바꾸어가면서 하는 것은 정진이 될 수 없습니다. 중요한 것은 시간을 정해 놓지 않고 내멋대로 하는 것은 정진이 아닙니다. 가장 간단하고 쉬운 것이지만 평생을 살아도 하기 어려운 것이 정진입니다.

부처님의 법은 인연법입니다. 길 가다가 옷깃 한 번 스쳐도 500생의 인연이라 했지요. 우리가 불교방송을 통하여 불교공부하는 것은 상상도 할 수 없는 인연입니다. 공부하는 인연으로 다 견성성불 할 수 있습니다. 견성성불 하는 인연만 지어 놓으면 그 인연이 조건을 성숙시켜 그에 따른 정진하는 인연까지 성숙하는 것입니다.

어느 생에서 한 번 정진하는 맛을 들여놓으면 그 힘에 의해서 세세생생 살아가면서 정진도 하고 견성성불도 하게 됩니다. 이렇게 정진해 놓으면 다음 생에 쉽게 정진할 수 있는 계기가 만들어집니다. 지금 이생을 살아가는 모습은 99.9%가 전생에 했던 행위 그대로 입니다. 우리를 바꾸는 원동력은 정진에 의해서 0.1%만 변해도 됩니다.

일 년이 힘들면 20일도 좋고, 100일도 좋습니다. 백 일만 제대로 할 것 같으면 업을 바꾸어 갑니다. 우리의 업을 바꾸는 계기가 100일입니다. 백 일만 참선 할 수 있으면 평생을 할 수 있습니다. 세세생생 할 수 있습니다. 부처되지 말라고 해도 부처됩니다.

그런데 백 일 공부하기가 정말 어려워요. 처음 공부할 때 매일 30분이라도 한 번 해보라고 한 것도 그것이 바탕이 되어서 제대로 한 번 해볼 수가 있기 때문입니다. 매일 새벽에 일어나 30분씩 참선을 하든 108배 절을 하든 100일 만 해보세요. 그 다음에는 하지 마라 해도 돈 내고 할 것입니다.

공부하는 것이 내 습을 바꾸는데 가장 좋은 방법입니다. 100일만 잘 버티면 습을 바꿀 수 있습니다. 습을 바꾸는 것은 목숨 걸고 하지 않으면 안 될 만큼 어렵습니다. 기도를 하는 도중에는 끊임없이 일이 생깁니다. 100일을 성취하려면 목숨 걸고 해야합니다. 백 일을 못 채우고 70일을 했다면 그것만 해도 큰 일을 한 것입니다. 어떤 일이 있어도 끊임없이 정진하겠다는 이 생각을 가지고 있으면 됩니다. 그 정진력에 의해서 우리의 삶은 변화하기 시작합니다.

그래서 부처님께서 말씀하시기를 정진함으로써 "이미 생긴 악을 제거하며/ 수억 겁 동안 살아오면서 생긴 나쁜 마음 탐진치를 제거하며/ 아직 생기지 않은 악은 일어나지 않도록 하며/ 내가 정진을 하여 내속의 악한 세포가 자라날 수 없으며/ 탐진치가 생겨날 수가 없고, 이미 일어난 선한 생각은 더욱 확대해 나가도록 하며/ 나한테 선한 업들이 정진을 하니까 점점 커지고 아직 일어나지 않는 선한 생각은 일어나게 하는 것이다." 라고 하였습니다.

정념(위빠사나)

불교공부하면 두 가지 큰 길을 만나게 됩니다. 사마타와 위빠사나입니다. 한국 불교는 대승불교, 선불교 중심입니다. 그래서 선정에 드는 사마타 중심의 불교입니다.

남방에서 들어온 위빠사나 불교는 한 때 상당히 유행했습니다. 누구는 위빠사나가 더 맞다고 하고 누구는 사마타가 더 맞다고 합니다. 사마타와 위빠사나는 부처님이 가르치신 두 가지의 정진하는 내용일 뿐입니다. 정념하는 것은 위빠사나이고 정정하는 것은 사마타입니다. 사마타의 지는 천태지의선사가 쓴 지관의 지입니다.

위빠사나는 또 하나의 방법으로 지관에서 관조하는 것, 관찰하는 것이 관입니다. 마음속에 바른 지혜를 일으켜서 일체 대상의 실상을 그대로 관하는 것이 관입니다. 우리 마음에서 일어나는 현상을 자세히 관찰하여 일어나지 않게 하는 것입니다.

한 생각을 집중시켜서 아예 산란한 마음이 일어나지 않도록 하는 것은 지입니다. 그래서 지가 더 중요한 것도 아니고 관이 더 중요한 것도 아닙니다. 지와 관 두 개가 제대로 되지 않으면 깨달음에 이를 수가 없습니다. 여기서 사성제를 지관을 통해서 말 할 때는 관입니다. 어떤 일이 왜 일어났느냐 하는 그 원인을 찾아가는 것이 관입니다.

예를 들어 친구와 부딪치면서 성 내는 마음이 일어납니다. 왜 성내는 마음이 일어나는지 원인을 찾고 관찰하는 것은 위빠사나의 관입니다. 부처님께서 가르치신 사성제를 제대로 알 것 같으면 그것이 위빠사나입니다.

결국 불교는 위빠사나와 사마타의 두 개의 기둥으로 이루어져 있습니다. 이 두 기둥 중에 하나라도 없으면 안 됩니다. 정념은 위빠사나의 관이고 정정은 사마타의 지입니다. 부처님께서는 두 가지를 다 할 때 깨달음에 이른다고 하였습니다.

정정(사마타)

마음을 굳게 가지고서 일체의 대상이나 내부의 산란한 마음에 동하지 않고 특정한 대상에 집중시키는 것이 사마타의 지입니다. 스님들이 참선할 때 "이뭣고"하지요. 모든 생각을 여기에 집중시키는 것이 바로 사마타입니다.

처마 밑의 돌이 한방울씩 떨어지는 물방울에 구멍이 뚫립니다. 이와 같이 한 생각에 모든 것을 지속적으로 집중하는 것이 사마타입니다.

팔정도에서 정사는 바르게 생각하면서 바르게 말을 하고 바른 행위를 하는 이것이 바른 삶이 되어 본전치기라고 했습니다. 여기서 한 단계 나은 삶을 위해서는 부처가 되어야 합니다. 부처가 되기 위해서는 정정진을 해야 합니다. 정정진은 하나는 정념이고 하나는 정정입니다. 정념과 정정이 100% 이루어진 것이 정견입니다. 부처님께서 왜 정견을 제일 덕목으로 내놓았는지 이해하겠지요.

연기로부터 나오는 인식, 생각이 정견입니다. 팔정도의 일곱 개 덕목을 다 터득하고 난 후에 나에게 일어나는 것이 바른 견해 정견입니다. 부처님께서 우리에게 팔정도를 실천함으로써 부처가 된다고 가르친 것입니다.

제 8강
사성제의 체계와 연기의 인식

　부처님께서 가르치신 연기가 어떻게 사성제로 체계화 되느냐? 연기가 사성제로 체계화 되는 과정은 부처님께서 가르치신 불교교리, 불교의 전반적인 부분을 통틀어 가장 중요한 부분에 속합니다. 그리고 이번 시간에는 연기가 사성제로 체계화 되는 과정과 또 사성제를 어떻게 실천하느냐가 오늘의 목표입니다.
　그러면 이제까지 공부한 것을 정리해 보면 기본적으로 우리는 존재를 하고 있습니다. 이 존재에 대한 인식문제, 어떻게 존재하는가? 존재하는 모든 것의 기본속성이 무아고 무상이라 했으며 무아와 무상인 것을 모르는 것이 무명이고 아는 것이 명입니다. 이 무아와 무상을 인식하고 아는 것이 연기입니다. 그러니까 불교체계화는 근본적으로 무아와 무상에 대한 인식이 연기가 되고 이것을 모르는 것이 무명입니다.
　불교의 교리체계인 삼법인을 통해서 불교화가 되는 과정을 하나

하나 설명해 나갈 것입니다. 무아와 무상과 연기를 어떻게 실천할 것인가? 사성제로 체계화 되는 과정을 공부할 것입니다.

깨달음에 이르는 방법

무아와 무상을 모르는 것은 무명이라 했고, 아는 것을 연기라 했습니다.

사성제는 고집멸도입니다. 무아와 무상을 모르는 무명에 대해서 고와 집의 문제, 무엇을 모르고 있는 것인가? 고입니다. 무엇 때문에 모르는가? 집이 문제입니다. 모르는 이유가 집이고, 모르는 이유 때문에 나타나는 현상이 고였습니다. 여기서 고집멸도에 대해 도식화해보면 다음과 같이 됩니다.

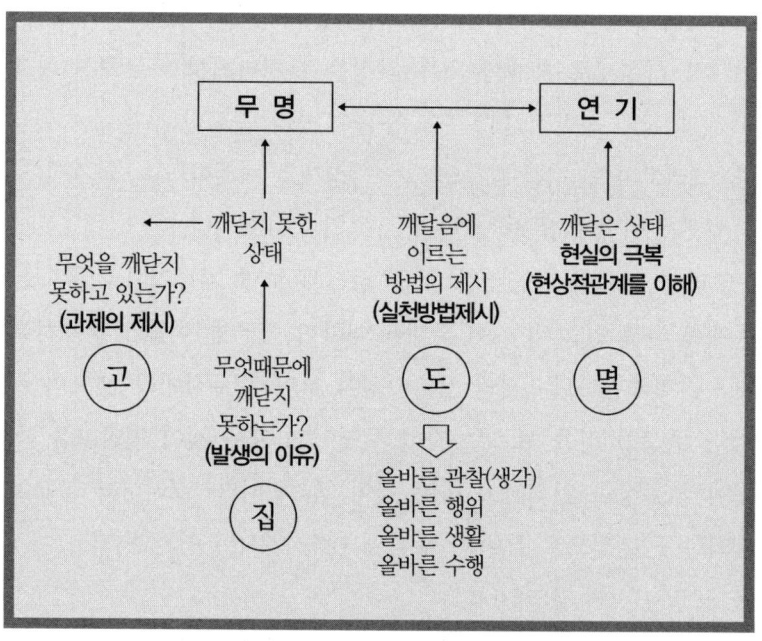

〈연기법이 사성제로 체계화되는 과정〉

무명을 아는 상태가 바로 멸이 되겠지요. 무명을 아는 상태는 멸이 되고 멸에 이르는 방법이 도라고 했습니다. 그래서 두 세계를 나누어 놓고 보면 이것저것 다 우리가 속한 현실세계이고 이 세계는 깨달음으로 나아가는 세계입니다.

즉 깨달음의 세계로써 고집멸도는 부처님의 경전에 있는 고전적인 가치가 아니라 끊임없이 우리의 삶속에서 실천해야 할 가장 중요한 불교의 실천론입니다. 여기서 존재의 인식에 대해서 크게 두 가지로 나누어 생각해 볼 수 있는데, 하나는 이 존재를 어떻게 인식할 것인가 이며, 다른 하나는 인식하는 이 존재을 어떻게 실천할 것인가 하는 문제입니다. 우리가 세세생생 살아가면서 불교를 안다고 했을 때 존재에 대한 인식론의 구조를 밝히는 것이며 연기를 구체적으로 설명하는 것입니다.

그래서 연기를 구체적으로 설명한 것이 12처 18계이며 이것을 바탕으로 육육법 연기가 성립됩니다. 그 다음 우리의 몸뚱이는 어떻게 생겼을까하는 오온연기를 설명합니다. 연기가 어떻게 끊임없이 생사를 윤회하는가? 육육법 연기는 시간에 대한 연기, 오온연기는 공간에 대한 연기, 12연기는 시공간이 통합된 연기입니다.

부처님께서 내 법은 점점 더 깊은 바다로 빠져들어 간 것 같다고 설명한 것이 바로 육육법 연기와 오온연기와 12연기에 대한 이해를 설명하신 것입니다. 이것이 불교의 인식론 구조를 설명하는 가장 중요한 핵심부분입니다. 그러면 존재의 인식론은 우리가 살아가면서 수행해야 하고 실천을 통해서 인식할 수 있습니다.

이 존재를 인식할 수 있습니다. 바로 육육법 연기, 오온연기를 체득하는 방법인 실천론이 사성제의 실천입니다. 그러니까 불교의 구조는 인식구조의 상부구조인 이성적인 체계가 연기입니다. 이것을 실천하는 방법론은 사성제입니다. 부처님께서 연기를 터득하고 깨닫기 위한 실천방법으로 팔정도를 설명하셨습니다. 제일 중요한 정견, 바르게 보라 입니다. 무아와 무상을 인식하는 것이 바로 정견입니다.

  부처님 당시에는 근본불교가 인도 전역으로 퍼져나가고 모든 백성이 불교를 믿게 됩니다. 부처님 당시에는 지식인으로부터 출발합니다.

  그때는 사성제 계급이 철저했습니다. 노예계급, 서민계급, 정치계급, 종교계급, 불가촉천민이 사성제 계급입니다. 인도에서 사성제 계급은 지금도 존재합니다. 부처님께서 제일 먼저 타파한 것이 사성제 계급입니다. 그 당시 타파되었던 사성제 계급이 지금까지도 그대로 존재하는 곳이 인도입니다.

  불가촉천민과 노예와 서민들에게 불교를 전하려고 하니 쉽지가 않습니다. 배우지 못한 서민계급과 노예계급을 포함한 전 백성들이 쉽게 받아들일 수 있는 불교가 필요합니다. 여기서 새롭게 탄생한 불교가 바로 대승불교입니다. 우리가 알고 있는 대부분의 것은 대승불교입니다. 지금 불교를 물었을 때 부처님 당시에 출발했던 근본불교 보다는 대승불교와 선불교에 바탕을 두고 이야기하는 것이 일반적입니다. 대승불교에서 수많은 사람이 연기를 어떻게 이해하고 접할 수 있을까? 여기서 연기는 우리 생활 속에서 이해되는 공으로 표현됩니다. 연기는 우리의 실제 생활 속에서 터득할 수 있는 새로운 진리가치인 공을 창출해 나갑니다. 우리가 "보살님, 보살님" 하지요. 불교의 가장 이상적인 인간형인 보살이 대승불교에서 만들어집니다. 그래서 대승불교에서 추구하는 가장 이상적인 인간상이 보살입니다. 보살의 정의는 "상구보리 하하중생"하는 인간상입니다. 위로는 부처가 되기 위해서 끊임없이 노력하고 정진하며 아래로는 우주에 있는 모든 가엾은 중생을 부처님의 세계로 이끌어가겠다는 원을 세우는 것이 바로 보살입니다. 불교의 가장 이상적인 인간형인 보살과 새로운 가치체계인 공이 만들어진 것입니다.

불교의 전래 시기

대승불교로 오면 근본불교에서의 팔정도가 육바라밀로 바뀝니다. 육바라밀이 실천방법인 도가 됩니다. 보시, 지계, 인욕, 정진, 선정, 지혜가 육바라밀입니다. 팔정도의 여덟 가지 가르침이 여섯 가지의 가르침으로 좀 더 적극적이고 실천론적으로 바뀐 것입니다. 여기서 근본불교가 대승불교로 변화되어 여러 나라로 전파됩니다. 한국에 불교가 처음 전래된 것은 고구려 소수림왕 2년 372년입니다. 근본불교가 아니라 대승불교가 우리나라에 전파된 것입니다. 중국에는 백마사에 처음으로 불교가 전래됩니다. AD 64년 경입니다. 64년 경이면 부처님께서 탄생하신 후 500년이 흐르면서 불교는 근본불교에서 대승불교로 넘어갔을 때입니다. 중국에 전래된 대승불교가 그대로 한국에 전래됩니다.

대승불교와 선불교

일본에 전래된 불교는 밀교적인 요소가 강합니다. '옴마니반메훔' 같은 주술적인 불교가 강합니다. 일본에 불교가 전래된 것은

500년 경입니다. 500년 쯤 되니 인도불교는 우리가 이야기하는 대승불교에서 밀교로 넘어간 상태입니다. 그 밀교의 흐름이 중국으로 건너가 일본으로 전래 될 때 대승적인 불교보다는 밀교적인 성향이 강한 불교가 일본으로 전래됩니다. 이렇게 전래된 불교가 중국불교의 교리로 개발되고 발전하여 산스크리트어로 된 모든 경전이 중국의 한문으로 번역됩니다. 지구상에서 일어난 대표적 사건 중의 하나가 불경의 번역사업 입니다. 전무후무한 일입니다. 그 많은 경전의 번역이 이루어지면서 중국은 교종의 꽃을 피웁니다. 이 교종의 꽃을 피운 끝에서 만들어 낸 것이 선불교입니다.

바로 연기, 공, 이것이 불교의 근본적인 깨달음을 위해서 선불교로 탄생합니다.

스님들은 참선 수행을 할 때 화두를 받습니다. 선불교의 꽃인 새로운 진리를 체득할 수 있는 방법으로 화두가 등장합니다. 대승불교에서는 연기, 공, 화두, 실천방법인 팔정도, 육바라밀입니다. 선불교에서는 우리에게 "참선을 하라"고 합니다. 복잡한 것보다 간단하고 명료합니다. 그래서 육바라밀 대신 계정혜 삼학으로 바뀝니다. 계정혜 삼학이 바로 선불교의 실천방법입니다. 부처님 당시에 출발한 근본불교가 대승불교를 거치면서 중국에 이르러 선불교의 꽃을 피웁니다.

약 7세기부터 12-13세기까지 중국에서 꽃을 피웠던 선불교는 지구상 가장 화려한 정신문화의 한 장을 마련합니다. 불교의 흐름이 근본불교, 대승불교, 선불교로 흘러간 것입니다. 육바밀은 누가 어떻게 이야기 하더라도 대승불교에서 가르친 진리구나, 계정혜는 선불교에서 이야기한 진리인 것을 쉽게 이해할 수 있습니다.

이것은 불교의 실천에 대한 하부구조이고, 상부구조인 인식론에 대한 구조는 연기입니다. 지금 우리가 생각하고 있는 대부분의 구조는 대승불교입니다. 그러니까 불교의 가장 중요한 부분인 존재에 대한 인식론인 연기에 대한 이해가 없어진 것입니다. 엄밀하게 불교의 실천이란 시대에 따라 항상 변화할 수 있습니다. 수행방법과 실천방법이 시대에 따라 변화할 수 있는 것입니다. 진리는 변하지 않지만 근본불교의 모습을 지금은 망각해 버렸습니다. 세세생생 살아가면서 부처님 법 만나 부처되기 위해서 무엇을 해야 하는가 하는 이 부분에 대한 인식이 없습니다. 이 인식이 이루어지지 않아요. 그렇지만 이 육신은 저절로 움직입니까? 내가 생각하는 대로 움직입니다. 정신적으로 불교를 이해하고 인식하는 만큼 움직이게 됩니다. 정신적으로 불교를 이해하고 인식하는 만큼 실천방법도 병행되어야합니다. 선불교에서도 대승불교에서도 끊임없이 누구든지 이야기 하고 쉽게 이해할 수 있어야 합니다. 그렇지만 불교의 가장 근본적인 가르침이 지금의 불교 속에서는 거의 사라져 버리고 없습니다.

대승불교의 두 줄기, 중관과 유식

인도에서 한국으로 인도에서 중국으로 전래되고 일본으로 전래될 때 불교를 이루는 중관과 유식이 왜 미약해져 버렸습니까? 실제적으로 불교공부를 해 보면 부처님의 깨달음과 부처님에 대한 찬탄과 은혜로움의 가장 큰 부분이 바로 중관과 유식입니다. 실천은 아무것도 몰라도 할 수 있습니다. 우리가 처음 진리를 이해한다고 생각해보세요. 얼마나 어렵겠습니까. 그러나 부처님께서는 어려운 부분을 체계화 해놓았습니다. 연기에 대한 인식체계가 중관과 유식입니다. 중관이란 바로 깨달음을 공으로 표현한 것입니다. 깨달음에 대한 내용을 공이라 하면서 불교의 교리를 전개해나간 것이 중관파입니다.

안이비설신의의 '의'에 의해서 생기는 우리의 인식에 대한 문제는 육식인 식입니다. 식을 끊임없이 연구하면서 우리의 본질인 마음을 연구하고 공부해가는 것이 유식입니다. 두 흐름이 결국 중국으로 넘어가면서 교종의 꽃을 피우게 됩니다. 이것이 불교의 2600년 흐름을 일괄적으로 전개하는 것입니다. 이 부분에 대해서 공부해 나가야 합니다. 그래서 오늘은 2600년 불교가 어떻게 흘러왔느냐 하는 것을 잠깐 말씀드렸습니다. 이런 역사적인 흐름을 이해하고 나면 미아가 되지 않습니다. 스님이 어떻게 교리를 설명하더라도 이해할 수가 있습니다. 이 전반적인 흐름을 이해하지 못하면 불교가 어려울 수밖에 없습니다.

불교는 신이 존재하지 않는 종교입니다. 기독교는 신에 의해서 존재하는 종교입니다. 그래서 불교를 이해하는 데 있어서 가장 중요한 것이 역사적인 관점입니다. 어떤 경전이든지 내용 속에는 시대성과 사회성과 역사성이 들어있습니다. 부처님의 진리는 시대에 따라 지역에 따라 다르게 설명되어 있습니다. 역사성을 이해하면 경전의 이해가 쉽습니다. 일반적으로 불교를 자비와 지혜의 종교라고 합니다. 인식론의 상부구조를 이루고 있는 초역사적인 불교의 진리가 지혜라면 자비는 이 땅에 실현되는 사회성입니다.

그래서 불교를 지혜와 자비의 종교라 합니다. 또 부처님께서 가장 많이 사용한 말씀이 자비광명입니다. 자비광명이란 말에서 자비의 근본 원인이 무엇인가를 알면 자비를 알게 됩니다. 자비에서 나타나는 현상이 바로 광명입니다. 대승불교의 교리의 어려움이 선불교로 넘어오면 간단하고 명료하게 표현됩니다. 선불교에서는 마음을 이해하면 바로 직관적으로 들어갈 수 있음을 이야기하고 있습니다.

그대는 아직도 여인을 등에 업고 있는가

탄산스님이 제자 스님과 길을 떠납니다. 3개월 안거를 하고 3개월 유행을 떠납니다. 어떤 지역을 지나가는데 물이 불어난 강을 건너게 되었습니다. 다리가 있었던 자리가 물속에 잠겨 버려서 망설이고 있는데 마침 어떤 아주머니가 옵니다. 아주머니도 강을 건너지 못하고 있는데 탄산스님이 "아주머니, 제가 건너드리지요" 하면서 스님은 여인을 업고 강을 건너갑니다. 강을 다 건너서는 여인을 내려놓자 여인은 고맙다는 인사를 하고 마을로 가버리고 스님은 산속으로 갑니다. 30분 동안 아무 말도 없이 가다가 제자 스님이 탄산스님에게 묻습니다.

"스님! 우리는 출가자로 색을 가까이 할 수 없습니다. 스님은 어찌 여인을 업고 강을 건널 수가 있습니까?" 하니까 탄산스님이 "그래! 나는 벌써 강을 건너고 여인을 내려놓았는데 스님은 아직도 그 여인을 등에 업고 있어요?" 하면서 한마디 합니다. 바로 이런 이야기가 선불교에서 말하는 화두의 한 예입니다. 어떻게 하면 이 복잡한 마음을 바로 이해할 수 있을까? 하는 것을 선불교에서는 화두로 풀고 있습니다.

그래서 이번 시간에는 고집멸도가 이루어지는 전반적인 2600년 불교의 역사를 이야기 해보았습니다. 고집멸도는 실질적으로 끊임없이 우리의 삶속에서 되풀이 되는 것입니다.

집_왜 그 일이 일어났는가

고집멸도를 이해하는데 어려운 것이 무엇입니까?. 예를 들어 만약 우리가 내일 죽는다고 했을 때 오늘 우리는 무엇을 하겠습니까? 시간이 흘러서 내일이 되고 우리는 마침내 죽습니다. 내일 죽는 우리는 잠을 실컷 자겠어요?

무엇을 실컷 먹겠어요? 어쩔 수 없이 내일 죽는다 해도 매일 하던 것을 할 수 밖에 없습니다. 왜 우리가 공부해야 하고 수행을 해야 하고 정진을 해야 하느냐 하면 내일 죽는다 해도 지금까지 해오던 것을 할 수 밖에 없기 때문입니다. 백 년 후에 죽는다 해도 우리는 늘 하던 것을 할 수 밖에 없습니다. 그래서 우리는 진리를 바로 알고 진리를 실천할 수 있는 삶으로 나아가야 하고 그런 삶을 살아야 합니다.

고집멸도에서 가장 어려운 부분은 바로 "집"입니다. 왜 그 일이 일어나느냐?

이것은 부처님께서 "왜 죽어야 하나?" 하는 문제로부터 불교를 만들어 냅니다. "왜 죽어야 하느냐" 이 문제가 부처님의 평생 고민이었는데, 이것과 똑같이 왜 이 일이 일어나느냐 하는 문제를 알아야 합니다.

불교인답게 하는 가장 중요한 명제로 어렵습니다. 끊임없이 노력하고 애를 써야하는 것은 결코 쉬운 일이 아닙니다. 그래서 우리는 앞으로 하루에 일어나는 일 중에 하나를 고집멸도로 풀어봅니다.

24시간 동안 나에게 일어나는 많은 문제 중에 한 가지를 생각하여 고집멸도로 풀어봅니다.
　예를 들어 어느 집에서든지 고3 수험생이 있습니다. 고3인 아이가 원하는 대학에 가려고 열심히 공부했는데 시험에 떨어졌습니다. 원하는 대학에 합격하지 못했다. 떨어졌다 하는 것이 "고"이지요. 과제의 제시입니다. "고"란 것은 나타난 현상으로 '이것이 있으므로 저것이 있다'와 이것이 생기므로 저것이 생긴다고 했을 때, '고'란 나타나는 현상 과제의 제시입니다. 그래서 '고'라는 것은 대학시험에 떨어진 상태입니다.
　그 다음 '집'은 무엇입니까? 왜 떨어졌는가? 이유를 생각하는 것이 집입니다. 자식은 자식 나름대로 이유가 있고, 어머니는 어머니 나름대로 이유가 있지요. 엄마는 수능 백일 입제기도를 이절 저절에 올려놓고 열심히 했습니다. 백 일 수능기도를 부쳐놓고, 안 가본 절이 없을 정도로 열심히 했는데도 떨어졌어요. 떨어지고 난 뒤에 가만히 생각하여 이유를 아는 것이 '집'이 됩니다. 왜 떨어졌는가? 기도는 누가 합니까? 백중기도 49재 천도를 할 때, 결국 진정으로 천도시키는 주체는 본인입니다. 다른 누가 해줄 수 없어요. 본인과 가장 가까운 자신 밖에 없습니다. 그러니까 기도를 열심히 하는데 주체는 누구였습니까? 기도의 주체는 인연과에서 볼 때 스님이 기도를 해 준 것은 연에 해당합니다.
　'과'는 시험에 떨어진 상태. 스님이 열심히 기도하는 것은 '연' 이지요. 내가 열심히 기도하는 것은 인입니다. 자식이 공부 열심히 하고 내가 열심히 기도하는 것이 '인'입니다. 가장 중요한 인은 기도비만 열심히 갖다 주고 친구들과 계모임을 하고 노래방에 가고 하면서 어머니인 나는 할 것을 다하면서 기도 열심히 했다고 생각합니다. 아이가 시험에 떨어지고 난 뒤에 가만히 생각해보니 스님은 열심히 염불하면서 기도를 했습니다. '연'은 무엇이 잘못인지 모릅니다. 가장 중요한 주체인 '인'이 잘못되어 있었습니다.

기도는 꼭 이루어진다

그래서 아이가 재수를 합니다. 사실 고3 수험생이 있다면 매일 108배 절을 하고 30분씩 참선을 해서 정성껏 기도를 합니다. 이제 제대로 기도를 한 번 해봅니다. 매일 새벽5시 일어나서 꼭 부처가 되겠다는 생각을 하고 30분 정도 절 하고 참선하는 공부를 진정으로 합니다. 일 년 동안 모임을 끊고 고3을 위해서 기도를 합니다. 또 집에서는 밤12시까지 윙윙거리는 TV를 끄고 기도할 수 있는 상황을 갖추어 놓습니다. 새벽에 일어나서 30초 부처가 되겠다고 생각하고, 30분 108배 절을 하고, 15분 참선을 한 마음으로 쌀을 씻어 밥을 해보세요. 여태까지 아무 생각 없이 눈비비고 일어나서 수험생에게 해주었던 밥이 아니라 정성껏 깨끗한 마음, 거룩한 마음으로부터 지은 그 밥을 먹는 사람이 딴 짓을 하겠습니까? 어떤 기도든지 이루어지지 않는 기도는 없습니다.

기도는 원하는 대로 결과가 나타납니다. 문제는 내가 원하는 기도는 90인데 20, 30만큼의 공을 들이고 그 기도가 들어진다고 생각하면 그것은 도둑놈 심보입니다. 무아 무상을 이야기 하면서 근본적으로 가지고 있는 도둑놈 심보를 버리는 문제에서 내가 손해를 본 것이 지나고 보면 손해를 보는 것이 아니라 이익이 된다는 것을 알게 됩니다. 근본적으로 무아와 무상을 잘 이해하면 해결된다고 했습니다. 진정한 기도는 어떤 상황이든지 감응하게 되어있습니다. 그래서 아침마다 거룩한 밥을 지어서 공양을 올립니다. 수험생이 그 공양을 먹고 독서실에서 학원에 가서 열심히 공부하지 않겠습니까.

수험생이 하루는 몸살이 나서 일찍 집으로 옵니다. 지난 해 고3일 때 어쩌다 집에 일찍 들어와 보면 어머니가 안 계시든지 아니면, TV를 시청하느라 고3 아들에게 건성으로 대했습니다. 그런데 이제 상황이 변하여 집에 들어와 보니 어머니가 거실에 단정하게 앉아서 금강경을 독송하고 있습니다. 밤 12시쯤 독서실에서 돌아와 보니 어머니께서 아주 정성스럽게 기도를 하고 있어요.

이런 모습을 본다고 했을 때 기도의 감응은 어떤 형태로든지 전달이 됩니다. 공부라는 것이 해도 되고 안 해도 된다면 목숨 걸고 공부할 사람은 없습니다. 그렇지만 내가 꼭 해야 된다고 생각했을 때는 목숨 걸고 공부를 합니다. 어릴 때 들었던 이야기 속에는 황소가 담을 넘어가고 도둑놈이 상상도 할 수 없는 거대한 담을 넘는 소설같은 이야기가 있습니다. 극한 상황이 되면 그 담을 뛰어 넘게 됩니다. 도저히 불가능한 일이 우리 눈앞에서 이루어집니다.

이와 같이 진정으로 어머니가 기도를 한다면 수험생 아이가 분명히 무엇인가를 느끼게 되어 180도 달라집니다. 기도의 감응이라는 것도 어느 순간 어떻게든 전달이 됩니다. 어머니가 이렇게 열심히 기도한다고 아이에게 미리 이야기 해버리면, 그 기도가 잘 되겠습니까? 혼자서 알게 모르게 지극하게 하면 어떤 형태로든지 전달이 됩니다. 그래서 '집' 왜 시험에 떨어졌는가. 고3 수험생을 위해서 내가 목숨을 걸고 지극정성으로 일 년 동안 기도를 하면 바로 그

기도가 어느 순간 감응이 되어 수험생의 태도가 달라집니다. 바로 '멸' 원하는 대학에 합격하게 됩니다.

우리는 평생 동안 서너 번 정도는 목숨을 걸고 어떤 일을 합니다. 반드시 감응이 됩니다. 자신이 기도의 원을 얼마나 크게 잡느냐에 따라 감응이 이루어지기가 어렵기 때문에 정말 목숨걸고 해야 합니다. 100M를 달릴 때도 목숨 걸고 달려야 하고 40Km 마라톤을 할 때도 목숨을 걸고 달려야 하고 한 평생 살아가는 것도 목숨 걸고 달려야 합니다. 수험생의 어머니가 진정으로 기도를 해보니 결국은 고집멸도에 의해서 해결됩니다.

사성제로 문제 풀기

우리에게는 매일매일 일어나는 문제가 있습니다. 집에 큰 아이와 작은 아이가 있어 둘이 토닥거리면서 싸움을 합니다. 그런데 우리는 큰아이는 큰아이대로 꾸중을 하고 작은아이는 작은아이대로 꾸중을 합니다. 가만히 생각해 보면 왜 둘이 싸웠느냐 하는 것이 문제입니다. 이처럼 주위에는 친구사이에 말다툼, 직장에서 동료와 직접 풀지 못했던 일, 집안에서 남편과의 문제, 자식과의 사이에 문제가 일어납니다. 문제가 일어났을 때 왜 그 일이 일어났느냐? 하루에 한 문제씩 사성제로 해결하라고 한 것 입니다. 부처가 되기 위해서 연습하지 않으면 부처가 될 수 없기 때문입니다.

학교에 열심히 다니는 학생들이 학교에서도 공부 열심히 하고 집에 오면 예습 복습 열심히 합니다. 왜 예습 복습을 합니까? 공부를 더 잘하려고 배운 것을 확실하게 하기 위해서 예습과 복습을 합니다. 똑같습니다. 어떤 공부든지 예습과 복습이 있습니다. 부처되는 공부도 매일 살아가는 이 삶이 예습 복습의 장입니다. 우리가 살아가는 삶의 현장이 예습 복습장인데 이 예습 복습을 어떻게 하느냐, 하루에 한 문제씩 풀고 넘어가면 시간이 지난 뒤에 공부의 진척을 보게 됩니다.

매일 한 문제씩 풀어보세요
선불교의 화두를 한 번 들어보겠다고 앉아 있으면 죽다 깨어나도 안 들립니다. 왜 그럴까요? 우리는 근본적으로 왜 그 일이 일어났느냐 이 문제를 한 번도 고민해 본적이 없습니다. 그것이 내몸 속으로 들어와 머릿속을 한 바퀴 회전하여 3초 후에 반응이 일어나는 것이 아닙니다. 왜 그 일이 일어났느냐를 생각해 볼 때 거기에 대한 최선의 방법이 떠오릅니다.
이것이 바로 부처님께서 우리가 부처되는 방법인 사성제, 고집멸도를 가르친 것입니다. 어떤 현상이든지 나타나는 것은 고입니다. 아이들이 다툰다는 현상은 과제의 제시입니다. 왜 다투었느냐 생각하는 것이 집입니다. 그래서 어머니가 현명하게 해결해 주는 실천방법이 도입니다. 두 아이가 마음 상하지 않고 흡족하게 해결해 주는 것이 도입니다. 친구든지 직장에서든지 남편 혹은 어떤 문제에서든지 고집멸도에서 해결하는 것이 가장 중요한 과제입니다.
그래서 하루에 한 문제씩 꼭 고집멸도로 풀어나가야 합니다. 반드시 왜 그 일이 일어났는지를 알아야 합니다. 이렇게 하지 않고서는 부처가 되지 못합니다. 불교를 많이 알아도 거기에 따른 실천이 없으면 허공일 뿐입니다. 내가 하나하나 실천해 나가는 것이 허공을 조금씩 메꾸어 나가는 것입니다. 불교에 대한 이론을 아는 것도 중요하지만 아는 만큼 실천에 옮기는 것이 중요합니다. 이것을 실천에 옮기는 가장 근본적인 방법이 고집멸도입니다.

예를 들어서 내가 새벽 다섯 시에 일어나겠다고 마음을 먹는데, 오늘은 그만 여섯 시에 일어났다 했을 때, 왜 6시에 일어났느냐 이것도 하나의 고민이 됩니다. 무엇 때문에 6시에 일어났느냐를 생각해 보면 그 이유를 알 수 있습니다. 낮에 친구와 만나서 실컷 놀았던 것도 원인이 되고 저녁에 TV시청을 늦게까지 한 것도 그 이유가 됩니다. 그 이유를 분명히 알게 되면 다음부터 안하면 됩니다. 그래서 어떤 일이 일어났는지를 알게 되었습니다. 왜 그 일이 일어났느냐를 항상 생각하는 것 이것이 바로 불자 되는 방법이며 불교를 이해하고 풀어나가는 핵심이 됩니다.

사성제로 문제풀기 예1

구체적으로 수행상의 예를 들어보겠습니다. 부처님과 같이 수행하고 있던 비구의 이야기입니다.

붓다께서 비구들에게 묻습니다.

붓다 : 고행을 해서 마음의 편안을 얻었느냐?

비구 : 얻지 못했습니다.

붓다 : 무엇 때문에 얻지 못했다고 생각하느냐?

비구 : (대답을 못합니다)

붓다 : 너의 마음이 편안하지 않은 이유를 생각해보아라. 그래서 너의 마음의 편안을 얻지 못한 이유는 집착 때문이다.

비구 : 잘 모르겠습니다.

붓다 : 너의 마음의 상태를 잘 살펴보아라. 집착에는 세 가지 형태가 있다. 탐심, 진심, 치심이 그것이다. 너의 마음은 모든 욕망에서 자유로우냐.

비구 : 아닙니다.

붓다 : 너의 마음은 네 뜻대로 되지 않을 때 화내는 마음에서 자유로우냐?

비구 : 그렇지 않습니다.

예문의 상황을 보니 부처님께서 왜 마음이 집착하느냐? 탐심, 진심, 치심을 마음 가득 채워놓고 수행을 한다고 앉아 있으니 공부가 잘 안 된다는 것입니다. 마음이 편안하지 못하다는 것입니다.

진리는 어떻게 바르게 생각하고 살아가느냐 하는 문제다

그 다음 어떤 비구가 천당에 태어나려고 열심히 공부를 합니다. 부처님 당시에도 대부분의 수행자들에게는 천당에 태어나려고 하는 것이 최고의 목표였습니다. 바라문교를 믿고 있는 수행자도 최고의 목표가 천당에 태어나는 것입니다. 바라문교에서는 살아 생전에 온갖 나쁜 짓을 다 하고 죽고 난 다음 바라문이 천당에 태어나라고 기도를 하면 천당에 태어난다고 가르칩니다. 이 사람은 아무리 생각해도 이해가 안 됩니다. 어떻게 나쁜 짓을 한 사람이 천당에 태어납니까? 기도를 해주면 천당에 태어날 수 있단 말인가? 왜 우리는 이렇게 살아가야 하는가? 회의를 느끼고 부처님을 찾아옵니다. 부처님이 그 바라문을 데리고 뒤뜰 연못가로 갑니다. 연못가에 가서 돌을 던집니다. 돌이 가라앉습니다. 부처님께서 "바라문이여, 어떤 현상이 일어나느냐?" 하고 물으니 바라문이 "돌이 가라앉습니다." 그러자 부처님께서 하신 말씀이 "바라문이여 돌아 떠라! 돌아 떠라! 기도를 하면 돌이 뜨겠느냐?" 아닙니다. 돌은 무거운 속성 때문에 떠오르지 않습니다. "바로 그렇다. 바라문이여" 돌아 떠라 돌아 떠라 아무리 기도해도 저 돌은 무거운 속성 때문에 가라앉는다. 만약 그 사람이 이 세상에 살면서 나쁜 일을 했다면 나쁜 과보로 지옥의 불구덩이에 떨어질 것이며 만약 그 사람이 착한 선업을 쌓았다면 천당에 태어날 것이다. 바라문이여, 어떤 종교를 믿는 것이 중요한 것이 아니라 바르게 생각하고 바르게 살아가는 것이 중요한 것이다. 이것이 곧 우주의 진리다." 라고 하신 내용이 바로 무아, 무상, 연기입니다. 부처님의 가르침은 그 당시에 바라문들이 생각하는 것을 뛰어넘었던 것입니다. 바르게 생각하고 바르게 살아가느냐 하는 이 부분이 부처님께서 45년 동안 가르치신 진리의 핵심입니다.

사성제로 문제풀기 예2

다시 어떻게 하면 천당에 태어날 수 있는지 어떤 비구가 부처님께 묻습니다. 부처님께서는 "우리가 고행을 하고 수행을 하는 목적은 바르게 살려고 하는 것이지 천당에 태어나려고 하는것이 아니다. 어떻게 생각하느냐? 내가 생각하고 있는 것이 잘못되었다거나, 내가 추구하고 있는 목적이 잘못 되었음을 인식하기 시작하는 것이 "고"의 성제이다. 바로 "문제를 인식"하기 시작하는 것이 "고"의 성제인 것이다."

중요한 것은 잘못된 것이 무엇인가를 알고 새롭게 해야 한다고 생각하는 것입니다. 이것은 고와 집을 인식하는 것입니다. 다시 예를 보면 부처님께서 탁발을 합니다.

공양을 가지고 두 비구가 다투는 것을 보시고

붓다 : 너희 두 사람은 어제 다투고 화를 내었다. 무엇 때문에 다투었느냐?

비구 : 제가 탁발하여 온 공양을 상대방이 더 많이 먹으려고 하였습니다.

붓다 : 6년을 함께 고행한 벗들인데도 상대방에 대한 이해가 전혀 없구나. 상대방을 위하는 마음이 터럭만큼이라도 있었으면 다투었겠는가? 얼마나 배가 고팠으면 조금 더 먹으려고 할까? 하는 자비심이 너의 마음에서 일어났다면 너의 공양을 한술 더 주었을 것이다. 부처가 될 수 있는 종자인 '자비심'은 수행자에게 무엇보다도 중요한 것이다. 자비심이 없으면 어떠한 행위를 하더라도 진실하지 못하고 수행자에게 "자비심"이 충만되어 있으면 저절로 "도"의 성제는 이루어지지만 '자비심' 이 없으면 천년을 다리 틀고 앉아 수행하더라도 지옥에 갈 죄만 더 하는 것이다.

바로 이와 같이 자비심이 중요합니다. 끝없는 자비가 나옵니다. 왜 그 일이 일어나느냐 할 때 자비 때문에 광명이 나타나는 것입니다. 그래서 모든 것의 근본 공부는 무아와 무상을 제대로 알고 있으면 마음속엔 자비심밖에 없습니다. 어떠한 상황에서든지 자비심이 내 마음속에 충만 되어 있지 않으면 모든 공부는 도로아미타불입니다. 보살님들은 오대 적멸보궁 참배기도를 열심히 합니다. 적멸보궁 참배하러 갔을 때 보았지요? 좀더 좋은 자리를 차지하기 위해서 안달입니다. 이와 같이 우리의 생활 속에서 끊임없이 일어나는 사소한 일들 속에도 자비가 작용하는 것입니다.

잊을 수 없는 스님

법정스님의 수필 중에는 감동적인 이야기가 많은데 특히 수연스님의 일은 잊을 수가 없습니다. 수연스님은 법정스님과 같은 도반인데 젊은 나이에 병으로 돌아가십니다. 수연스님이 하신 행동은 누가 시켜서 하는 것이 아닙니다. 수연스님은 해인사 선방에서 공부하실 때 언제 어떻게 청소를 했는지 스님들의 신발들이 깨끗하고 하얗게 씻겨져 있습니다. 어떤 것이든지 제자리에 있지 않을 때 자기 일이 아니라도 가타부타 할 것 없이 먼저 해놓습니다.

한 번은 법정스님과 함께 시골 버스를 타고 갑니다. 그 옛날 시골 버스를 생각해 보세요. 차의 창문이 제대로 달려있는지, 앉은 의자가 제대로 붙어 있는지 말입니다. 비포장 길을 달리면 창문턱의 나사가 풀려서 언제 떨어질지 모르는 상황이었습니다. 그런데 법정스님의 옆에 앉아 있는 수연스님이 주머니에서 부시럭 거리더니 조그마한 드라이브를 끄집어내 창문의 나사못을 조우고 있었습니다. 그 감동적인 장면을 법정스님께서 글로 잘 표현해 놓았습니다. 이와 같이 자비란 누가 시켜서 하는 것이 아닙니다. 절에 가면 보시를 합니다. 한 번 하고 두 번 쯤 하고 나면 아깝기 시작합니다. 언제든지 할 수 있어야 천 년 만 년을 할 수 있습니다. 바로 자비는 끊임없이 솟아나는 샘물입니다. 불교를 체계화하는 무아와 무상을 인식하는 만큼 자비가 충만되는 것입니다. 자비는 가장 빛나는 광명입니다. 천하무적 자비앞에 어떤 것도 당해 낼 수가 없습니다. 평생 다리 틀고 앉아도 공부가 안 되는 것도 바로 이 문제입니다. 내 속에 채워지는 것은 진정 자비이어야 하는 데 자만과 아만 이기심으로 가득차 있습니다. 이 자비꽃은 그냥 피어나는 것이 아니라 불교를 아는 만큼 내속에서 피어나는 꽃입니다. 우리가 공부하는 이유가 세세생생 살아가면서 끊임없이 내속에 자비의 꽃을 피워 그 향기가 우주로 퍼져나가게 하는 것입니다. 바로 삶의 목적인 것입니다. 그렇게 되기 위해서 부처가 될 수밖에 없습니다.

존재에 대한 이해 III

제9강 부처님 당시 인도의 역사적 상황 및 사상
부족국가에서 고대국가로/ 유럽에서의 사상적 배경/ 중국에서의 사상적 배경/ 부처님 탄생 무렵 인도에서의 시대적 상황/ 창조주_버스바카르만/ 신화에서 인간으로/ 아지타/ 파쿠다라/ 막칼리 푸라나/ 니간타/ 가섭 삼형제의 귀의/ 산자야/ 목련의 순교/ 회의론을 극복하고/ '나'에서 출발/ 모든 것은 연기로

제10강 존재는 인식이다_12처설
연기의 구체적인 내용/ 과연 이 법을 이해할 수 있을까?/ 부처님의 은혜/ 안(眼)/ 이(耳)/ 비(鼻)/ 설(舌)/ 신(身)/ 의(意)/ 육식에 대한 이해/ 색성향미촉법/ 12처가 불교다/ 출발의 시작점은 "나"/ 심의식/ 12처에는 법칙이 있는가/ 부지런히 애쓰고 노력하라/ 육근과 육경의 활동영역/ 안은 인이 있고 연이 있고 속박이 있다/ 12처와 18계/ 의지적 작용과 필연적 반응/ 천안, 혜안, 법안, 불안

제11강 세상에는 무엇이 존재하는가_18계
인식 능력체 육근/ 필연적 반응의 대상 육경/ 육식/ 번뇌의 뿌리 108번뇌/ 심의식에 대한 정의/ 18계의 체계/ 육육법연기와 오온연기/ 식에 대한 이해/ 오온설/ 12연기/ 무명과 행/ 명색/ 친구따라 강남가듯

제12강 죄악과 의지의 문제
창조주와 의지/ 죄를 지었을 때 책임은 누구에게 있는가?/ 육사외도의 생각/ 과보는 더 긴 시간을 통하여 받을 수도 있다/ 인과의 유무/ 의의 존재/ 생명체의 욕망_탐진치/ 욕망의 시작/ 탐심과 진심의 뿌리/ 치심의 뿌리/ 마음, 의지, 분별/ 죄의 책임이 누구에게 있느냐/ 주체와 비주체/ 인과율

제 9강

부처님 당시 인도의 역사적 상황 및 사상

부족국가에서 고대국가로

부처님이 탄생하신 연대는 BC 624년 경입니다. BC 624년 경이면 기원 전 6세기입니다. 혹시 영화 '영웅'을 보신 적이 있습니까? 영웅의 내용은 진시왕이 중국을 통일할 때의 이야기입니다. 진시왕이 중국을 통일한 것이 BC 221년입니다. BC 221년이면 인도에서는 아쇼카왕 시대로 불교가 전 인도로 전파되고 세계의 종교가 되는데 일등공신을 한 왕입니다. 인도에서 최초로 통일왕조가 성립 되는 것은 BC 312년인 마우리아 왕조 때 입니다. 유럽에서는 카이사르 시저가 통일하고 나서 로마제국이 성립됩니다. 로마제국이 성립되는 것은 BC 27년으로 아우구스투스라는 최초의 황제가 탄생합니다. 로마제국이 탄생한 것은 BC 400년경이며 실질적으로 완전한 통일국가가 된 것은 약 BC 27년경이 됩니다. 그러면 중동의 페르시아제국이 통일되는 때는 약 BC 400년 경입니다.

이와 같이 BC 5-6세기 경은 지구상에서 인간이 출현해서 일반적으로 의식을 갖고 씨족국가, 부족국가를 이루면서 나름대로 부족국가를 바탕으로 고대국가로 나아가는 길목입니다. 씨족사회, 부족사회에서 고대국가로 가는 길목이 BC5-6세기입니다. 이때가 세계적으로 사상의 가장 풍요로운 황금시기가 됩니다. 이 지구에 살아가는 모든 사람이 서로 비슷한 능력으로 생각하게 된 시기가 BC 5-6세기경입니다.

지금은 2018년입니다. 지금부터 약 2600년 전으로 돌아가 보십시오. BC 5- 6세기경을 생각해보라는 것입니다. 그때 보통사람들은 무엇을 생각했을까요? 근본적으로 생각할 수 있는 가장 기본적인 것은 누가 우리 인간을 창조했는가? 입니다. 누가 인간을 이런 형태로 만들었을까? 우리가 살고 있는 지구와 세상은 무엇으로 이루어졌는가? 인간의 성품은 악한 것인가? 선한 것인가? 과연 우리가 몸을 받아 살아가면서 추구하는 궁극적인 목적이 무엇일까 하는 부분에 대해서 많은 사람이 생각하게 되고 고대국가에 맞는 체계와 이념과 인간의 이상, 꿈이 새롭게 성립하게 됩니다. 이 당시의 풍요로운 사상을 바탕으로 지구상에는 고대국가가 이루어집니다.

유럽에서의 사상적 배경

BC 5-6세기경 이전에는 인간은 무엇으로 만들었는가 하는 생각을 합니다. 가장 기본적인 생각은 절대적인 무엇이 있어서 만들었다고 생각합니다. BC 5세기를 넘어 BC 1000년 – 2000년쯤 되면 인간보다 절대적으로 월등한 무엇이 있었다고 생각하게 됩니다. 그 절대적인 것은 신, 창조주입니다.

　인도에서는 베다문화가 완성된 것이 약 BC 2000년-1500년 경입니다. 그러니까 인도에서 신이 인간을 만들었고 신이 우주를 창조했다는 이론이 완성 된 것입니다. 구약이 집필되기 시작한 것이 BC 1000년 경입니다. 인간의 능력을 넘어선 신의 시대를 이루었던 BC 1000년을 넘어서 BC 500년 경이 되어서야 신에서 벗어나게 됩니다. 즉 인간의 인지능력이 성숙한 것입니다.

　신을 벗어나 인간중심으로 생각하는 시기가 BC 5-6세기입니다. 그리스 로마를 중심으로 소크라테스, 플라톤, 아리스토텔레스, 탈레스 등 많은 사람이 근본적으로 이 우주를 이루고 있는 구성 물질에 대해서 고민했습니다.

　가장 먼저 생각할 수 있는 것이 구성 물질에 대한 의문입니다. 그 구성물질이 어떻게 이루어졌고 무엇이 그 구성물질을 움직이는가? 탈레스는 물이라고 했습니다. 헤라클레이스토스는 지수화풍이 구성물질이라 했습니다.

　현재 불교경전에서는 지구의 구성물질을 지수화풍이라 합니다. 이것은 동서양을 통틀어 똑같습니다. BC 400-500년 전에도 동서양이 분명히 분리되어 있었지만 서양에서도 똑같이 지수화풍으로 이루어졌다고 생각했고 인도에서도 똑같이 지수화풍으로 이루어졌다고 생각한 것입니다.

　인간에 대한 최초의 성찰이 소크라테스로부터 이루어졌고 소크라테스에서 시작된 성찰이 플라톤의 국가 등 고대국가를 형성하는 사상적 바탕을 제공합니다. 아리스토텔레스에 이르러서는 나름대로 '나'중심으로 된 유럽의 사상과 문화를 총정리합니다.

중국에서의 사상적 배경

중국은 이 시기에 제자백가들이 출현합니다. BC 5-6세기경에는 공자가 태어납니다. 인간들이 어떻게 살아갈 것인가를 구체적으로 제시하면서 치국의 이념을 제시합니다.

가장 이상적인 나라는 바로 인의예지신의 덕목이 지켜지는 것이라고 주장했습니다. 또 맹자는 인간의 성품에 대해서 인간은 근본적으로 선하다고 생각하는 성선설을 주장했습니다. 순자는 성악설을 주장합니다. 인간이 사회조직 속에서 살아가는 모습, 형제들이 살아가는 것을 살펴보니 인간의 근본적인 성품은 악하다 라는 성악설로부터 출발합니다. 맹자는 바로 사회생활을 하면서 부딪쳐 악한 모습을 나타내지만 좀더 근본적인 뿌리는 선하기 때문에 그 선으로 얼마든지 돌아갈 수 있다고 주장합니다.

이렇게 성악설과 성선설은 인간의 성품의 바탕이라고 주장합니다.

이러한 상황들이 인도에서만 이루어지는 것이 아니라 전 세계적으로 누가 이 우주를 만들었고 무엇으로 만들어졌으며 인간이 살아가는 목적이 무엇인가 하는 문제들을 고민하게 됩니다. 신의 시대에서 벗어나서 비로소 인간중심의 생각이 싹트기 시작해서 풍요로운 사상이 이루어진 것이 BC 5-6세기입니다.

부처님 탄생 무렵 인도에서의 시대적 상황

BC 1500-2000년 경에 인도에서도 베다문명이 완성됩니다. 인도에서 기본적으로 존재하는 종교인 브라만교는 바로 신에 대한 예찬이고 신에 대한 종교입니다. 이것은 BC 2000년에 시작해서 BC 1500년에 완성되어 인도 사람들이 당연하게 생각하고 받아들인 브라만교입니다. 그런데 BC 5-6세기쯤 되니까 인도에서도 인간중심의 사상이 일어나게 됩니다.

  육사외도라는 사상가들이 출현합니다. 인도사회에서 가장 뛰어난 사상가 하면 여섯 명의 육사외도입니다. 여기서 부처님을 포함시키면 사상가 그룹이 일곱 개가 됩니다. 그래서 우리는 부처님을 제외한 나머지 6명의 사상가를 육사외도라고 표현합니다.

창조주_버스바카르만

  브라만교에서 말하는 범아일여사상은 이 우주에 존재하는 범우주적인 신과 내속에 들어 앉아있는 개개의 신들이 일치한다는 설입니다. 이렇게 신 중심의 인도에서는 최초에 이 우주를 창조한 조물주는 모든 것을 만드는 자입니다. 인도인들은 최초로 이 우주를 창조한 신의 이름을 버스바카르만 이라고 불렀습니다. 버스바카르만은 조물주이고 모든 것을 만든 사람 입니다. 그런데 가만히 생각해보니 모든 것을 만들었다는 사람은 버스바카르만이라고 했는데 그러면 이 신은 누가 만들었을까? 입니다.

  제2의 창조신이 탄생하는데 그는 생주 신 혹은 태어난 존재의 주인, 우리 몸뚱이를 만들어냅니다. 그 다음에 이 신은 우주 안에 있는가? 우주 밖에 있는가? 여기서 이 문제를 해결하기 위하여 제3의 창조신이 탄생합니다. 제3의 창조신이 브라흐만이며 브라만교를 탄생시킵니다. 일반적으로 인도의 종교의 바탕을 이루고 있는 것은 브라만교입니다.

기독교나 불교, 유럽이나 어디서나 우주의 가장 기본적인 물질은 지수화풍입니다. 그래서 지수화풍이 만들어내고 수많은 복합물을 만들고 신은 자신을 쪼개어 자신이 내재되어 있는 수많은 생명체로 들어가서 우리 속의 신이 만들어집니다. 우주 속에 있는 신과 우리 속에 있는 신이 같다고 하는 것이 범아일여입니다.

이 사상은 일반적으로 BC 1000년 전의 일입니다. BC 5-6세기가 되자 인도사회에는 유명한 인간중심 사상가들, 육사외도가 탄생하게 됩니다. 부처님이 탄생했던 그 시대에 인도에서 만연했던 사상입니다.

신화에서 인간으로

부처님께서 12처나 18계를 주장하게 되는 가장 근본적인 이유는 육사외도 때문입니다. 육사외도를 타파하면서 불교가 성립됩니다. 이것이 불교가 성립되는 사상적, 환경적 상황입니다. 육사외도의 생각과 부처님의 생각의 차이를 보겠습니다. 예를 들어 오늘 자동차를 몰고 가다가 교통사고가 났다고 했을 때, 차를 몰고 가다가 사고가 난 것은 과연 무엇 때문인가? 왜 교통사고가 났는가? 전생 인연과 이 부분을 무시한다면 사고가 난 것은 아무런 인과도 없이 그냥 사고가 난 것이 될 것이고 또 숙명론이라면 어쩔 수 없이 사고가 날수 밖에 없다고 생각할 수 있습니다.

그러면 부처님께서는 어떻게 해석 하였겠습니까? 불교에서는 전생을 믿습니다. 지금까지 공부해오면서 분명히 인과가 있음을 배웠습니다. 인과가 분명하기 때문에 지금 내가 차를 몰고 가다가 교통사고가 났다는 것은 어떤 선행하는 원인이 있어서 결과가 나타난 것입니다. 분명히 전생이나 현생에서 교통사고가 날 수 있게끔 인과 연을 심어놓았기 때문에 '과'가 나타난 것입니다. 인과 연의 문제에서 예를 들어 전생에 길을 가는데 옆에 소달구지가 지나갑니다. 그런데 내가 돌을 차서 지나가는 소가 맞았습니다. 결국 전생에 내가 소를 다치게 했으니까 다시 몇 생이 흘러서 그 과보로 차를 몰고 가다가 교통사고가 난 것입니다.

분명하게 내게 교통사고가 날 수 밖에 없는 어떤 인과 연을 지어서 '과'를 받게 된 것입니다. 그러면 이 과는 숙명론이냐, 운명론이냐 입니다. 내가 받게될 과가 분명히 정해져 있습니다. 내가 죽든지 다치게 되는 것이 분명하게 정해져 있는 것은 숙명론입니다. 그런데 불교에서는 교통사고가 날 수 있는 인과 연을 내가 지었다는 것입니다. 교통사고가 나서 내가 죽을 수 있고 중상을 입을 수도 있고 또 상처가 조금 날수도 있고 혹은 차만 조금 상하는 정도로 다양하게 받을 수 있습니다.

이 '과'란 것은 이생에서 어떻게 살고 있느냐에 따라 엄청나게 다르게 받을 수 있습니다. 이것이 바로 부처님께서 말씀하신 12처와 18계를 제대로 알게 되면 인과의 문제가 해결됩니다.

내가 이생에서 전생에 지은 그 인연에 의해서 내가 죽을 수도 있고 혹은 중상을 입을 수도 있고 혹은 경상을 입을 수도 있고 아니면 차만 조금 상할 수도 있습니다. 이것은 이생에 내가 어떻게 사느냐에 따라 과보가 달라집니다. 그러니까 업이 내게 축적되면 축적된 업력에 의해서 어떤 과를 받게 되는 것입니다. 우리 몸뚱이 속에는 부처될 수 있는 성품도 51% 가지고 있고 지옥갈 성품도 49% 가지고 있습니다. 내가 암에 걸릴 확률도 49% 갖고 있고 이 세상을 편안하게 살아갈 확률도 51% 갖고 있습니다. 이생을 어떻게 사느냐에 따라 갖고 있는 49%를 통해서 조합이 잘 맞아 떨어진 방향으로 살아가는 것입니다.

매일 술을 마시고 생활이 제멋대로이면 조합이 잘 맞아 떨어져 암에 걸리지만, 반대로 내가 49% 암에 걸릴확률을 갖고 있지만, 규칙적이고 바른생활을 한다면 암에 안 걸리겠지요. 매일 아침에 일어나서 30분씩 정진을 하는 바른 생활을 한다면 암에 걸리지 않습니다.

똑같은 상황이지만, 내가 이 상황을 어떻게 받아들이고 어떻게 행동하느냐에 따라서 나타나는 과보는 다르게 됩니다. 그래서 교통사고에 의해서 죽을 수도 있고 조금 다칠 수도 있고, 차만 다칠 수도 있습니다. 어떻게 살아가느냐에 따라 받는 과보가 달라집니다. 내가 가지고 있는 암에 대한 유전자가 나타날 수도 있고 나타나지 않고 한세상 잘 지나갈 수도 있습니다.

육사외도를 한번 살펴보도록 하겠습니다.

아지타

아지타는 육사외도 중 한 사람입니다. 유물론적인 단견외도로서 세상을 지수화풍의 결합이라고 주장합니다. 그러니까 우리의 정신과 영혼을 부정하고 단지 물질로만 이루어져 있다고 생각하기 때문에 인과와 과보를 일체 인정하지 않는 유물론입니다. 과보도 없고 다음 생도 없는 모든 인연과를 부정한 사상가가 아지타입니다. 부처님의 사상은 이 육사외도의 사상을 깨뜨리면서 불교가 이루어집니다.

> 1. 아지타-유물론, 단견외도
> 2. 파쿠다라-지수화풍고락명, 무인외도
> 3. 막칼리-지수화풍고락명+생사득실, 사명외도
> 4. 푸라나-숙명론, 숙명외도
> 5. 니칸타-물질과 정신의 능동적 활동을 주장, 나형외도
> 6. 산자야-회의론, 회의외도

〈육사외도〉

파쿠다라

파쿠다라의 사상은 지수화풍에다가 고락명을 더한 것입니다. 아지타는 생각자체가 없다는 단견외도이고 파쿠다라는 무인외도입니다. 여기도 인과가 없다고 주장한 것입니다. 신이 없다는 것에는 동의하지만 지수화풍 고락명의 고는 괴로움의 덩어리, 락은 즐거움의 덩어리, 명은 생명의 덩어리, 이것들이 함께 일곱 개로 이루어졌다고 생각한 것이 파쿠다라이며 무인외도로서 인과를 인정하지 않는 사상가입니다. 그리고 그것에 끌려다니면서 느끼는 수용자의 영혼이 있다고 주장하면서 괴로우면 괴로운대로 즐거우면 즐거운대로 주어지는 대로 살자는 평등이론을 주장한 것이 파쿠다라입니다.

막칼리

막칼리는 지수화풍고락명에 생사득실을 더한 것입니다. 우리 인

간들이 태어나고 죽고 내게 득이 되고 손해가 되는 득실을 더한 외도가 막칼리입니다. 이 막칼리가 사명외도입니다. 혹시 사명외도라는 이름을 들어본 적이 있습니까? 부처님께서 마지막 안거를 끝내시고 사라쌍수나무 아래서 열반에 듭니다. 열반에 들기 전에 부처님과 더불어 많은 제자가 모두 다른 길로 전도를 떠납니다. 부처님의 가장 큰 제자인 가섭도 전도를 위해서 길을 떠납니다. 길을 가다가 바로 사명외도인 막칼리를 만나고 막칼리는 가섭에게 너의 스승인 부처님께서 돌아가셨다고 합니다. 가섭은 사명외도의 말을 듣고 유행의 길을 접고 부처님께서 열반에 드셨다는 쿠시나가라의 사라쌍수로 달려갑니다. 가섭은 부처님이 돌아가신 후 10일 만에 도착합니다. 부처님이 돌아가시고 난 뒤 가섭이 돌아와서 "부처님이시여"하자 부처님께서 열반에 드신 그 상태에서 두 발이 곽 밖으로 튀어나옵니다. 선불교의 시발점이 되는 삼처전심 중에서 하나가 바로 '사라쌍수 유관족출'입니다. 사라쌍수 유관족출 화두가 여기서 나오게 됩니다.

푸라나

푸라나는 숙명론을 주장합니다. 이 푸라나를 따라다니는 무리들을 숙명외도라고 합니다. 푸라나는 사람의 빈부귀천, 선악부정 등 인간 행위는 숙명적으로 결정되었다고 주장하는 것이 바로 숙명론입니다. 숙명론은 받아들이기가 쉽습니다. 엄밀히 말해서 인과를 받는 것은 숙명론이 아닙니다. 잘못하면 숙명론과 운명론을 혼돈하기 쉬운데 숙명론은 1년 후에 앞으로 죽게 된다면 어떠한 상황에서든지 죽습니다. 그러나 운명론은 죽을 수도 있고 더 살 수도 있는 것입니다. 숙명론을 주장한 사람이 바로 푸라나며 그것을 따르는 무리가 숙명외도로 사람은 태어날 때부터 빈부귀천이 정해져 몸을 받는다고 생각합니다.

니간타

니간타는 지금도 인도에서 존재하고 있는 자이나교의 창시자입니다. 부처님 당시에 두 개의 종교가 탄생합니다. 아직도 인도사회에서 불교에 버금가는 자이나교를 믿는 사람들이 있습니다. 나칸타는 물질과 정신이 능동적으로 활동한다고 주장합니다. 이 주장은 불교의 인과라든지 이런 류에 상당히 접근하고 있습니다. 니칸타는 인간은 정신과 물질로 이루어져 있으며 이 물질과 정신이 능동적으로 활동한다고 주장합니다. 그러니까 어느 정도 연기에 접근해가고 있는 이론이 나칸타의 주장입니다. 니칸타를 따르는 무리를 나형외도라고 합니다.

나형외도들은 태초부터 정신과 물질로 활발하게 활동하면서 대립하고 사람이 잘 살고 못사는 것이 우연히 발생하는 것이 아니라 자기가 지은 업에 의해서 이루어진다고 생각한 것입니다. 이렇게 볼 때 불교와 큰 차이가 없습니다. 그 당시 부처님 처럼 깨달았다고 주장하는 사람중에 한 사람이 니간타입니다. 니간타가 주장하는 것은 사람이 잘 살고 못사는 것이 우연히 발생하는 것이 아니라 지은 업에 의해서 결정이 된다는 것입니다. 즉 여기서도 바로 부분적인 인과를 주장합니다.

니간타는 나름대로 존재의 본질에 대해 깨쳐 자신이 지은 업에 의해서 이루어진다고 생각합니다. 지금도 종교전쟁이 일어나고 있습니다. 이 지구상에 종교전쟁이 일어나지 않은 때가 없었어요. 인간이 나름대로 집단을 이루어서 삶의 목표를 제시하는데 종교만큼 분명한 것이 없습니다. 분명한 그 목표가 부딪치니까 전쟁이 일어나겠지요. 그래서 종교가 탄생하고부터 종교전쟁이 일어납니다. 이 지구에서 종교전쟁을 일으키지 않은 유일한 종교가 불교입니다. 이 부분은 다음에 불교의 역사이야기를 하면서 구체적으로 나옵니다. 그 당시 부처님과 니간타도 나름대로 깨친 성자로서 따르는 무리가 많았습니다. 부처님께서 깨치고 난 뒤 많은 무리가 따르고 큰 교단이 이루어지니까 니간타가 샘이 난 것입니다. 그러니까 표적의 대상인 불교를 무너뜨리고 어떻게 하면 나형외도의 천국을 만들까 고민을 합니다.

가섭 삼형제의 귀의

부처님께서 도를 이루고 난 후 인도의 사상계를 평정하게 됩니다. 아마 초유의 일입니다. 인도에서도 중국에서도 그리고 로마에서도 이 세상 어디에서도 일어나지 않는 일이 부처님 한테서 일어난 것입니다. 부처님이 도를 이룬 당시에 가장 큰 사상가로서 가장 큰 무리를 이루고 있었던 사람은 가섭 삼형제 였습니다. 불의 신을 믿는 가섭형제는 부처님의 교단에서 가장 중심적인 인물인 마하 가섭하고는 다른 사람으로 동명이인입니다. 부처님 제자 중에 가섭 삼형제는 나이도 많고 또 가장 많은 제자를 거느리고 있었습니다. 큰형은 500명의 제자를 거느리고 있었고, 둘째 형은 300명의 제자들을 거느리고 있었고 막내는 200명의 제자를 거느리고 있었습니다.

부처님께서 제일 먼저 가섭 삼형제를 불교에 귀의시킵니다. 이 가섭 삼형제를 귀의시키니까 부처님의 제자가 순식간에 천 명으로 늘어납니다. 그 당시 인도사회에서 상상도 할 수 없는 초유의 그룹이 만들어진 것입니다. 이것은 불교를 이해하는데 상당히 중요한 부분이 됩니다.

산자야
산자야를 따르는 제자들에게는 뛰어난 사상가들이 많았습니다. 실질적으로 능력있는 사람들을 제일 많이 거느린 사람으로 약 200명이나 됩니다. 산자야의 200명의 제자 중에서 지금 우리가 알고 있는 부처님의 가장 뛰어난 제자 사리불과 목련존자가 있습니다. 이 사리불과 목련은 산자야의 제자였습니다. 하루는 부처님의 제자인 마승이 길을 가는데 마승의 거룩한 모습에 목련이 반해 버립니다. 그리고 마승에게 묻습니다. "너를 가르친 스승이 누구냐, 너의 스승은 무엇을 가르치느냐" 하고 묻자 마승이 말하기를 나의 스승은 부처님이고 연기를 가르친다고 하면서 그 연기를 목련에게 설명을 해 줍니다. 목련은 그 자리에서 연기를 인식하고 터득합니다. 목련은 사리불에게 마승을 만났던 얘기를 하고 함께 부처님을 만나러 옵니다. 불법에 귀의하게 되고 부처님의 제자가 되기를 결심합니다.
사리불과 목련은 산자야의 200명의 제자들을 모아놓고 산자야를 따르는 무리는 여기에 남고, 나와 같이 부처님의 제자가 될 사람은 나를 따르라고 하니 200명의 제자들이 모두 사리불과 목련을 따라 부처님 한테로 갑니다. 이 사건으로 산자야는 피를 토하고 죽습니다. 갑자기 부처님의 제자가 인도사회에서는 상상도 할 수 없는 1200명의 집단이 됩니다. 개인으로 최초의 출가자는 야사입니다. 뛰어난 청년인 야사가 출가함으로써 인도사회의 가장 부유층이자 지식인층을 이루었던 50명의 청년들이 야사와 더불어 부처님의 제자가 됩니다. 한 명씩 출가한 제자와 집단으로 출가한 제자들을 합해서 1250명이나 됩니다. 예불을 할 때 십 대 제자 십육 성 독수 성 내지 1200 제대아라한이 누구냐 하면 바로 이 제자들입니다. 이렇게 부처님의 제자들이 엄청나게 불어납니다. 가섭은 개인출가를 합니다. 사리불과 목련은 많은 제자를 거느린 집단으로 부처님의 제자가 됩니다. 또 부처님 교단 내에서 사리불과 목련의 위치는 대답합니다. 신통제일 목련이고 지혜제일 사리불입니다. 사리불은 항상 몸이 골골해서 건강하지 못합니다. 건강하지 못한 사리불은 부처님보다 먼저 열반에 듭니다. 사리불이 부처님보다 먼저 열반에 드는 광경이 또 한편의 소설입니다.

목련의 순교

부처님의 교단을 무너뜨리는데 최고의 대상은 목련입니다. 자이나교 니간타를 따르는 무리들을 나형외도라고 하였지요. 목련이 나형외도의 무리가 던진 돌에 맞아 죽습니다. 목련을 돌로 때려죽인 무리가 니간타를 따르는 나형외도들로써 부처님을 따르는 무리들이 나형외도를 쳐들어가려고 하는 상황에서 부처님께서 한 말씀을 하십니다. "너희들은 잘 들어라, 목련이 왜 돌에 맞아 죽었겠느냐, 신통제일 목련이 만약 신통을 부려서 돌을 피할 수도 있었을 텐데 나형외도의 돌에 맞아 죽은 것은 자신의 전생의 업을 청산하기 위해서 이기도 하다. 목련의 얼굴을 보아라. 웃으면서 열반에 든 모습을 보아라." 목련은 자기가 지은 과보를 다 알고 있었습니다. 그 과보의 마지막 임을 알고 있었기 때문에 나형외도의 돌을 맞아 죽은 것입니다. 목련의 거룩한 모습을 거역하지 말고 조용히 수행을 해야 한다고 다독거립니다.

회의론을 극복하고

산자야는 회의론을 창시한 자로 회의외도라고 합니다. 회의론을 주장하면서 인도의 모든 지식인층과 사람에게 공감을 일으킨 사람이 바로 산자야입니다. 모든 사람들이 산자야의 회의론을 신봉하고 긍정적으로 받아들이는 상황이 그 당시 인도 사상계의 상황이었습니다. 그래서 산자야는 우리 눈에 보이는 것은 이야기 할 수 있고 그 외의 모든 것은 부정합니다. 어떤 주장도 결정적으로 단언할 수 없다고 주장합니다. 눈에 보이지 않는 어떤 것도 주장할 수 없다는 주장과 답변에 대한 근원적인 회의를 제시합니다. 이것이 바로 산자야가 주장한 회의론입니다. 이 회의론이 그 당시 인도사회에 만연해 있었고 모든 젊은이, 지식인들이 이 회의론에 대해서 어느 정도 긍정적으로 받아들이고 있는 상황이었습니다.

그러니까 니간타는 종교적인 색채가 강하고 산자야는 사상적인 색채가 강한 주장을 하고 있었습니다. 사상계에 많은 영향을 미치고 있었기 때문에 이 산자야의 회의론을 깨뜨리지 않고서는 인도의 새로운 사상과 새로운 종교를 일으킬 수 없는 상황이었습니다. 산자야의 회의론을 어떻게 극복하느냐 하는 것이 새로운 사상을 태동시키는데 가장 중요한 문제가 됩니다. 그래서 이 회의론을 극복한 사람이 니간타와 붓다입니다. 니간타는 결정적으로 단언할 수 없다고 한다면 가정은 할 수 있지 않느냐? 조건부적 개연설을 주장하여 회의론을 깨뜨립니다. 그러니까 눈에 보이지 않는 것을 어떻게 주장할 수 있느냐? 이 회의론에 대해서 결정적으로 깨뜨릴 수 있는 과정에 대한 가설은 내세울 수 없지만 보이지 않는 것에는 신이 있다고 가정할 수 있지 않은가?, 인과와 전생을 보지 못하지만, 전생이 있다고 가정을 해서 지금 나타나는 현상을 설명할 수 있지 않느냐?, 이와같이 조건부적인 개연성을 주장하면서 산자야의 회의론을 극복합니다.

'나'에서 출발

부처님께서는 이 부분에 대해서 좀더 확실하게 깨뜨립니다. 부처님께서는 "종교는 틀림없는 절대적인 답변을 제시해야 한다. 어떤 주장도 결정적으로 단언할 수 없다는 그 주장을 너는 어떻게 결정적으로 단언할 수 있느냐?" 장조경에서 나오는 이야기로 여기서 출발한 것이 바로 '나'입니다. 회의론을 깨뜨릴 수 있는 유일한 주체는 나밖에 없습니다. 나만이 회의론을 깨뜨릴 수 있으며 모든 것은 부정해도 분명하게 '나'는 있습니다. 그래서 부처님께서 그 당시 가장 큰 문제인 산자야의 회의론을 깨뜨리고 극복하기 위해서 제시한 기본적인 구성의 원칙이 12처입니다. 바로 회의론을 깨뜨릴 수 있는 유일한 것은 "나"는 있다 하는 것은 다른 것은 다 부정해도 '나'는 있다는 것입니다. "나는 생각한다"에서 '나'라 했을 때 나를 이루고 있는 것은 무엇입니까?

눈이 있고 코가 있고 입이 있고 혀가 있고 이 몸뚱이가 있고 이것을 다 통섭할 수 있는 '의'가 있고 바로 안이비설신의가 있습니다. '나'가 있다에서 의에 대한 모든 이론을 총정리한 것이 바로 불교의 탄생입니다. 여기서 나를 보고 모든 것을 다 부정해도 '나' 자신은 있다는 것을 부정할 수 없습니다. 나 자신이 있다는 것을 부정할 수 없기 때문에 나 자신으로부터 출발합니다.

그러면 나는 무엇으로 이루어졌는가? 나를 이루고 있는 것을 따져보니 눈이 있고 코가 있고 귀가 있고 혀가 있고 몸이 있고 의가 있습니다. 안이비설신까지는 쉽지만 마지막에 가장 어려운 의가 있습니다. 안이비설신의 이것을 육근이라고 말합니다. 이것이 불교의 구체적인 내용이 됩니다. 여기서 '나'가 있다 했을 때 눈이 있습니다. 눈으로 모든 대상을 볼 수 있습니다. 눈이 없으면 볼 수 없습니다. 눈이 있어서 우리 보살님은 이렇게 생겼고 불교방송국은 이렇게 생겼다고 알 수 있습니다. 그 다음 귀가 있으니까 지금 보살님은 이 강의 내용이 들립니다. 불교강의 하는 것을 눈만 있다면 이것을 듣지 못하고 보기만 합니다. 귀가 있기 때문에 지금 이야기 하는 것을 말하는 것을 들을 수가 있습니다. 눈으로 볼수 있는 대상이 있으며 귀로 들을 수 있는 대상이 있습니다. 코가 있어서 냄새를 맡을 수 있고 냄새 맡을 수 있는 대상이 있습니다. 혀가 있어서 맛볼 수 있고 맛 볼 수 있는 대상이 있습니다. 몸으로 접촉하여 느낄 수 있고 느낄 수 있는 대상이 있습니다. '의'가 있기 때문에 즉 뜻이 있기 때문에 생각하고 이에 생각할 수 있는 대상이 있습니다. 바로 '내가 있다'에서 내용이 되는 육근이 나옵니다. 육근이 있어 대상이 되는 색성향미촉법이 있게 됩니다. 이것이 육경입니다. 육근의 대상이 있어 육경이 존재합니다.

나가 있으므로써 나를 인식할 수 있는 대상이 있습니다. 바로 육근과 육경이 합해서 12처가 됩니다. 결국 우리는 눈에 보이지 않는 것은 어떤 것도 믿을 수 없다는 것입니다. 회의론을 극복하고 깨뜨릴 수 있는 출발은 '나는 있다'에서 출발합니다.

육근과 육경의 12처설입니다. 그래서 부처님께서 보이지 않는 것은 일체 접어 두고 눈에 보이고 인식할 수 있는 것부터 시작합니다. 여기서부터 불교가 출발합니다. 법, 제행무상, 제법무아, 일체개고, 모든 것이 법으로 통섭됩니다.

모든 것은 연기로

모든 것을 회의하고 있는 회의론을 깨뜨리고 인간들에게 바른 인식을 시킬수 있는 것은 '나'는 있다 입니다. '나'가 있다는 것은 이 몸은 육근으로 이루어져 있고 육근의 대상이 되는 육경이 있고 이것이 12처설이 됩니다. 12처가 부딪치면 식이 생기고 그래서 존재는 통틀어 18계가 됩니다. 안이비설신의와 색성향미촉법이 부딪쳐 육식이 만들어지고 이것을 바탕으로 인간의 모든 인식이 연기로 존재하는데 그것은 육육법연기, 오온연기, 그리고 12연기입니다. 결국은 12처설부터 구체적으로 연기법에 들어갑니다. 이 연기법이 세 부분으로 나누어지는데 정말 탄복할 만큼, 체계적이고 과학적이고 우리가 이해하기 어려운 이론의 구조가 여기서부터 나옵니다.

지금 말하는 연기들은 실상론입니다. 반야심경을 보면 색즉시공 공즉시생 불생불멸이라고 하는데 연기에서는 불생불멸이 없습니다. 이것이 실상론에 들어가면 불생불멸이 나타납니다. 연기론에서는 분명히 있는데 없어집니다. 그 부분은 12연기를 배울 때 구체적으로 공부하게 됩니다. 부처님께서 불교를 주장하고 불교의 가르침을 구체화 시키는 근거가 12처설에 나옵니다. 이 부분이 불교의 가장 중요한 부분입니다. 세세생생 살아가면서 이 부분을 제대로 알기가 참 어렵습니다. 제가 한번은 연기를 강의하는데 어떤 분이 '저는 아함경을 처음부터 끝까지 보았는데 교수님께서 이야기한 그런 체계는 없다는 것입니다. 아함경을 수십 번을 보아도 지금 설명한 이 체계는 없고 그 속에서 만들어내야만 합니다. 이와 같이 세세생생 살아오면서 어떤 인연으로 연기법을 같이 공부하게 되었는지 몰라도 이 부분은 어떤 일이 있어도 알아야 합니다. 세세생생 불교 속에서 살 수 밖에 없는 것이 이 연기법에 대한 이해입니다.

제 10강

존재는 인식이다_12처설

오늘 강의부터는 실질적으로 연기의 구체적인 내용에 들어갑니다. 이것이 있으므로 저것이 있다고 하는 연기의 거시적 이야기는 어느 경전에서든지 나옵니다.

연기의 구체적인 내용
물 위에 떠 있는 빙산의 일각처럼 우리가 알고 있는 연기는 이것이 있으므로 저것이 있다는 것이 10분의 1의 내용입니다. 육근과 육경의 12처, 18계, 육육법연기, 오온연기, 12연기의 골격은 물속에 들어있는 10분의 9에 해당되는 불교의 가장 중요한 부분입니다.
물속에 가라앉아 있는 이 부분을 이해하고 나면 세상 어디에 있어도 두려움이 없이 나는 불자라고 큰소리 칠 수 있을 만큼 떳떳합니다. 중요한 것은 확신이 없고 자신이 없기 때문에 귀하게 키워놓은 자식들을 교인들에게 주기도 하고 문제에 부딪치면 다 양보하고 말아요. 불교는 삶의 악세사리이지 소중한 보물이 못 되고 있습니다. 오늘부터 공부하는 불교의 구체적인 이 부분을 이해하고 나면 세세생생 불교와 떨어질 수 없는 인연을 맺을 수밖에 없습니다.

과연 이 법을 이해할 수 있을까?

부처님께서 처음 도를 이루고 나서 이 법을 설해야 하느냐 말 것인가를 고민하였습니다. 그래서 하늘의 권청에 의해서 법을 설하게 됩니다. 세상에 이 법이 존재할 수 있게 한 오비구를 찾아가서 비로소 연기와 사성제를 설하십니다. 부처님께서 이 법을 설할 것인지, 그만둘 것인지 망설인 것처럼 지금 우리가 공부하려고 하는 이 부분을 제대로 알기가 어렵습니다. 그렇지만 이 부분을 이해하고 나면 피상적으로 알고 있는 오온이라든지, 연기에 대해서 확신이 생기게 됩니다. 저는 고등학교 때부터 불교를 접했고 오온연기, 12연기에 대해서 어느 정도 확신이 생기고 부터는 불교에 대한 확고한 신념이 생겼습니다. 대학 시절부터 평생동안 고민했던 부분 중에 가장 큰 부분을 차지한 것이 오온연기, 12연기입니다. 그냥 말로 이해하고 알아지는 것이 아닙니다.

부처님은 10살 때부터 왜 죽어야만 하는가? 하는 이 문제를 고민했습니다. 젊은 시절부터 그 문제를 고민했고 또 출가를 해서 도를 이루었을 때가 35살입니다. 그 긴 시간 동안 고민을 한 왜 죽어야만 하는가 하는 물음이 경전에서 알고 있는 그 정도의 내용이라면 누구나 다 쉽게 알 수 있습니다. 이것이 전부가 아닐 것이

다. 하는 생각이 저의 가장 큰 고민거리였습니다. 긴긴 시간의 고민 끝에 오온연기에 대해서, 12연기에 대한 개념들이 인식된 것입니다.

부처님의 은혜
　부처님의 은혜가 얼마나 크고 깊은지 모릅니다. 느끼는 만큼 느끼듯이 부처님의 은혜는 세세생생 갚아도 다 못 갚습니다. 이렇게 엄청난 가르침을 오늘 우리는 배우려고 합니다. 저도 이 부분에 대해서 나름대로 깨달음이 오는 데는 오랜 시간이 걸렸고 그리고 이 부분에 대한 인식을 쉽게 이야기하기에는 망설여지는 부분입니다. 무엇보다 난해하지만 반드시 알아야 불교를 이해할 수 있기 때문입니다. 눈에 보이는 거시적인 부분은 이해하기가 쉬운데 세밀하게 들어있는 원리의 설명 부분은 이해가 어려운 것입니다.
　그래서 12처 18계를 이해하고 나면 육육법연기와 오온연기를 이해해야 합니다. 육육법연기는 시간에 대한 연기이고 오온연기는 공간에 대한 연기입니다. 부처님께서는 우리에게 한꺼번에 어려운 부분을 다 이해시키고 가르치려고 하지 않았습니다. 하나하나 이해할 수 있도록 시간에 대한 연기를 가르치시고 공간에 대한 연기를 가르치시고 그 다음 시간과 공간이 통합된 12연기를 가르치십니다.
　부처님 당시 뛰어난 사상가인 회의론자 산자야의 회의론을 어떻게 깨트릴까? 궁극적으로 이 세상에 존재하고 있는 것은 무엇인가? 모든 것을 다 부정해도 부정할 수 없는 한 가지가 있습니다. 서로 보고 이야기 하고 있는 '나는 있다' 는 것은 눈으로 인식할 수 있습니다. 부처님은 '나는 있다'를 인식할 수 있는 것에서 출발합니다. 우리가 불교를 이해할 때 모든 것은 존재에 대한 인식으로부터 시작합니다. 부처님은 산자야의 회의론을 극복하는 과정에서 존재에 대한 인식론인 연기의 가르침이 나왔습니다.

이야기의 출발점은 존재입니다. 존재에 대한 인식이 무상이고 무아입니다. 이 존재를 근본적으로 회의하고 있는 상황에서 존재하고 있다고 인식하는 것은 무엇인가? 부처님이시여! 불교가 무엇입니까? 하고 제자들이 물었을 때 부처님께서 "12처가 불교다"라고 말씀하십니다. 우리가 알고 있는 육경과 육근이 바로 12처입니다. 12처의 내용은 육근과 육경입니다. 우리 몸을 관찰해 보니 어떤 사물을 인식할 수 있는 능력체를 한문으로 '근(根)'이라고 합니다. 여섯 개의 인식할 수 있는 능력체가 육근입니다.

안(眼)
나가 있다는 것을 따져보니 먼저 눈을 통해서 외부적인 사물을 인식할 수 있습니다. 나는 무엇으로 이루어져 있는가 했을 때 안이비설신의입니다. 불교방송국이 어떻게 생겼는가? 이것을 알 수 있는 것은 바로 눈이 있어서 볼 수 있기 때문입니다. 눈이란 인식할 수 있는 능력체중 하나입니다. 나를 이루는 것을 분석해보니 바로 볼 수 있는 눈이 있습니다.

이(耳)
그 다음에는 귀가 있습니다. 서로 이야기를 하면 들을 수 있지요. 귀가 있기 때문에 다른 사람의 이야기를 들을 수 있습니다. 소리를 들을 수 있는 인식 능력체가 바로 귀입니다. 만약 달나라에 갔을 때는 귀가 있어도 소리를 들을 수가 없습니다. 왜냐하면 공기가 소리를 전달하는 매개체인데 달나라는 공기가 없습니다. 그래서 매개체가 없어서 소리를 들을 수 없습니다. 귀가 있음으로 인식할 수 있는 능력체가 있어서 다른 사람과 이야기를 할 수 있고, 소리도 들을 수 있습니다.

비(鼻)

그 다음 코가 있어서 냄새를 맡을 수 있습니다. 어떤 경우에는 향기로운 냄새가 나고 때로는 안 좋은 냄새를 맡을 수 있는 것은 코가 있기 때문입니다. 옆 자리에 사람이 있을 때 함부로 방귀를 뀌지 않는 것도 냄새 때문입니다. 코는 냄새를 인식할 수 있는 능력체입니다. 냄새를 맡을 수 있는 능력체가 있어서 냄새를 맡을 수 있습니다.

설(舌)

그 다음에 혀가 있습니다. 혀는 말도 하지만 맛도 봅니다. 된장찌개를 먹으면서 맛이 있다, 없다할 때 혀에서 맛을 인식할 수 있는 능력이 없다면 맛이 있는지 없는지를 알 수 없습니다. 일단 혀를 지나 식도를 통과하면 영양가 있는 것이 최고인데 혀에 딱 걸려서 맛도 있어야 하며 영양가도 있어야 통과를 합니다. 이와같이 혀라는 것은 맛을 인식할 수 있는 능력체입니다.

신(身)

눈, 귀, 코, 혀 외에도 또 있습니다. '신' 우리 몸입니다. 몸에 의해서 촉감을 느낄 수 있습니다. 누가 옆에 있어서 만질 때 아! 촉감이 좋고 기분이 좋습니다. 이와같이 누가 옆에서 만질 때 이 몸뚱이는 촉감을 느낄 수 있는 능력체입니다. 그래서 '나는 있다' 했을 때 나는 무엇인가? 바로 눈이고 코이고 귀이고 혀이고 몸이고 이것으로부터 인식되는 것이 나가 됩니다. 안이비설신까지는 누구나 쉽게 이해할 수 있습니다. 부처님의 위대성은 '근'이 오근으로 끝나는 것이 아니라 여기서 하나 더하여 육근이 되는 '의'가 있습니다.

의(意)

무엇인가를 하려는 의지, 내가 원하는 방향으로 인식하려고 하고 능력인 '의'가 있습니다. 예를 들어 눈은 보는 능력만 있지 보는 것에 대해서 판단하고 보는 것을 어떻게 할 것인가를 결정하는 능력은 없습니다. 귀도 똑같습니다. 소리를 들을 수 있는 능력만 있지 그 소리를 듣고 내가 어떻게 해야겠다고 결정하고 판단할 수 있는 능력은 없습니다. 코도 똑같습니다. 냄새를 맡을 수 있는 능력은 있지만 그 냄새를 판단할 수 있는 능력은 없습니다. 혀도 똑같습니다. 맛은 느낄 수 있지만 그 맛을 인식하고 판단할 수 있는 능력은 없습니다. 몸뚱이도 똑같습니다. 좋다고 촉감을 느끼는 것은 실질적으로 이 피부에 닿는 그 촉감을 어떻게 인식하고 어떻게 판단하느냐 하는 총괄적인 능력은 "의"가 있어 하는 것입니다.

육근 중에 눈은 보기만 하고, 귀는 듣기만 하고, 코는 냄새 맡기만 하는데, 혀는 말을 내뱉어 상대방을 다치게 하고, 몸은 도둑질 하기도 하고 애욕을 더하기도 하며, 뜻은 탐욕과 화냄과 어리석음 으로 상대방을 다치게 합니다.

육식에 대한 이해

실제로 외부적으로 인식할 수 있는 것은 안이비설신까지입니다. '의'가 육근에 들어갑니다. 불교는 의로부터 출발합니다. 이 몸뚱이는 위대한 업적을 남기기도 하고 어떤 경우에는 탐욕에 빠지기도 하는 것이 모두 '의'에서 나오는 결과입니다. 몸뚱이를 이루고 있는 오근에 하나 더 붙여서 '의'를 생각해 내고 '의'는 바로 불교를 태동시키는 가장 위대하고 중요한 내용이 됩니다.

육식에서 몸뚱이를 이해할 수 있는 것은 오근입니다. 오근에 하나를 더한 육근에서 육식이 나오고 육식에서 7식과 8식으로 나누어집니다.

8식은 아뢰야식입니다. 죽고 난 다음 생에 나를 결정하는 유전자의 저장창고가 아뢰야식 8식입니다. 나의 업이 바로 8식 아뢰야식에 저장됩니다. 그래서 육식에서 8식으로 넘어가는 7식은 우리 내부에 존재하는 잠재의식입니다. 저장창고에 들어있는 업이 의식을 통하여 나타나는 것이 7식입니다. 꿈을 꾼다든지 내가 가지고 있는 잠재의식의 세계가 바로 7식이 됩니다.

색성향미촉법

나라는 것을 인식할 수 있는 여섯 가지 능력체가 육근입니다. 눈으로 대상을 볼 때 대상을 인식 할 수 있습니다. 예를 들어 부처님은 금칠을 하고 저렇게 생겼구나 할 때 이것을 알 수 있는 것은 무엇이겠습니까? 눈에 대상이 보이기 때문에 우리 눈은 인식 할 수 있습니다. 이 육근에 대해서 대응하고 경계하고 인식할 수 있는 색성향미촉법의 육경이 있습니다.

눈을 통해서 모든 사물을 볼 수 있습니다. 눈으로 인식할 수 있는 대상을 색이라고 합니다. 육근은 필연적으로 인식할 수 있는 능력을 갖고 있고 육경은 보여지는 능력을 갖고 있습니다. 육경을 색성향미촉법色聲香味觸法이라 합니다.

귀는 소리가 있어서 들을 수 있습니다. 눈에는 보이는 대상을 색이라 하고 귀에는 들리는 대상을 성이라 하며 소리가 있기 때문에 들을 수 있습니다. 코는 향기를 맡는다 했는데 즉 코의 대상이 되는 향이 있습니다. 그 다음 혀는 "미" 맛이 있다 혹은 맛이 없다 하는 혀로써 맛을 느낄 수 있는 대상이 있습니다. 몸은 부딪치므로 촉감을 느낍니다. 오근의 대상 색성향미촉은 바로 5경입니다. 이 의지 "뜻"에 대상이 되는 것을 부처님께서 법이라고 정의합니다. 이 우주에 존재하는 대상들이 결국 법이 됩니다.

12처가 불교다

부처님께서는 불교란 무엇인가를 물었을 때 '연기다' 혹은 '12처가 불교다'라고 말씀하십니다. 12처로부터 출발하는 것이 바로 나입니다. '의'와 '법'을 무아다, 무상이다, 연기다 했을 때 이 모든 것은 연기이고 사성제입니다. 예를 들어 지금이 부처님 당시입니다. 불교가 무엇인지를 모를 때 근본적으로 부처님께서 인식시킨 것은 "나가 있다" 입니다. 나라는 존재는 육근으로 이루어졌으며 육근

> ⟨육근⟩ ⟨육경⟩
> 안 – 색 → 보이는 내용 → 눈을 통하여 보는 정신적인 작용 → '보는 작용'
> 이 – 성 → 들리는 내용 → 귀를 통하여 듣는 정신적인 작용 → '듣는 작용'
> 비 – 향 → 냄새를 맡는 내용 → 코를 통하여 냄새를 맡는 정신적인 작용 → '냄새를 맡는 작용'
> 설 – 미 → 맛을 느끼는 내용 → 혀를 통하여 맛을 느끼는 정신적인 작용 → '맛을 느끼는 작용'
> 신 – 촉 → 촉감을 느끼는 내용 → 몸을 통하여 촉감을 느끼는 정신적인 작용 → '촉감을 느끼는 작용'
> 의(뜻, 의지) – 법(생각의 대상) → 생각하는 내용 → 의지를 통하여 생각을 하는 정신적인 작용 → '생각을 하는 작용'

⟨12처설⟩

이 인식할 수 있는 대상이 바로 색성향미촉법입니다.

　나를 중심으로 안이비설신의가 있고 내가 인식할 수 있는 대상이 육경입니다. 우리는 눈으로 볼 수 있고 귀로 소리를 들을 수 있습니다. 코로 냄새를 맡을 수 있습니다. 혀로 맛을 느낄 수 있습니다.

　몸으로 감촉을 느낄 수 있습니다. 법은 의의 대상으로써 '의'에 의해서 존재하는 것들을 인식할 수 있습니다. 그래서 기본적으로

'12처가 존재한다'에서 출발합니다.

나가 있다는 것은 바로 인식을 통해서 아는 것입니다. 눈에 보이는 대상을 통해서 귀로 들리는 소리를 통해서 나가 있다를 인식합니다. 나로부터 출발했을 때 모든 것은 육근과 육경을 통해서 인식이 되는 것입니다. 즉 우리의 출발점은 인식으로부터 시작해 보라는 것입니다. 인식으로부터 출발했을 때 죄를 지었다 착한 일을 했다하는 이런 행위를 두고 만약 인간을 신이 만들었다면 모든 책임은 신에게 있습니다. 신을 접어두고 인식으로부터 출발했을 때 인식은 부처님께서 설명한 가장 위대한 '의'입니다.

출발의 시작점은 "나"

인식으로부터 출발했을 때 죄악이라든지 죄악에 대한 책임은 신에게 있는 것이 아니라 자신의 의지에 있습니다. 이 모든 것의 출발은 자신의 의지인 '의'로부터 출발했기 때문에 자기 자신에게 책임이 있습니다.

이것은 상당히 중요한 내용 입니다. 모든 죄의 근원은 내게 있기 때문에 누가 내 죄를 사해 주는 것이 아닙니다. 자기 자신의 의지, 뜻에서 출발합니다. 그래서 모든 것은 내가 짓고 내가 받는 것입니다.

여기서 인연과의 법칙이 나오게 됩니다. 결국 존재는 인식입니다. 인식으로부터 모든 것이 출발합니다. '있다' 했을 때 무엇이 있는가 눈을 통해서 보이기 때문에 있는 것입니다. 눈을 통해서 무엇인가 보이기 때문에 있다고 생각합니다. 대상이 있어 보이는 것이 내용이 됩니다. 그러니까 눈을 통해서 무엇인가 보이기 때문에 있다고 생각합니다. 눈을 통해서 나의 존재를 인식하는 것입니다.
　소리가 들리니까 내가 존재하고 냄새를 맡을 수 있는 것입니다. 신체의 접촉을 통해 나의 존재를 인식하고 촉감을 느낄 수 있으므로 나는 존재합니다. 그러면 나는 누구냐 무엇이 존재하느냐 했을 때 인식이 존재하기 때문에 인식을 통해서 내가 있는 것입니다.

심의식
　여기서 불교가 쉬우면서도 어려운 것은 인식으로부터 출발하기 때문에 우리는 생각하지 않고서는 불교를 이해 할 수 없습니다. 기본적으로 '의'를 설정했습니다. 또 불교는 마음의 종교입니다. 마음 심(心)을 말합니다.
　불교에서 가장 많이 나오는 것이 마음과 의지와 식입니다.

12처에는 법칙이 있는가
　나는 보니까 있고 들으니까 있고 냄새를 맡으니까 있고 혀를 통해 맛을 느끼니까 있고 몸을 통해서 촉감이 있어서 느낍니다. 이것이 바로 나입니다. 그래서 12처설은 나를 이루고 있는 여섯 가지를 인식할 수 있는 능력체인 안이비설신의 육근과 대상이 되는 육경의 경계인 색성향미촉법을 합하여 12처가 됩니다.
　예를 들어 동물들 중에 네 발 달린 동물도 있고 눈이 없는 동물도 있을 것이고 소리를 듣지 못하는 동물도 있을 것이고 또 촉감만 느낄수 있는 동물도 있을 것입니다.
　인간은 오근으로 세분화되어 있습니다. 그러나 세분화가 덜 된 생명체 중에는 다섯 가지 중에 어느 하나만 있는 것, 두세 가지가 있는 것, 인간과 같이 최고로 세분화되어 있는 동물은 다섯 가지 '근'을 가지고 있습니다. 식물도 그 자체로 볼 때는 있을지 몰라도 우리가 인식할 때는 몸만 가지고 있습니다. 결국은 식물도 근 중에 하나만 발달된 것입니다. 동물로 진화되면 대부분 이 다섯 가지를 다 가지고 있습니다. 그래서 부처님께서 불교는 12처라고 하신 것입니다. 이 세상에 존재하는 의식할 수 있는 능력체 여섯 개와 인식할 수 있는 능력체에 반응하는 대상인 육경으로 합해서 12처입니다. 이 12처의 존재 법칙이 연기법칙입니다. 이것을 바탕으로 인식이 나옵니다.

부지런히 애쓰고 노력하라

오늘은 부처가 되는 가장 소중한 12처를 구체적으로 설명했습니다. 한번 생각해 보세요. 공부가 재미있는 사람은 아무도 없습니다. 누구도 공부하는 것을 좋아하지 않습니다. 공부가 하기 싫지만 조금씩 조금씩 해야겠다고 생각하는 것을 정진이라 했습니다. 부처님께서 마지막 돌아가실 때 제자들에게 한 말씀이 '끊임없이 애쓰고 노력하라'고 부탁합니다. 노력하는 만큼 빛나고 아름다운 삶이 됩니다. 그 결과가 좋을 수도 있고 나쁠 수도 있습니다. 백 년으로 볼 때 조금은 클 수도 있고 작을 수도 있고 더 벗어날 수 있지만 수십억 겁의 눈으로 볼 때는 아무 것도 아닙니다. 중요한 것은 끊임없이 노력하고 애쓰는 것이 결국 이 세상을 아름답게 하는 것입니다. 우주를 아름답게 하는 광명입니다. 끊임없이 애쓰고 노력하는 것 만큼 아름다운 것은 없습니다.

육근과 육경의 활동영역

부처님께서 중부 니까야 경전과 잡아함 334경에서는 12처를 육근이라 하지 않았습니다. 육근을 설명하기까지는 상당히 시간이 걸립니다. 제일 먼저 인식시키려고 한 것은 오근입니다.

기본적으로 안근, 이근, 비근, 설근, 신근은 서로 다른 다양한 경계와 행처(行處)가 있어서 다른 것의 활동 영역을 인식하지 못합니다. 즉 눈을 통해서 보기만 하지 눈을 통해서 듣지는 못합니다. 냄새를 맡을 수가 없습니다. 자기 나름대로 경계가 있어서 자기가 인식할 수 있는 부분만 인식합니다. 눈은 보이는 작용을 하고 귀는 들리는 작용을 합니다. 눈으로 소리를 못 듣습니다. 다른 영역은 인지하지 못하는 것에 대한 설명입니다. 바로 눈으로 소리를 듣지 못한다는 이야기입니다.

이와같이 오근의 의지처는 무엇이며 활동영역을 인지하는 자는 누구인가? 이렇게 부처님께서 묻습니다. 분명히 오근은 인식 할 수 있습니다. 부처님께서 제자들에게 묻습니다. 오근은 누구든지 인식할 수 있고 이해할 수 있습니다. 오근인 눈은 볼 수만 있고 귀는 들을 수 있는 능력만 있고 코는 냄새 맡을 수 있는 능력만 있고 몸은 촉감을 느낄 수 있는 능력만 있다고 설명한 후 '오근의 의지처는 무엇인가? 그들의 활동영역을 인지하는 자는 누구냐?'고 묻습니다.

분명히 눈을 통해서 봅니다. 모든 것을 인식합니다. 이 눈을 통해서 인지하는 자 누구인가? 육경에 대한 이해를 제자들에게 인식시키는 것이고 오근은 무엇에 의지하는지 오근의 뿌리를 설명하였습니다. '존자여, 오근의 의지처는 의이며 이 의로 돌아갑니다. 그래서 오근의 의지처는 의이며 의가 그들의 활동 영역인 것입니다.' 눈만 있어서 대상을 보면 아무런 인식을 못합니다. 눈은 보는 작용만 갖고 있지 보는 작용에 대한 인식능력은 없습니다. 그러면 누가 인식하느냐 바로 의가 합니다. 불교의 가장 위대한 탄생이 이루어집니다. 오근을 통섭하고 있는 것은 바로 의입니다. 이 오근을 통섭하고 오근의 활동영역을 인지하는 오근의 의지처를 부처님은 '의'라고 설명합니다. 오근을 넘어서 육근이 인식됩니다. 오근은 그들의 활동영역을 인지합니다.

'존자들이여, 오근인 안근, 이근, 비근, 설근, 신근은 무엇에 의지하여 머무는가?' 하고 부처님께서 묻습니다. 오근은 수명에 의지해서 머뭅니다. 즉 내가 죽으면 오근도 없어집니다. 바로 오근은 살아있는 것에 의지하여 머뭅니다. 결국은 살아있기 때문에 오근이 있고, 오근이 뿌리가 되어 육근에 의해서 인식 할 수 있는 능력이 생깁니다.

안은 인이 있고 연이 있고 속박이 있다

잡아함경 334경의 내용들은 미시적 내용이고 거시적 내용으로 우리의 이해를 돕고 있습니다. '안은 인이 있고 연이 있고 속박이 있다' 여기서 안, 눈이란 무엇인가? 인연과를 생각하면 됩니다. 어떤 것이 안의 인이 되고 연이 되고 속박이 되는가? 바로 안은 업이 인이 되고 연이 되고 속박이 됩니다. 나의 전생에 생긴 업에 의해서 눈이 생긴다는 것입니다.

'업은 인이 있고 연이 있고 속박이 있다. 어떤 것이 업의 인이 되고 연이 되고 속박이 되는가? 업은 애가 인이 되고 연이 되고 속박이 된다.' 결국 우리가 살아가는 뿌리는 애욕입니다. 이것은 부딪쳐 생기는 모든 것을 통틀어 애욕이라 합니다. 이 몸뚱이를 이루는 근간은 애를 짓기 때문에 업을 짓게 됩니다.

'<u>애는</u> 인이 있고 연이 있고 속박이 있다. 어떤 것이 애의 인이 되고 연이 되고 속박이 되는가? 애는 무명이 인이 되고 연이 되고 속박이 된다. 바로 무명 때문에 애가 생긴다.' 무명에 의해서 애욕이 생기는 것입니다. 무아와 무상을 인식하지 못하는 것이 무명이므로 바로 애욕이 생깁니다.

'<u>무명은</u> 인이 있고 연이 있고 속박이 있다. 어떤 것이 무명의 인이 되고 연이 되고 속박이 되는가? 무명은 부정사유가 인이 되고 연이 되고 속박이 된다.' 8정도에서 바르게 보아라 하는 '정견', 정견을 하기 위해서 제일 먼저 나온 것이 정사 바르게 생각하라입니다. 무명이 왜 생기는가? 정사유를 못하는 부정사유 때문에 무명이 생깁니다. 바르게 생각하면 무명을 깨칠 수가 있습니다. 바르게 생각하지 못하면 무명이 됩니다. 여기서 무명을 깨트리는 것은 정사입니다.

'<u>부정사유는</u> 인이 있고 연이 있고 속박이 있다. 어떤 것이 부정사유의 인이 되고 연이 되고 속박이 되는가? 색을 연하여 생긴 부정사유는 어리석음 치를 낳는다.' 바로 색성미향촉법에서 우리 눈에 보이는 모든 대상은 색이라 합니다. 이 색에 의해서 보이는 대상들이 있는 것입니다. 나로 하여금 치가 생기게 됩니다. '색을 연하여 생긴 부정사유가 치를 낳는다. 이 치가 무명이다. 치심으로 추구하는 욕을 애라고 한다. 애가 짓는 행위를 업이라 한다.' 거꾸로 다시 우리가 이해하기 쉽도록 설명해 놓은 것입니다.

12처와 18계

이것이 구체적으로 육근과 육경의 12처를 이해하는 것이며 거시적으로 배웠던 존재, 무아, 무상, 무명은 육근과 육경에서 나오게 됩니다. 그 다음 12처설 중에서 안이비설신의에 대한 색성향미촉법이 있습니다. 보이는 내용이 색이지만 성은 들리는 작용이고 향은 냄새를 맡는 작용이고 미는 맛을 느끼는 작용이고 촉은 촉감을 느끼는 작용입니다.

색은 눈을 통해서 보는 정신적인 작용, 보는 작용이 안색으로 작용하고 이 작용에 대한 인식이 안식, 이식, 비식, 설식, 신식, 의식이 됩니다. 거기에서 12처가 18계로 가는 것입니다. 안과 색이 결합하여 인식작용인 식이 생깁니다. 우리가 의식이 있다 없다 했을 때 의식이 없으면 죽는 것이지요. 여기까지 식을 통틀어 18계라 합니다. 12처의 마지막 '의' 또는 의지, 이것의 대상이 되는 것이 법으로 바로 생각의 대상입니다.

의는 생각으로부터 의지가 생깁니다. 생각하는 작용, 의지를 통하여 정신적인 작용의 대상인 법에 대하여 생각하는 작용이 의입니다. 이것을 통합하는 작용이 인식작용입니다.

12처를 통해서 종합하고 인식하는 작용이 생깁니다. 우리는 육근을 통해서 의지적인 행동을 하고 존재를 합니다. 육근의 대상인 육경은 필연적인 반응을 일으킵니다. 인식내용으로 존재하는 것이 바로 육경입니다. 육근과 육근에 대한 인식하는 내용으로 존재하는 육경, 육근인 안이비설신의와 육경인 색성향미촉법 이것이 부딪쳐 생기는 모든 것이 12처입니다.

의지적 작용과 필연적 반응

모든 것을 12처라 했을 때 육근은 의지적 작용의 속성을 갖고 육경은 필연적 반응의 속성을 갖고 있습니다. 의지적 작용이란 우리는 볼려고 하고 들을려고 하고 촉감을 느끼려고 하는 의지적 작용의 속성을 갖는 것입니다. 육경은 필연적 반응의 속성을 갖고 있습니다. 그래서 인연과를 이야기할 때 나는 인이고 연은 나를 둘러싼 대상입니다.

결국 내가 원하는 쪽으로 이끌어갈려고 하는 의지적인 작용을 하고 의지적 작용에 의해서 주위에 있는 대상은 필연적으로 반응하는 속성을 갖고 있습니다. 내가 깨끗하고 맑은 생각을 갖고 있으면 주위가 맑게 따라오고 내가 탁하고 악한 생각을 갖고 있으면 주위는 탁하고 악하게 됩니다. 이것이 인이고 연이고 그것들이 부딪쳐 과를 낳게 됩니다. 12처인 육근과 육경이 합해서 연기를 태동시키고 위대한 내용을 만들어 냅니다.

여기서 재미있는 것은 부처님께서 육근 육경을 통하여 삼법인의 속성을 말씀하십니다. 삼법인이 무엇입니까? 육근과 육경이 가지고 있는 기본적인 속성은 무아이고 무상이고 고입니다. 12처가 무엇입니까? 이것은 끊임없이 변하여 나라고 주장할 만한 것이 하나도 없다는 것입니다. 육근과 육경이 삼법인의 속성을 갖고 있더라는 것입니다. 그래서 모든 것은 12처이며, 18계입니다. 여기에는 연기의 법칙이 있으며 구체적으로 육육법연기, 오온연기, 12연기가 있는 것입니다.

천안, 혜안, 법안, 불안

금강경에는 불안이 있느냐? 천안이 있느냐? 혜안이 있느냐?고 부처님이 제자들에게 묻고 제자들은 불안이 있고 천안이 있고 혜안이 있습니다. 라고 합니다.

초기 경전에서는 무엇이 불안이며 천안이며 혜안이라 했습니까? 일반적으로 육근과 육경에 대한 인식으로 우리 눈으로 보는 것은 육안, 삼법인의 속성으로 인식하는 것은 천안이라 합니다.

육육법 연기를 인식하고 나면 혜안이 열렸다고 하고 오온연기를 이해하고 나면 법안이 열렸다고 합니다. 12연기를 이해하면 부처님께 불안이 열렸다고 합니다. 바로 부처가 됩니다.

세세생생 살아가면서 내가 지었던 모든 업의 덩어리가 몸뚱이임을 알게 된 것입니다. 살면서 지은 업의 총체가 이 몸뚱이 입니다. 어째서 요만큼의 몸뚱이 밖에 되지 못했을까? 좀더 클 수도 있고 작아질 수도 있었는데 왜 이렇게 밖에 되지 못했는가 하는 것은 오온연기에서 그 원인이 밝혀집니다.

제 11강
세상에는 무엇이 존재하는가_18계

오늘은 18계를 공부하겠습니다. '나'가 존재한다 했을 때 나란 것을 이루고 있는 것은 육근이고, 육근의 대상이 되는 육경과 육근이 만나서 육식을 만들어 냅니다. 12처에 육식을 더하여 18계가 됩니다.

18계는 12처와 연계되기 때문에 지난 시간에 공부한 육식으로 다시 들어가겠습니다. 존재에 대한 기본적인 개념의 이해는 나로부터 출발했습니다. 이 세상을 다 부정해도 '나'는 있다 했을 때 따지고 보니 나란 것을 인식할 수 있고 인식하는 능력체인 육근이 있습니다.

인식 능력체 육근

육근은 안이비설신의 여섯 개입니다. 우리 몸뚱이에는 대상의 형상을 볼 수 있는 눈이 있습니다. 귀는 소리를 들을 수 있습니다.

코는 냄새를 맡을 수 있습니다. 혀는 맛을 느낄 수 있습니다. 몸으로 촉감을 느낄 수 있습니다.

의로써 생각을 일으킬 수 있고 판단할 수 있습니다. 여섯 가지 능력체가 바로 육근, 즉 안이비설신의 입니다.

눈이 있으므로 대상을 볼 수 있습니다. 눈은 소리를 들을 수 없습니다. 보는 능력, 형상화 하는 능력밖에 없습니다. 그 외 소리도 있고 맛도 있지만, 눈은 색, 형상을 볼 수 있고 모양을 볼 수 있습니다. 색성향미촉법의 육경은 육근이 인식할 수 있는 필연적인 반응의 대상입니다. 눈으로 볼 수 있는 대상이 있고 귀로써 들을 수 있는 소리가 있고 코로 냄새를 맡을 수 있는 향기가 있고, 혀로써 맛을 느낄 수 있는 맛이 있고, 몸으로써 느낄 수 있는 촉감이 있고 뜻으로 인식할 수 있는 법이 있습니다.

필연적 반응의 대상 육경

육근과 육경의 기본적인 속성을 보니, 육근은 의지적 작용의 속성이 있고 육경은 필연적인 반응의 속성을 가지고 있습니다.

육식

안이비설신의에서 안, 즉 눈으로 보는 식이 발생합니다. 봄으로써 형상화 되어 있는 것을 볼 수 있습니다. 우리는 그것을 안식이라 합니다. 안과 색이 부딪쳐서 보이는 내용을 안식이라 합니다. 눈을 통하여 보는 정신적인 작용이 바로 안식이고 눈에서 말할 때 보는 작용이라 합니다. 몸뚱이와 대상이 부딪칠 때 식이 발생합니다. 내 손이 옆에 있는 사람의 손과 부딪치면 신식이 발생하고 좋

> ⟨육근⟩+⟨육경⟩ → ⟨육식⟩
>
> 안 - 색 → 보이는 내용 → 안식 → 눈을 통하여 보는 정신적인 작용 → '보는 작용'
>
> 이 - 성 → 들리는 내용 → 이식 → 귀를 통하여 듣는 정신적인 작용 → '듣는 작용'
>
> 비 - 향 → 냄새를 맡는 내용 → 비식 → 코를 통하여 냄새를 맡는 정신적인 작용 → '냄새를 맡는 작용'
>
> 설 - 미 → 맛을 느끼는 내용 → 설식 → 혀를 통하여 맛을 느끼는 정신적인 작용 → '맛을 느끼는 작용'
>
> 신 - 촉 → 촉감을 느끼는 내용 → 신식 → 몸을 통하여 촉감을 느끼는 정신적인 작용 → '촉감을 느끼는 작용'
>
> 의(뜻, 의지) - 법(생각의 대상) → 생각하는 내용 → 의식 → 의지를 통하여 생각을 하는 정신적인 작용 → '생각을 하는 작용'

⟨12처를 인연으로 하여 육식이 발생한다⟩

은 느낌이나 싫은 느낌이 생기게 됩니다.

귀는 소리를 들을 수 있으므로써 들리는 작용을 이식이라 합니다. 들리는 작용은 바로 귀를 통해서 듣는 정식적인 작용으로 소리가 귀에 부딪쳐서 들을 수 있습니다. 귀로써 소리를 듣는 작용을 이식이라 합니다. 귀머거리는 소리를 들을 수가 없습니다.

코로써 냄새를 맡는 작용을 비식이라 하고 이 비식은 코를 통해서 냄새를 맡는 정신적인 작용입니다.

우리는 눈으로 보고 형상화된 대상을 봅니다. 귀로써 소리를 듣습니다. 코로써 냄새를 맡는 작용을 합니다. 혀를 통해서 맛을 느끼는 작용은 설식이라 합니다. 몸을 통해서 촉감을 느끼는 정신적인 작용은 신식입니다. 내가 눈을 통해서 대상을 볼 뿐 분별하고 판단하는 능력이 없습니다. 그래서 눈을 통해서 보는 작용이며 귀로 소리를 듣는 작용입니다. 코를 통해서 냄새를 맡는 작용입니다. 혀를 통해서 맛을 느끼는 작용이며 몸을 통해서 느끼는 작용입니다. 그런데 이 '의'에 의한 의식으로 모든 것이 다 통섭됩니다. 예를 들어 눈을 통해서 대상을 봄으로써 아 저것이 아름답구나, 예쁘구나, 그림을 보고 잘 그렸구나, 판단하는 능력이 생깁니다. 눈은 대상을 볼 뿐 의와 결합할 때만 의식에서 판단합니다. 그러니까 눈으로 보는 작용, 귀로는 소리를 듣는 작용, 코로 냄새 맡는 작용, 혀로 맛을 느끼는 작용, 몸은 촉감으로 느끼는 작용은 의식으로 통섭이 됩니다. 의식에 의해서 모든 것이 판단됩니다. 그래서 육근과 육경이 부딪쳐 분별 판단작용의 인식작용인 육식이 생깁니다. 불교 공부의 많은 내용이 의식에 대한 연구입니다.

번뇌의 뿌리 108번뇌

불교에서는 108번뇌 혹은 팔만사천 번뇌라는 단어를 자주 사용합니다. 부처님의 법문을 팔만사천 가지라고 표현하는 것도 바로 이것에서 연유됩니다. 우리의 번뇌가 팔만사천 가지이기 때문에 팔만대장경이 만들어집니다. 기본적으로 육근과 육경이 부딪쳐서 육식이 만들어지고 18계가 생깁니다. 그래서 108번뇌가 무엇인지를 알게 됩니다. 우리가 절 할 때 염주 108알을 돌리지요. 기본이 되는 108번뇌는 무엇이 근본이 되는지를 알 수 있게 됩니다. 육근과 육경이 부딪치는 작용에서 '좋다' 혹은 '나쁘다'의 느낌이 일어납니다. 육근과 육경이 부딪치는 이 경계에서는 좋구나 나쁘구나 하는 호오好惡가 생깁니다. 육근과 육경에 부딪치면 육식이 생긴다고 했습니다. 이 육식을 판단할 때 고통이다(고, 苦), 이것은 즐거움이다(락, 樂), 고통도 아니고 즐거움도 아니다(사, 捨), 하는 3가지 의식이 생깁니다. 고락사의 판단능력이 생깁니다.

그러면 호오가 부딪쳐 느낌이 2개, 고락사가 부딪쳐 식이 3개가 곱해져서 6개가 생깁니다. 안이비설신의의 육식이 여섯 가지로 작용하니까 6 곱하기 6을 하여 36개의 식이 나타납니다. 이 36개의 식이 과거, 현재, 미래를 곱하여 총 108번뇌가 생깁니다. 육근과 육경과 육식이 작용해서 일으킬 수 있는 가장 기본적인 번뇌가 108번뇌입니다. 그래서 우리는 108염주를 만들고 108참회를 하고 108배를 합니다. 이것을 바탕으로 나누어져서 팔만사천 가지가 됩니다. 팔만사천 가지 번뇌로 팔만사천 법문이 됩니다.

불교의 세계관에서 보면 우주의 중심에는 수미산이 있습니다. 그 수미산의 높이가 팔만사천입니다. 실질적으로 기본인 108번뇌가 가지가지 나누어져서 팔만사천 번뇌가 됩니다.

심의식에 대한 정의

불교는 마음의 종교라고 합니다. 여기서 마음은 심이고 육근에서 나오는 의와 육식에서 식이 있습니다. 이제 18계를 배웠기 때문에 심과 의와 식을 공부할 수 있습니다. 경전을 볼 때마다 나오는 심이 무엇인지 의가 무엇인지 식이 무엇인지 식별하기가 어렵습니다. 내용들이 비슷비슷해서 경전에서도 심과 의와 식의 구분이 명확하지 않습니다.

우리가 생각하면서 일으키는 일체법이 마음입니다. 방향성이 없이 일어나는 모든 것을 내 마음이라 합니다. 예를 들어 법당에 있는 부처님을 보고 우리들이 똑같이 느낍니까? 전부 다 다르게 느낍니다.

식이라는 것은 어떠한 상황이든지 똑같게 느끼는 것은 없습니다. 똑같은 상황, 똑같은 말을 들어도 내 머릿속에 들어와서 판단하는 것은 다 다릅니다. 길을 가다가 무궁화꽃을 보았습니다. 어떤 사람은 어릴 때의 일을 기억할 수 있을 것이고 또 어떤 사건을 생각할 수도 있을 것이고 어떤 사람은 무궁화꽃은 냄새가 있는가 없는가 아니면, 아! 참으로 아름답구나 하는 생각을 하듯이 보는 사람 모두가 다르게 인식합니다. 이것이 식의 가장 기본적인 속성입니다. 식은 어떤 것이든지 똑같이 인식하는 법이 없습니다. 일어나는 사건들이 항상 다르게 인식되는 것이 식의 속성이고 본질입니다. 식을 마음과 생각해 볼 때 일어나는 모든 의식이 바로 식입니다. 마음은 우리가 일으킬 수 있는 일체의 법의 총 집합체입니다. 마음은 물이 흘러 모여드는 바다와 같고, 식은 물이 흘러 바다에 이르는 물줄기와 같은 것입니다.

우리 마음을 한쪽 방향으로 몰아가는 인식이 바로 의입니다. 참선할 때 이 마음을 한군데로 끌어모으지요. 바로 의의 작용이고 의에 의해서 공부가 성숙되고 집중되는 것입니다.

18계의 체계

모든 것을 한 군데로 끌어모으는 작용자체는 수만 가지 입니다. 번뇌를 한곳으로 끌어모으는 것입니다. 우리를 부처되게 만드는 것이 바로 '의'의 작용에서 제대로 인식하고 노력하는 것입니다. 공부하겠다고 부지런히 애쓰고 노력하는 것도 일상생활에서 일어나는 모든 것에 적용됩니다. 생각을 정하고 한쪽 방향으로 나아가면 의가 제대로 되며 마음과 식을 모두 알게 됩니다. 내마음 속에서 일어나는 산란한 일체법이라도 모든 식은 어느 누구에게나 그대로 존재할 뿐입니다. 이것을 조절하는 것이 결국 의의 작용입니다.

육육법연기와 오온연기

18계는 불교공부의 기초가 됩니다. 육근과 육경이 부딪쳐서 육식이 생기고 육식이 작용하여 6촉이 생기고 6촉은 부딪쳐서 6수를 낳고 6수에서 6애가 생기게 됩니다. 이것이 곧 육육법연기입니다. 시간의 흐름에 따라서 일어나는 우리의 인식작용입니다.

그 다음에 색수성행식이라 하는 오온이 있습니다. 이 오온은 바로 공간적 연기입니다. 시간적 연기와 공간적 연기를 알면 연기에 대한 기본적인 이해가 됩니다. 부처님께서 불교를 12처다 라고 했을 때 12처의 기본적인 속성은 삼법인입니다. 무아와 무상과 고입니다. 12처는 무상이고 무아이기 때문에 존재하는 모든 것은 무상이고 무아일 수 밖에 없습니다. 이것을 바탕으로 육식이 생겼습니다. 식의 기본적인 특징은 판단력이고 분별력입니다. 예를 들어 어떤 물건을 잡을까 말까, 아니면 밖으로 나갈까 말까, 어떤 냄새를 맡으면 그대로 있을까 아니면 나가야 되나를 판단하는 이 모든 것을 통섭하는 의식이 이루어집니다. 거시적으로 일어나는 현상들인 무아, 무상, 사성제, 팔정도 등은 나를 이루고 나와 대상을 이루고 있는 것의 기본적인 내용입니다. 거시적인 대상은 잊어버리기 쉽습니다. 그러나 기본적인 것을 알고 있으면 언제든지 이용할 수 있고 응용할 수도 있습니다.

식에 대한 이해

초기 불교를 보면 부처님께서는 제자들과 둘러앉아 가르치신 내용은 육근과 육경과 육식입니다. 이것을 바탕으로 모든 것을 가르쳤던 것입니다. 육근과 육경으로 이루어진 이 세상은 끊임없이 변하기 때문에 나라는 실체가 없습니다. 그래서 무아입니다. 육근과 육경과 육식을 인식함으로써 스스로 이해할 수도 있고 설명할 수도 있습니다.

부처님의 경전에 나오는 식에 대한 일반적인 내용은 다음과 같습니다.

"식은 일반적으로 분별능력이나 판단능력이나 인식능력을 말한다. 상의 작용에 의하여 형상화되어 저장되어 있는 것을 식의 작용에 의하여 분별되고 판단되어 행위로 나타나게 된다." 행위에 의해서 나타난 것이 육식입니다. 육근과 육경과 육식이 바탕이 되어 6촉이 이루어지는 것이 바로 행위입니다.

육식이 부딪칠 때 느낌이 생깁니다. 눈이 부딪치면 아! 아름답구나 라는 느낌이 생기고 몸이 부딪치면 아! 좋구나 하는 느낌이 생기는 6촉에 의해서 6수가 생기고 6수가 바로 애욕을 만듭니다. 애가 생기므로 끊임없이 윤회하는 무명의 굴레 속으로 빠져듭니다.

우리가 책을 통해서 참선이라는 내용을 읽었을 때 상의 작용에 의하여 다리는 결가부좌하고 손은 단전에 가볍게 대고 있는 모습이 형상화되어 떠오릅니다. 바로 이것이 상의 작용입니다. 예를 들어 부모의 죽음을 접하게 되었을 때 나도 이렇게 죽을 수밖에 없구나. 안되겠다. 참선을 해야 되겠구나 하는 결심을 하게 되는 분별과 판단의 결정작용을 식이라 하며 식의 작용에 의해서 생각이 결정되면 행위로 나타나게 됩니다. 그러므로 식은 분별작용입니다.

바로 식이 행위를 하는 결정권을 가집니다. 만질까 말까 부딪칠까 말까 나갈까 말까 하는 것이 식에 의해서 결정됩니다. 그 다음은 행으로 이어집니다. 식이 맑을 때 무명에서 벗어나고 식이 탁하면 무명이 되어 일으키는 행은 윤회를 하는 바탕이 됩니다. 이 다섯 가지 요소들이 순간적으로 결합되어 이루어지는 집합체가 인간이라는 것이 오온설입니다.

오온설

잡아함경에서는 "마치 여러 가지 재목을 한데 모아 수레라 이름하는 것처럼 이 오온이 모인 것을 중생이라 한다"라고 비유를 합니다. 식에 의해서 행위가 일어나는 육육법연기와 기본적으로 이 몸을 이루고 있는 오온에 대한 연기를 설명한 것입니다. 바퀴, 자체, 굴대 등 여러 요소가 모여 수레가 되는 것처럼 오온이 모여 느끼고 판단하고 행동하는 인간이 되는 것입니다. 이 요소들이 각자 독립적으로 있을 때는 아무런 의미가 없지만 서로 관계지어질 때 비로소 의미를 가지는 것입니다. 색수상행식의 다섯 요소가 모일 때 비로소 인간으로 존재하는 것입니다. 인간의 감각기관과 이것에 상응하는 대상과의 만남에서 의식이 형성됩니다. 눈은 형상을 만남으로써, 몸은 접촉을 만남으로써, 뜻은 법을 만남으로써 안식, 이식, 비식, 설식, 신식, 의식 등의 여러 가지 정신현상이 발생하게 됩니다.

수성유경에서는 "비유하면 두 손이 화합하여 서로 마주쳐 소리를 내는 것과 같나니 이와 같이 눈과 형상이 인연하여 안식이 생긴다."라고 설명하고 있습니다. 바로 18계의 인식에 대한 부처님의 가르침입니다. 두 손이 부딪쳐 12처가 되는 것처럼 육근과 육경이 부딪쳐 육식이 생기는 것입니다.

12연기

육근, 육경이 부딪쳐서 일어나는 육식을 바탕으로 해서 우리의 의식을 만들어 갑니다. 이것이 시간적으로 어떤 현상을 일으킬 것인가? 공간적으로 어떤 현상을 일으킬 것인가? 그러면 시간과 공간이 통합되어 있으면 어떤 인식을 일으킬 것인가? 여기서 부처님이 얼마나 뛰어난 분인지를 알게 됩니다. 아인슈타인의 상대론에 와서 시간과 공간이 분리될 수 없는 실체라는 것을 비로소 인식하게 됩니다. 그런데 부처님께서는 2600년 전에 시간과 공간이 통합된 인식능력을 12연기로 설명합니다. 존재하는 모든 것은 상대적인 견해를 가진 다는 것이 바로 상대론입니다. 이와 같이 인식체계에 대한 내용이 바로 연기입니다. 시간에 대한 연기, 공간에 대한 연기를 부분적으로 이해하고 난 뒤 시공간이 통합되어 나타나는 12연기를 이해하고 나면 법화경, 아함경, 금강경 같은 경전들의 이해가 쉽습니다. 이것만 잘 이해하고 나면 경전에서 나오는 모든 내용을 쉽게 이해할 수 있고 또한 부지런히 노력하고 애쓰면 부처가 될 수 있습니다. 부처님께서 열반에 드실 때 마지막으로 하신 말씀이 무엇입니까?

"모든 것은 덧없고 끊임없이 변한다. 부지런히 애쓰고 노력하라" 입니다. 모든 것이 덧없는 것은 무아이고 끊임없이 변하는 것은 무상이므로 부지런히 애쓰고 노력하는 것입니다. 무아이고 무상이기 때문에 우리는 젊고 힘있을 때 애쓰고 노력하는 것은 우리의 삶입니다. 진리를 안다는 것이 왜 중요합니까? 진리에 합당한 실천이 따르고 행위가 따르기 때문입니다.

무명과 행

우리가 모르면 아무리 살아봐야 도움이 안됩니다. 그래서 아는 것이 중요합니다. 이 생에서 못하더라도 다음 생에 인연이 되면 할 수 있는 바탕이 됩니다. 아는 것이 그만큼 중요합니다. 우리는 어떤 일이 일어날 때 제대로 알고 실천하는 것이 매우 중요하지만 우선은 알아야겠다는 것입니다. 알고 있으면 언젠가는 인연이 성숙되어 실천으로 옮겨갈 수 있습니다. 지금 공부하고 있는 12연기는 불교경전의 가장 핵심되는 내용입니다. 죽고 태어남을 반복하는 것은 부처님 손바닥 안에서 맴도는 것과 같습니다. 18계가 이루어지고 비로소 행으로 이루어지는 촉이 생기는 것입니다.

명색

어리석고 배우지 못한 범부들은 무명에 가려 애욕에 묶입니다. '몸 안에 식이 있고, 몸밖에는 명색이 있다고 분별한다. 이 두 인연으로 촉이 생긴다. 식과 명색의 접촉으로 촉이 생긴다. 두 가지 법이 있다 어떤 것이 둘인가? 안과 색이 둘이다. 안과 색을 연하여 안식이 발생한다. 삼사화합 (안,색, 안식의 화합)이 촉이다' 라고 설하고 있습니다.

18계는 육식을 포함한 육근과 육경으로 이루어진 독립적인 내용이며 육근과 육경과 육식의 화합으로 이루어지는 모든 인식체계의 바탕이 됩니다.

친구따라 강남가듯

부처님께서는 아함경에서 끊임없이 되풀이하여 설명하고 있습니다. 180권이 넘는 아함경의 내용을 우리는 몇시간 만에 공부한 셈입니다. 안다는 것이 그만큼 중요합니다. 아는 것을 지금 당장 실천하지 못하더라도 앞으로 얼마든지 실천할 수 있습니다.

불교는 인연입니다. 인연성불입니다. 아무리 공부하려고 노력하는데도 공부가 안됩니다. 인연이 안되면 하기 싫어서 못하게 됩니다. 그러나 인연이 되면 공부하게 되고 불교를 알게 되는 기회가 됩니다. 우리는 좋은 방향으로 좋은 인연을 지어야 합니다. 친구따라 강남가듯이 친구따라 극락세계에도 가게 됩니다.

다음 시간에는 18계를 이루고 있는 인식체계의 법칙을 구체적으로 공부하게 됩니다. 쉬운 것 같으면서 절대로 쉽지가 않기 때문에 한번 제대로 들을 수 있으면 세세생생 이보다 더 좋은 것이 없습니다. 피상적으로 알고 있었던 불교의 모든 내용을 알게 됩니다. 이제까지 불교공부는 기본 바탕이 없는 상태에서 했기 때문에 사상누각입니다. 근본적인 부분을 알게 되면 스스로 주춧돌을 놓고 철근 콘크리트를 쳐서 집을 짓게 됩니다. 지금 우리는 그 중요한 기초공사를 하고 있습니다.

제 12강

죄악과 의지의 문제

앞 부분에서 연기를 이해할 수 있는 기본 조건인 12처와 18계를 살펴보았습니다. 제자들이 불교가 무엇인가를 물었을 때 부처님께서는 "불교는 12처니라"하고 말씀하셨습니다.

12처라는 것이 무엇입니까? 육근과 육경이 12처였고, 부딪쳐 안식이 생기고 이식이 생기고 비식이 생기고 설식이 생기고 신식이 생기고 의식이 생깁니다. 그래서 육식이 이루어진다고 했습니다. 육식을 더하여 18계입니다.

창조주와 의지

텔레비전을 보면 김태희의 잘 생긴 얼굴을 볼 수 있습니다. 눈이 있기 때문에 볼 수 있습니다. 눈은 보는 작용만 할 수 있고 듣지는 못합니다. 귀는 듣는 작용만 하고 눈은 보는 작용만 하고 있습니다.

이와 같이 각자 자기 영역에서 활동한다는 내용으로 12처와 18계를 공부 했습니다. 이 세상에 무엇이 존재하느냐고 했을 때 모든 존재를 부정해도 '나'는 있습니다. '나는 있다'에서 출발한 '나는 무엇입니까?' 나는 무엇으로 이루어져 있습니까?

육근으로 이루어져 있습니다. 나를 이루고 있는 것은 육근이었고 나 외에 나를 인식할 수 있는 대상이 육경이었습니다. 그래서 나와 대상이 부딪쳐서 일어나는 인식작용에서 육식이 생깁니다. 여기서 부처님께서 의를 설정하셨습니다. 이 의지가 앞으로 불교를 전개하는데 얼마나 중요한지를 알게 될 것입니다. 지금부터 우리는 죄를 지으면 과보를 받느냐 안 받느냐 하는 문제를 이해해야 합니다. 내가 죄를 지었다 했을 때 지은 죄에 대한 과보를 내가 받는지 하느님이 받는지 누가 받는지 제대로 알아야 되겠습니다.

죄를 지었을 때 책임은 누구에게 있는가?

만약 하느님이 이 우주를 창조하였다고 한다면 나를 포함해서 모든 것은 각자의 뜻대로 만들어진 것은 하나도 없습니다. 하느님의 뜻대로 만들어졌으며 창조주의 뜻대로 만들어졌습니다. 그러면 내가 하는 행위에 대한 책임은 누구에게 있습니까? 내가 어떤 행위를 하든지간에 모든 책임은 창조주에게 있습니다.

그런데 '나가 있다'에서 출발했을 때는 '의'의 인식으로부터 출발합니다. 나의 의지로부터 출발했을 때 죄의 유무는 어디에 있습니까? 만약 내가 어떤 행위를 했다면 그 행위는 나의 육근과 대상이 되는 육경이 부딪쳐서 나의 의식이 결정합니다. 의식이 결정한 그 행위에 대한 과보의 책임은 결정한 '의'에게 있습니다.

여기서 중요한 것은 과연 우리에게 인과가 있느냐 없느냐? 죄를 받느냐? 받지 않느냐? 우리는 이러한 문제에서 새로운 출발점에 서게 됩니다. 즉 죄의 유무가 어디에 있느냐 하는 것은 우리가 어디에서 출발했느냐에 따라서 죄의 유무가 달라집니다. 창조주가 만들었을 때는 죄의 유무가 창조주에게 있게 됩니다. 나의 의지에서 출발했을 때 죄의 유무는 나에게 있습니다. 나의 의지에 있습니다. 그러면 나의 의지에 의해서 내가 어떤 행위를 할 수도 있고 하지 않을 수도 있습니다.

예를 들어서 내가 지금 보석가게를 지나가면서 보석을 보았을 때 보석이 너무 예쁘고 아름답습니다. 그 보석을 내 것으로 해야겠다고 마음을 먹고서 그 보석을 슬쩍 가지고 오면 그것은 도둑질입니다. 도둑질을 하겠다고 마음 먹는 것은 나 자신이고 훔치는 것도 나 자신이 한 것입니다. 행위에 대한 과보는 내가 받는 것입니다.

육사외도의 생각

인도에서는 육사외도라는 사상가들이 있었습니다. 육사외도는 죄가 누구에게 있느냐 했을 때 운명론 혹은 숙명론 혹은 인과가 있다 없다 이 모든 것에 의해서 죄가 있기도 하고 없기도 하다고 했습니다. 부처님께서 설명한 연기에서는 육근과 육경에 의해서 어떤 행위를 하게 되고, 그 행위의 주체는 '의'입니다. 의에 의해서 아무리 보석이 마음에 든다고 해도 내가 돈이 없으면 사지 못하고 눈으로만 내 것으로 하면 됩니다. 눈으로 열심히 보고 보석이 아름답구나, 좋구나, 하면서 눈에 넣어 내 것으로 하면 됩니다.

손으로 슬쩍 하지 않으면 도둑질이 아닙니다. 이 결정은 내 의지가 합니다. 결국 죄의 유무가 어디에 있느냐 하는 것은 우리가 어디에서 출발하느냐에 따라서 달라집니다. 의에서 출발했을 때 죄의 유무는 의로 돌아옵니다. 나 자신에게로 돌아옵니다. 그러니까 내가 착한 행위를 할 것 같으면 그 착한 행위에 대한 과보가 나에게로 돌아옵니다. 내가 악한 행위를 할 것 같으면 그 악한 행위를 한 과보도 나에게 돌아옵니다.

과보는 더 긴 시간을 통하여 받을 수도 있다

이것이 좀 더 연결되면 삼세인과설 즉 인과가 이 생에서만 끝나는 것이 아닙니다. 내가 하는 이 행위에 대한 과보는 이생에서 그대로 받을 수도 있지만, 다음 생으로 넘어 갈 수도 있다는 것입니다.

내가 볼 때 분명히 이생에 착한 행위를 하면서 살았는데 그 과보를 받지 못했습니다. 그러나 그 과보는 없어지는 것이 아니라 언젠가 다음 생 그 다음 생에 다시 나에게로 돌아옵니다. 예를 들어 이 생에서 악한 행위를 했음에도 불구하고 잘 사는 사람들이 있습니다. 그 사람은 전생에 복을 지었기 때문에 그 과보로 이생에서 잘 사는 것이며, 이생에서 한 악한 행위에 대해서는 아직까지 그 과보가 익지 않았기 때문에 우리가 볼 때 이생에서 잘 사는 것 같지만, 다음 생에 가면 그 과보를 그대로 받게 됩니다. 우리가 하는 이 행위에 대한 과보는 결국 한 생에서 끝나는 것이 아니라 삼세인과설에 의해서 전생, 현생, 내생의 삼세에 돌아가면서 그 행위에 대한 과보를 받게 된다는 것입니다.

죄악의 유무도 결국은 의로부터 출발합니다. 모든 죄의 출발과 모든 죄의 책임은 나에게 있고 자신의 행위에 대한 과보를 삼세에 윤회하면서 받게 된다는 것입니다. 콩심은 데 콩 나고 팥 심은 데 팥 나는 것이 내가 착한 행위를 하면 언젠가는 착한 행위에 대한 과보를 받게 되고 악한 행위를 했으면 악한 행위에 대한 과보를 언젠가는 받게 된다는 것입니다.

인과의 유무

불교에서는 눈감아 주는 것이 없습니다. 행위에 대한 인과문제는 정확한 것입니다. 우리가 인과를 알면 받고 인과를 모르면 안 받는다면 얼마나 좋겠습니까? 그러나 인과는 모른다고 받지 않는 것이 아닙니다. 몰라도 받아야 할 것은 받습니다. 단지 우리는 그 순간을 모르고 그냥 넘어갈 뿐입니다.

예를 들어 아이를 가르칠 때 학원에 보냅니다. 학원에 아이를 보내면 공부 잘 할 것이라고 기대합니다. 그런데 분명하게 학원에 보낸 만큼 효과가 있는지 없는지는 제대로 공부한 부모라면 70~80%는 효과가 없다는 것을 압니다. 그렇지만 아이를 학원에 보내는 것은 부모의 마음이 편하기 때문입니다. 부모 마음은 다른 사람들을 따라서 하면 편합니다. 혼자 떨어지는 것보다 묻혀 가면 편합니다. 다른 사람들이 하는데 혼자 하지 않으면 불안해서 그냥 따라합니다. 그렇지만 분명히 알고 있을 때는 따라갈 필요가 없습니다. 증권투자를 할 때 돈 잃는 것을 100% 안다면 아무도 투자를 하지 않습니다. 따라하면 돈을 벌 것 같으니까 혹은 잘못하면 잃고 잘하면 돈을 버니까 따라서 하는 것입니다.

우리가 받는 과보도 분명히 알 것 같으면 눈에 뻔히 보이는 것을 왜 하겠어요? 우리의 행위에 대하여 받는 이 과보도 다른 사람들을 따라서 그냥 묻혀갈 것 같으면 받지 않을 것 같은 생각이 듭니다. 이것이 군중심리입니다. 함께 같이 따라가면 괜찮을 것이라고 생각합니다. 그렇지만 분명히 맞는 것은 맞고 틀린 것은 틀린 것입니다. 받아야 될 것은 받아야 합니다. 그렇지만 같이 묻혀 가면 안 받아도 될 것이라는 생각은 단순한 군중심리 일 뿐입니다. 우리의 삶의 과정에서 모든 것이 똑같이 작용합니다.

죄악의 유무를 분명히 안다면 이러한 군중심리에서 벗어날 수가 있습니다. 자신의 분명한 판단으로 결정하고 자신의 길을 걸어갈 수 있습니다. 그래서 불교를 분명히 안다는 것이 매우 중요한 것입니다. 이 죄악의 유무는 분명하게 의에서부터 출발하기 때문에 죄악의 유무는 나 자신에게 있다는 것입니다. 죄악과 의지의 문제에서 신이 존재한다고 했을 때 모든 것은 신이 만들었다고 하면 모든 책임은 신에게 있습니다. 나에게 의지가 있기 때문에 모든 책임은 나의 의지에 있게 됩니다. 이 의지는 안이비설신의의 의입니다.

의의 존재

존재에 대한 인식에 바탕을 둔 새로운 인지가 태동하게 됩니다. 일반적으로 안이비설신의 중에서 무엇으로 되어 있습니까? 물질은 눈이 있습니까? 코가 있습니까? 혀가 있습니까? 몸뚱이 밖에 없습니다. 물질이란 것은 몸뚱이인 신만 있습니다. 생명체는 안이비설신의를 갖고 있습니다. 그러나 어떤 생명체는 눈이 없는 것도 있고, 소리를 못 듣는 생명체도 있을 것이고, 어떤 생명체는 냄새를 못 맡을 수도 있을 것입니다. 이 우주에 존재하는 생명체 중에서 가장 발달된 생명체는 안이비설신의 다섯 가지를 가지고 있습니다. 이것보다 더 발달된 생명체는 안이비설신을 관장하는 의를 갖고 있습니다. 안이비설신의 오근을 통섭하는 의가 있습니다.

일반적으로 생명체의 육신 부분은 안이비설신으로 설명되고 정신 부분은 육신을 조정하고 판단하는 의로써 설명됩니다. 부처님께서 의로써 인식한다고 했습니다. 불교가 출발할 때 태초에 인식이 있다고 했으며 존재는 인식으로부터 출발하기 때문에 의가 있다고 합니다. 부처님의 위대성은 사고의 대전환이며, 일대 혁명입니다. 비로소 인간중심의 모든 사고가 전개됩니다. 나에게 의가 있다, 의지가 있다하는 부처님의 출발은 의지로 인해서 인식론의 출발점이 됩니다. 그러면 '의'에 대한 인식이 어떻게 구체화 되어가는지 한번 살펴봅시다.

생명체의 욕망_탐진치

근본적으로 우리의 기본적인 욕심은 탐진치로 구분할 수 있습니다. 탐심이라 했을 때 이 욕심은 능력도 안되면서 능력밖에 있는 것을 가지려고 하는 것입니다. 진심은 화 내는 것으로 탐심은 근본적으로 물질적인 것이 강하다면 진심은 우리의 감정적인 정신작용에 의해 화 내는 것입니다. 화가 왜 납니까? 탐심은 물질적인 것을 내 것으로 만들고 싶어 하는 욕망이 만들어냅니다.

'진' 화내는 것은 내가 생각하는 대로 상대방이 움직여 줄 때는 화가 나지 않습니다. 그런데 내가 생각하는 것과 조금만 달라지면 화가 나기 시작합니다. 화가 몹시 나면 물건들을 던져가면서 싸우게 됩니다. 화내는 감정의 뿌리는 아집이며 아만입니다. 나 자신은 바르고 상대는 틀리다는 것입니다. 내 것이 맞다는 생각에서부터 화가 납니다. 모든 감정의 기준은 자기 자신에게 있습니다. 그래서 내게 맞서는 것, 고민하는 것, 나와 다른 것에 대해 화가 납니다. 안 좋을 때 화가 납니다. 좋지 않은데서 자꾸 감정적인 욕심이 생깁니다.

'치'는 어리석음으로 탐심, 진심이 치심으로부터 나옵니다. 앞에서 무명을 배웠습니다. 모르는 것이 무명이며 '치'입니다. 여기서 탐심과 진심이 나옵니다. 생명들이 갖고 있는 속성은 먹고 자고 번식하는 것입니다. 가장 기본적인 행위의 속성은 배고프면 먹습니다. 피곤하면 잠을 자고 종족을 번식하기 위해서 생식을 합니다. 생명들이 가지고 있는 가장 일반적인 속성이 이것입니다. 모든 것이 이 속성에 의해서 출발해서 지금까지 흘러온 것입니다.

먹는 것을 생각해 봅시다. 먹는 것에 대한 욕심은 어떻게 생겨납니까? 내가 항상 먹을 수 있다고 생각하면 욕심이 생깁니까? 먹고 자고 생식하는데 인간만이 가지고 있는 것이 탐심 진심 치심입니다. 배가 고프면 먹습니다. 배가 고플 때 먹을 수 있으면 항상 먹을 수 있도록 해야겠다는 욕심이 생깁니다. 먹어야 할 때 먹을 것이 없다면 안 됩니다.

무엇인가 내 것으로 만들어 놓아야 먹고 싶을 때 먹을 수가 있습니다.

인간이란 생명체는 다른 동물과 똑같습니다. 다를 것이 없습니다. 그런데 동물들은 동면할 때 먹을 것을 저장합니다. 처음부터 저장했겠습니까? 분명히 엄청나게 많은 생명체가 죽었습니다. 대응을 못했기 때문에 죽습니다. 지나고 보니까 배가 고플 때 먹어야 하는데 먹을 것이 없습니다. 그래서 저장하기 시작한 것입니다. 우리 인간도 똑같습니다. 먹는다는 자체가 자유로울 때는 아무런 욕심이 없습니다.

욕망의 시작

만약 기후변화에 의해서 먹을 것이 아무것도 없다면 아! 여기에 대해서 새롭게 대응하고 적응할 수 있는 능력이 생겨나서 먹는데 대한 욕심이 생기기 시작합니다. 욕심이란 것을 동물에 비교했을 때 동물은 욕심이 없고 우리 인간만이 욕심이 있을 때 인간이 동물보다 못합니까? 그렇지는 않습니다.

탐심과 진심이라 것이 인간을 급성장시키는 가장 중요한 요인이 됩니다. 또 이것 때문에 인간은 부패하고 멸하게 됩니다. 먹는다는 것에 대한 기본적인 인식을 새롭게 할 수 있는데 만약 기후의 변화로 오랫동안 흉년이 들었다거나 혹은 홍수가 계속되어 장기적으로 먹을 것이 없어진다면 무의식적으로 생존하기 위한 욕구는 끊임없이 솟구치게 됩니다.

생존하기 위해서는 먹을 것을 마련해 놓아야겠다는 것입니다. 이것이 욕심이 생기는 출발점입니다. 이런 욕심들이 갖고 있는 감정들은 눈덩이와 같습니다. 처음 산꼭대기에서 눈덩이를 굴릴 때 주먹만 한데서 시작해서 산 밑에 오면 어마어마하게 커지는데 이것을 조절하고 절제할 수 있는 능력이 있어야 합니다.

이것을 조절하고 절제하는 능력이 정진하고 수행하고 정정하고

> **행위에 대한 책임은 누구에게 있는가?**
>
> 1) 창조주가 우리를 만들었을 때;
>   죄의 유무와 행위에 대한 책임은
>   창조주에게 있음.
>
> 2) '나'가 있다에서 출발했을 때;
>   나의 행위는 의지에 의해서 결정되므로
>   행위에 대한 책임은 '의'에 있음.

정념함으로써 절제가 되고 조절이 됩니다. 생존하기 위해서 먹는데 이것을 조절하기 위해서 의지가 생깁니다. 그래서 우리는 욕심이 생기기 시작했습니다.

탐심과 진심의 뿌리
탐심은 내 것으로 해야겠다는 생각이 근본적으로 탐심의 뿌리입니다. 물질을 내 것으로 해야겠다는 생각과 감정을 내 것으로 해야겠다는 생각이 있어 근본적으로 탐심의 뿌리가 되어 근본 성품을 잘못되게 만드는 근거가 됩니다. 여기서 탐심과 욕심이 생겨나게 됩니다. 먹고 자는 것은 결국 우리를 나태하게 하는 치심을 일으키게 하는 원인이 됩니다.

그 다음 생식 작용을 한번 생각해 보세요. 가만히 있으면 생식이 이루어집니까? 생식이 되려면 부딪쳐야 합니다. 육근과 육경과 육식에서 제일 먼저 나오는 것이 촉입니다. 촉에 대한 이해가 제일 먼저 나옵니다. 생식하기 위한 기본적인 행위는 촉입니다. 생명체가 암컷이나 수컷, 남자와 여자는 무엇인가 부딪쳐야만 생식이 이루어집니다. 부딪치는 과정에서 촉이 필수적으로 일어납니다. 그래서 육육법연기에서 육근과 육경과 육식 다음에 오는 것이 촉입니다.

생명체가 만들어지기 위해서 애욕이 생기는 것도 촉으로부터 시작됩니다. 생식을 하는 과정에서 촉으로부터 무조건 부딪쳐야 하는데 이 때 3가지의 감정인 좋고 나쁘고 좋지도 않고 나쁘지도 않는 감정이 생겨납니다.

지금 옆에 계시는 분과 부딪쳐 보세요. 서로 기분 좋게 부딪치면 좋은 감정이 생기고 미운 사람이 살짝만 부딪쳐도 기분이 나쁩니다. 좋다. 기분이 좋지 않다. 하는 것은 생명이 있는 모든 것이 느끼는 감정입니다. 부딪쳐서 촉에서 느끼는 감정에는 좋구나 좋지 않구나 하는 감정이 무조건 일어나게 됩니다.

촉으로 수반되는 감정으로부터 애욕이 생기며 이것으로 인하여 마음에 들고 즐거운 감정과 마음에 들지 않아 싫어하는 감정이 생기게 됩니다. 좋아하는 감정과 싫어하는 감정 이것이 바로 애욕입니다. 즐거운 감정이 일어나게 하는 대상은 어떻게 됩니까? 지속적으로 부딪쳐 자기 것으로 하고 싶지만 나쁜 감정도 일어납니다. 좋은 감정이 일어나면 계속할 수 있으면 좋겠다는 생각이 일어납니다.

그래서 그 감정을 일으키는 대상이 있고 좋은 감정이 있습니다.

지속적으로 옆에 두고 싶어 합니다. 자신만이 소유하려는 마음이 생기게 됩니다. 자기한테 부딪쳐서 좋은 감정이 일어나는 대상이 다른 사람과 부딪쳐 좋은 감정이 일어난다 했을 때 다른 사람에게 주기가 싫고 자기만 하고 싶은 감정이 일어나게 됩니다. 여기서 좋은 감정이 일어나게 하는 대상은 지속적으로 자신만의 것으로 소유하고 싶은 마음이 생기게 됩니다. 그래서 이 감정의 소유욕에 대한 의지가 생기게 됩니다. 물질의 소유욕으로부터 탐심이 생겼고 감정의 소유욕으로부터 생기는 것이 진심입니다. 그래서 자기한테 맞으면 좋아서 헤헤거리고 맞지 않으면 화를 냅니다. 화를 내는 뿌리는 생식이며 관계입니다. 이 뿌리는 촉으로부터 이루어집니다. 생명체의 기본적인 행위인 먹고 생식하는 것을 살펴보았습니다.

치심의 뿌리

수면에 대한 것을 보면 탐심과 진심으로 끝없이 이 육신을 편안하게 하려는 마음이 생기게 됩니다. 탐심과 진심이 나에게서 일어납니다. 그래서 탐심과 진심을 일으키면 일으킬수록 이 육신이 끝없이 좋아한다고 생각합니다.

여기서 육신을 편안하게 하는 마음이 생기고 이것으로부터 치심이 생깁니다. 결국 이 탐진치의 치심을 분류하는 것은 먹고 자고 생식하는 인간의 가장 기본적인 본능으로부터 출발합니다. 치심의 뿌리는 무엇이라 했습니까? 무상과 무아를 인식하지 못하는 것이 무명이었고 이것으로부터 생기는 잘못된 생각이 치심이라 했습니다. 무상과 무아를 제대로 인식하지 못하고 끊임없이 일어나 욕심의 덩어리가 되고 애욕의 덩어리가 됩니다. 이 몸뚱이는 탐심과 진심과 치심이 45%정도 차지하고 있습니다.

  수억 겁 동안 살아오면서 어떻게 하면 바르게 살 것인가 또 거기에 대한 나름대로 진실 되고 바르게 살려고 하는 계, 정, 혜가 55% 차지하기 때문에 적당하게 이런 몸을 이루고 살아갑니다. 이 몸뚱이는 지옥부터 부처까지 다 가지고 있습니다. 부처는 탐진치가 0%입니다. 탐진치가 99%이면 지옥입니다. 탐진치가 45% 정도인 이것이 우리 인간입니다.

마음, 의지, 분별

  탐진치의 일차적인 뿌리는 생명체가 가지고 있는 가장 기본적인 본능에서 출발한 것이 안이비설신의입니다. 오온에는 이런 것들이 왜 일어나는가를 설명하고 있습니다.

  근본적으로 가지고 있는 불안이 있습니다. 이것이 생명체를 만드는 씨앗이 됩니다. 탐심을 만들어내고 진심을 만들어내고 치심을 만들어내어 생명체를 만들어 냅니다. 지금까지 안이비설신의의 의에 대한 안식을 살펴보았습니다. 결국 우리가 기본적으로 가지고 있는 생명체의 본능으로부터 출발해서 탐심과 진심과 치심이 생긴 것을 알게 되었습니다.

  18계를 배우고 나면 마음 심, 의지의 의, 분별의 식, 세 가지가 구분됩니다. 구분해서 보니 마음과 의지와 분별이 어떻게 작용하였습니까? 엄밀하게 말해서 불교는 마음의 종교다 했을 때 틀린 말은 아닙니다. 불교가 마음의 종교로 의를 밝힌 종교입니다. 정확하게 이해한다면 불교는 의를 밝히는 종교입니다. 분별의식은 주어진 상태에 대해서 이율배반적인 생각을 자유롭게 선택할 수 있는 능력입니다. 수만 가지의 생각을 일으키는 것이 마음입니다. 자유분방하고 이율배반적인 온갖 행동을 일으킬 수 있는 것이 마음입니다.

그 다음 의는 선택된 방향을 유지하려는 정신적인 노력이나 활동입니다. 하나의 방법으로 생각하는 것을 몰고 가려고 하는 의지와 활동이 의지입니다. 이 마음을 한 방향으로 몰고 가려고 하는 능력이 의입니다. 식별의 식은 의지의 끝이 결국에는 변화로 종결되고 마는 것을 보고 달라졌다고 인식하는 것입니다.

예를 들어 어떤 사물을 보았을 때 똑같이 인식하는 것은 아무것도 없습니다. 이 많은 사람이 법당 앞에 걸려있는 부처님의 탱화를 보았을 때 보는 순간 전부 다 다르게 인식합니다. 내 자신이 부처님을 볼 때마다 다르게 인식하는 것입니다. 내가 일으키는 근이 경계와 부딪칠 때 보는 상황이 항상 다르게 식별됩니다. 끊임없이 변하는 것이 식별입니다. 마음은 끝없는 생각을 일으키는 능력이며 그렇게 일어나는 능력의 실체가 바로 식입니다. 그 생각을 한 방향으로 몰고 가고 인식하려고 하는 능력이 의입니다.

죄의 책임이 누구에게 있느냐

죄를 지으면 죄값은 누가 받느냐? 의를 공부했기 때문에 죄값은 누구 받느냐에 대한 대답이 명확해 집니다. 인간이 죄를 짓고 신이 죄값을 받습니까? 신이 죄의 유무를 판단하고 좌지우지 합니까? 혹은 죄를 지었는데 누가 죄 값을 받습니까? 결국 누가 죄를 짓느냐에 대한 과보는 죄를 짓는 사람이 받게 됩니다.

죄를 지은 주체가 과보를 받게 됩니다. 본인의 의지에 의해서 죄

> 생명체들의 기본 속성
> (탐심과 진심과 치심의 뿌리)
>
> 먹고 → 탐심이 생기고
> 자고 → 치심이 생기고
> 번식하고 → 진심이 생기게 된다.

를 지었을 때 죄 값은 본인이 받게 됩니다. 나에게 의지가 있다고 하는 것은 모든 것에 우선한다고 생각합니다. 그래서 불교는 의로부터 출발합니다. 결국 의지에 의해서 죄를 짓는 것에 대해서 내가 결정합니다. 의가 모든 것을 출발시키는 원동력이 됩니다. 그래서 의지가 있는 곳에는 법이 존재합니다. 의의 대상이 되는 법이 존재합니다. 결국은 색성향미촉법에 의해서 법은 수많은 생각속에서 내가 무엇인가를 결정하면 그 결정은 의가 됩니다. 의지가 있으므로 법이 존재하게 됩니다.

 죄의 유무가 누구에게 있느냐 하는 이 내용은 육근과 육경에서 다시 분명하게 이해할 수가 있습니다. 의는 의지적 작용의 속성을 가지고 있고 법은 필연적 반응의 속성을 가지고 있습니다. 내 생각의 의를 일으키게 하는 필연적 반응의 속성을 가지고 있는 것은 바로 법입니다. 그래서 의지를 일으킴으로 해서 법이 존재합니다. 다양한 대상들은 내 의지에 의해서 존재되는 것이지 대상이 있어서 의지가 생기는 것은 아닙니다. 눈이 있어 색이 있는 것이 아니라 눈이 있어서 '색'이 보이는 대상이 있습니다. 대상이 있다는 것의 주체는 육근입니다.

주체와 비주체

육근이 주체가 되는 것은 연기법입니다. 인연과의 법칙입니다. 그러면 육근이 주체라면 인이 되고 육경은 연이 됩니다. 그래서 항상 인연과에서 제일 중요한 것은 인이란 나 자신이고 나 외에 대상은 연이 됩니다. 나 자신이 변하기 쉽습니까? 연인 대상이 변하기 쉽습니까? 자기 자신이 변하기 쉽지요. 상대방은 아무리 바꾸려고 해도 바뀌지 않습니다. 평생을 살아도 바뀌지 않습니다. 자기 자신이 바뀌어 버리면 대상은 바뀌어 있습니다.

그것은 인연과의 법칙인 육근이 주체가 되는 인이 바뀌면 연은 따라서 바뀌게 됩니다. 눈으로 볼 때, 부처님이 보면 모든 대상이 부처처럼 보이고 다른 대상이 볼 때 모든 것이 자신의 욕망을 충족시켜주는 대상으로 밖에 보이지 않습니다.

대상은 똑같은데 누가 어떤 눈으로 보느냐에 따라서 그만큼 달라집니다. 주체가 더 중요하므로 눈이 있어 색이 있는 것입니다. 주체인 눈이 있기 때문에 비주체가 인에 보이는 색이 있습니다.

부처님께서 말씀하셨습니다. '눈이 있어서 대상이 있다. 이가 있어서 성이 있다. 의가 있어서 법이 있는 것이다.' 하셨습니다. 법이란 것은 일반적으로 법이고 규칙이고, 규율이라고 합니다. 법이라 했을 때 귀의불, 귀의법, 귀의승이라 할 때 법은 불교의 교리를 말합니다. 이 법은 일반적으로 부처님의 가르침입니다. 부처님의 가르침을 법이라 했을 때 법은 무아와 무상과 연기입니다.

인과율의 법칙

$E = e^{(c-1)} \times R$

E(effect, 결과), C(cause, 인, 주체, 원인)
R(relationship, 연, 대상, 객체, 관계)

예를들면
1) 주체와 객체가 변하지 않았을 때,
   주체 = 1, 객체 = 1
   $E = e^0 \times 1 = 1$
2) 주체는 변하지 않고 객체가 3으로 변했을 때
   주체 = 1, 객체 = 3
   $E = e^0 \times 3 = 1 \times 3 = 3$
3) 주체가 3으로 변하고 객체가 변하지 않았을 때
   주체 = 3, 객체 = 1
   $E = e^2 \times 1 = 7.3 \times 1 = 7.3$

주체와 객체의 변화에서 주체와 객체가 3만큼 변했을 때 변화에 미치는 영향은 객체의 3의 변화는 3의 변화를 유발하지만, 주체의 3의 변화는 7.3의 변화를 유발시킨다.

인과율

안이비설신의의 의는 의지적 작용의 속성을 가지고 있고 색성향미촉법을 말했을 때 법은 필연적 반응의 속성을 가지고 있습니다.

그래서 법은 필연적으로 지니고 지킨다는 뜻을 갖게 되어 진리라고 하고 인과율이 성립됩니다.

여기서 필연성 규칙성, 법칙성이 있기 때문에 인과율이 성립됩니다. 인과율이 성립되면 나쁜 일을 하면 나쁜 과보를 받고 착한 일을 했을 때 좋은 과보를 받습니다. 근본적으로 연기에 대한 확신이 서야 합니다. 전생을 믿느냐 안 믿느냐 이 문제를 생각했을 때 착한 일을 하면 착한 과보를 받고 나쁜 행위를 하면 나쁜 과보를 받는다는 생각은 막연하게 들릴 수도 있습니다. 우리는 꼭 그렇게 된다는 생각을 하지 않습니다.

그렇지만 꼭 그렇게 된다고 생각하면 바로 부처입니다. 꼭 그렇게 된다고 생각할 수 있도록 근거를 제공하는 것은 앞으로 구체적으로 배움으로써 좀더 확실하게 알게 됩니다. 인과를 믿는다 안 믿는다 하는 문제는 과거 현재 미래의 삼생을 거쳐 나오므로 막연합니다. 현재 우리가 살고 있는 현생에 국한시켜 볼 때 당장 문제되는 것은 죄를 누가 짓고 누가 받느냐의 문제입니다. 착한 일은 하면 착한 과보를 받고 나쁜 일을 하면 나쁜 과보를 받는다고 확신이 생겨야 합니다. 이것의 기본적인 뿌리는 인과율입니다. 인과율은 인과법칙의 인과율입니다. 인과란 것은 행위에 대한 과보를 받는 것으로 착한 일을 하면 착한 과보를 받고 나쁜 일을 하면 나쁜 과보를 받는 인과율입니다. 이 인과율에 대한 확신이 생기면 바로 부처님께서 말씀하신 연기가 이해되고 인과에 대해서 확신이 생깁니다. 이것을 좀더 체계적으로 알게 되면 과거, 현재, 미래에서 이 인과를 알게 됩니다. 지금 하는 이 공부들이 절대 쉽지가 않습니다. 강의를 들을 때도 또한 쉽지가 않습니다. 왜냐하면 뿌리에 접근하고 바탕에 가까이 가는 문제이기 때문입니다.

　세세생생 살면서 불교에 대한 확신이 들게 되면 이해하려고 노력하고 애쓰게 되며 이 공부가 얼마나 좋은지를 알게 됩니다.

　오늘은 죄악의 유무에 대해서 공부를 했고 그다음 이 죄는 누가 받느냐 하는 문제입니다. 육근, 육경, 육식이 무엇으로부터 만들어지는가? 촉에서 이루어지고 탐진치를 만들어 냈습니다. 오늘 공부한 내용이 죄악의 주체에 대한 문제입니다. 이 죄악의 주체가 어디에 있느냐입니다. 존재는 의지로부터 출발했기 때문에 죄악을 결정하는 의지는 나 자신에게 있다고 했습니다. 죄악을 결정하는 주체가 '나'다는 것이 오늘의 결론입니다. 죄를 짓고 행위 하는 주체는 나 자신이므로 그 주체가 과보를 받는다는 것입니다.

연기의 체계 및 구조 IV

제13강 시간연기_육육법연기

시간 연기의 발생 양식/ 연기에 대한 인식 단계는/ 육육법연기/ 육육법 연기의 전개/ 술과 식초의 관계/ 삼사 화합_육근과 육경과 육식/ 상태의 변화인 촉에 대한 이해/ 전생 기억의 사례/ 린포체신앙/ 육육법연기

제14강 오온연기

변화의 인식으로 존재를 알 수 있다/ 술과 식초/ 연고관계/ 관점의 변화/ 시간차원에서 공간차원으로 치환/ 드러난 세상과 잠재된 세상/ A법과 B법은 어떻게 되었습니까?/ 무아에 대한 설명/ 육신이 만들어지는 원리/ 오취온/ 근본 불안/ 색, 루파, 아집

제15강 오온연기의 발생양식

오온연기의 발생양식/ 색(色), Rupa/ 수(受), vedana/ 상(想), samjna/ 행(行), samskara/ 식(識), Vijnana/ 물질작용/ 감수작용/ 표상작용/ 행위작용/ 분별작용/ 유위법과 무위법/ 무루법과 유루법/ 나를 만들어 내는 원동력/ 연기에 대한 원자적 이해/ 존재의 속성, 안정

제16강 12연기_시공간연기

아난과 12연기/ 12연기의 구성/ 차제성과 실상/ 색이라는 것/ 무명이라는 것/ 행이라는 것, 상스카라(samskara)/ 식이라는 것, 뷔즌야나(vijnana)/ 명색, 名色(nama-rupa)/ 육입이라는 것, 六入(salayatana)/ 촉이라는 것, 觸(phassa)/ 수라는 것, 受(Vedana)/ 애라는 것, 愛(Tanha)/ 취라는 것, 取(upadana)/ 유라는 것, 有(bhava)/ 생이 라는 것, 生(jati)/ 노사, 老死(jara-marana)

제17강 12연기의 성립

깨달음과 지혜/ 1. 무명(無明), avijja/ 2. 행(行), sankhara/ 3. 식(識), Vinnana/ 4. 명색(名色), nama-rupa/ 5. 육입(六入), salayatana/ 6. 촉(觸), phassa/ 7. 수(受), vedana/ 8. 애(愛), tanha/ 9. 취(取), upadana/ 10. 유(有), bhava/ 11. 생(生), jati/ 12. 노사(老死), jara-marana/ 12연기의 회전

제13강
시간연기_육육법 연기

시간 연기의 발생 양식

　연기는 교리의 기초이면서 전부이기도 하며 가장 어려운 부분입니다. 연기에 대한 이해가 되면 불교 공부가 쉬워집니다. 바다에 떠 있는 빙산은 10분의 1은 떠 있고 10분의 9는 물속에 잠겨 있습니다. 10분의 9의 잠겨 있는 부분을 지금 공부하고 있는 것입니다. 떠 있는 10분의 1은 항상 무상과 무아와 연기에 대한 현상론적 부분입니다.
　왜 무상이며 무아이며 연기인가 하는 부분에 대한 구체적인 이해는 어려운 공부입니다. 그래서 먼저 12처를 공부했고 그 다음 18계를 공부했고 죄악의 유무를 공부했고 이것을 바탕으로 비로소 연기공부에 들어갑니다. 연기를 설명하기 전에 무아, 무상을 설명했습니다. 이때 우주에 있는 모든 존재를 인식하는데 두 가지 방법이 있다고 했습니다. 시간적인 관점에서 존재를 이해하는 방법과 공간적 관점에서 존재를 이해하는 방법입니다.

즉 시간적 관점에 의한 방법과 공간적 관점에 의한 방법으로 시공간이 분리되는 것입니다. 또 시공간이 통합된 관점에서도 이해할 수 있습니다.

육육법 연기는 시간적 관점에서 연기를 공부하는 것이며 오온연기는 공간적 관점에서 연기를 공부하는 것이며 12연기는 시간적 관점과 공간적 관점을 통합해서 이해하는 방법입니다.

연기에 대한 인식 단계는

육육법연기에 대해서는 금강경 제18장 일체동관문에 잘 나타나 있습니다. 부처님이 수보리에게 묻습니다. "부처는 육안이 있느냐? 예 육안이 있습니다. 부처에게는 천안이 있느냐? 예 부처에게는 천안이 있습니다." 혜안이 있느냐? 법안이 있느냐? 불안이 있느냐? 이렇게 묻습니다. 여기서 육안, 천안, 혜안, 법안, 불안이라는 것은 무엇입니까? 12처에 대한 이해와 인식인 육근과 육식의 이해가 바로 육안에 대한 인식입니다. 또, 앞에서 배운 삼법인의 속성이 이해 되면 천안이 열렸다고 합니다. 부처의 혜안은 육육법연기에 대한 이해와 인식이 되면 혜안이 있다고 합니다. 법안이란 오온연기에 대한 인식의 이해입니다. 부처님께서 말씀하신 불안은 부처의 눈입니다. 다시 말해서 12연기에 대한 이해와 인식이 바로 불안이 있다는 것입니다. 그래서 초기 불교에서 부처란 12연기에 대한 이해와 인식이 될 때 불안이 생긴다고 했습니다.

초기불교에서 부처란 오온연기를 이해하면 바로 법을 안다고 합니다. 그리고 지혜가 열려서 육육법 연기를 인식하고 이해하면 혜안이 있다고 합니다. 수십억 겁을 수행해야만 부처가 된다고 했습니다. 부처되는 것이 얼마나 어려운지 알겠지요. 그 어렵고 힘든 수행과정을 거쳐 부처되고 나를 아는 것이 바로 12연기에 대한 인식과 이해입니다. 오온에 대한 인식과 이해와 육육법연기에 대한 이해가 절대 쉬운 것이 아닙니다. 금강경의 내용을 보니 육안, 천안, 혜안, 법안, 불안은 육근과 육경에 대한 이해, 삼법인에 대한 이해, 시간연기에 대한 이해, 공간연기에 대한 이해, 12연기에 대한 이해를 설명하고 있습니다. 12연기를 이해하면 아라한이며, 부처가 되는 것입니다.

육육법연기

육육법 연기를 산스크리트어로 표현하면 '프라티아트야 우뜨파다(pratityautpada)' 입니다. 우리말로 풀어보면 "기대어 일어남 연하여 일어남, 연생" 한문으로 간단히 표현한 것이 연생(緣生)입니다.

기대어 일어나다, 연하여 일어나는 것이 육육법연기의 발생양식입니다. 육육법연기의 기본적인 형태는 기대어 일어나고 연하여 일어나는 것입니다.

이것이 기본적인 속성입니다. 바로 연생입니다.

"프라티"는 ~ 에 대하여 ~을 향하여 이며 "아"는 가다. "트야"는 ~하여, ~향하여 가서 이고 "우뜨"는 위로, 위로는 일어남을 뜻하고 "파다"는 가다의 뜻입니다.

즉 육육법연기의 발생양식은 기대어 일어나고 연하여 일어나는

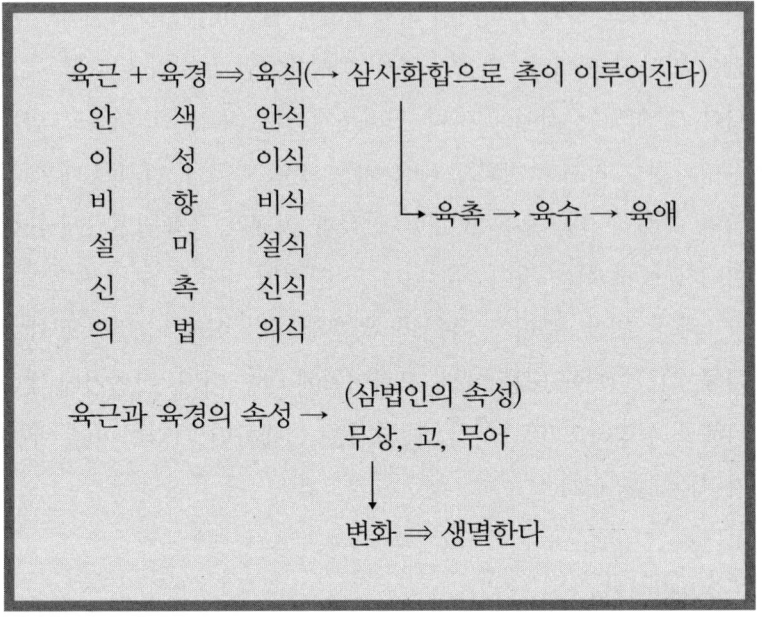

연생이란 뜻입니다. 기대어 일어나고 연하여 일어나는 것이 무엇입니까? 예를 들어 내가 눈을 통해서 부처님을 봅니다. 눈을 통하여 그 대상을 보면 대상에 대한 어떤 식이 생겨납니다. 이것이 연하여 일어나는 것으로 다른 것이 뒤이어 일어납니다. 뒤에 오는 행위가 이어서 일어나려고 하며 반드시 선행하는 것이 있어야 그것에 의해서 그 다음이 일어나는 것입니다. 여기서 연하여 일어난다. 기대어 일어난다는 것은 의지하여 일어난다는 것입니다. 앞에 것이 없으면 뒤에 것이 일어날 수가 없습니다.

　기대어 일어나고 연하여 일어나는 뜻은 앞에 것에 의지하여 뒤에 것이 따라서 일어납니다. 이렇게 보니 연기라는 말에 가까워지고 있습니다. 그래서 육육법을 이루고 있는 가장 기본적인 내용을 통해서 이제까지 공부했던 부분들에 어떤 법칙이 있는 것을 알게 됩니다.

기본이 되는 안이비설신의가 있습니다. 이 육근에 대한 대상이 항상 존재합니다. 예를 들어 눈이 있어야만 대구불교방송국의 건물이 보입니다. 지금 강의를 듣는 것은 귀입니다. 다른 것으로는 들을 수가 없습니다. 귀가 있어야만 들을 수가 있습니다. 냄새를 맡는 것은 코가 있기 때문에 가능합니다. 코는 볼 수도 없고 들을 수도 없고 냄새 맡는 것만 가능합니다. 짭다 맵다 맛을 느끼는 것은 혀가 있어 일어납니다. 누가 손을 만졌을 때 부드러운 감촉을 느끼는 것은 몸뚱이가 있기 때문에 일어납니다. 총체적으로 대상에 대한 생각을 일으켜 분별하고 판단하는 것은 의가 있기 때문입니다.

이와 같이 육근에 대한 대상은 육경으로 이루어집니다. 육경은 색성향미촉법으로 이루어졌습니다. 육근과 육경이 합해서 12처가 됩니다. '이 우주에 존재하는 모든 것은 12처니라' 존재하는 것을 표현할 때 12처로 표현합니다. 육근과 육경이 합해지니까 육식이 생깁니다. 눈으로 인해서 대상을 보는 작용인 안식이 생기고 소리를 듣는 것으로 인해서 이식이 생기고 안이비설신의까지 육식이 생겼습니다. 근본적인 12처를 바탕으로 육식이 생겼습니다.

태어나서 지금까지 생각해보면 이 몸뚱이는 끊임없이 변해왔습니다. 끊임없이 변하는 것을 무상이라 합니다. 그래서 이 우주에 존재하는 모든 것은 끊임없이 변해갑니다. 일정한 모양을 유지하는 것은 없습니다. 대구불교방송국도 몇 백 년이 지나면 다 허물어집니다. 끊임없이 변해갑니다. 몇 백 년, 몇 천 년, 몇 만 년이 지나면 존재하고 있는 모든 것은 반드시 허물어져 버립니다. 우리 몸뚱이도 백 년을 쓰고 나면 허물어져 버립니다. 이 우주에 존재하는 모든 것은 끊임없이 변해가고 변해가는 끝은 멸이며 죽음입니다. 부처님께서는 끊임없이 변해가는 육근을 무상하다고 했습니다. 그래서 모든 것의 마지막은 멸로 끝나고 죽음으로 끝나기 때문에 부처님께서는 고라고 하였습니다. 왜 "고"냐고 했을 때 고인 이유는 마지막 종착역이 멸이며 죽음이기 때문이라고 했습니다.

그래서 육근은 무상이고 고입니다. 끊임없이 변하기 때문에 변해가는 끝은 멸하므로 무상이며 고라고 했습니다. 나라고 주장할 만한 주재성이 없습니다. 그러므로 육근은 무아이기도 합니다. 나라고 주장할 만한 독립된 주체가 없는 것입니다. 이 우주에 존재하는 모든 것은 서로 연관되어 존재하기 때문에 나라고 주장하는 독립된 실체가 없기 때문에 무아입니다. 육근은 기본적으로 의지적 작용의 속성을 가지고 있습니다. 무상은 모든 변화의 끝은 죽음이고 멸이기 때문에 고라고 했습니다. 왜 고냐 했을 때 무상한 것의 종착역은 멸이고 죽음입니다. 그래서 무상이고 고입니다. 상일성과 주재성이 없어 항상 일정한 모양을 유지하는 것이 없으며 나라고 주장할 만한 것도 없기 때문에 무상이고, 무아라고 합니다.

육육법 연기의 전개

육근은 기본적으로 삼법인의 속성과 의지적 작용의 속성을 가지고 있습니다. 육경은 색성향미촉법입니다. 색경, 성경, 향경, 미경, 촉경, 법경인 육경도 삼법인의 속성을 갖고 있습니다. 육근의 대상인 육경도 똑같이 시간이 지나면 허물어집니다. 일정한 모양을 가지고 있는 것은 아무것도 없습니다. 내 몸뚱이가 삼법인의 속성을 갖고 있듯이 대상인 이 우주에 존재하는 모든 것도 삼법인의 속성을 갖고 있다는 것입니다. 육경도 결국은 무상입니다. 대구불교방송국도 동화사도 어떤 것도 항상 일정한 모양을 갖고 있는 것은 없습니다. 지금 우리가 건물을 지었다 할 때 천 년이 지나고 나면 허물어져 버립니다. 목조건물을 예를 들어 1000년이 지나면 보물이 되고 국보가 됩니다. 시간이 지나고 나면 귀하게 되어서 잘 보존합니다. 그러나 만 년이 지나고 나면 다 허물어져 버리고 없습니다. 허물어지고 난 끝이 멸이기 때문에 고입니다. 그러므로 육경도 무상이고 고이고 무아입니다.

술과 식초의 관계

육근과 육경이 삼법인의 속성을 갖고 있기 때문에 이것으로 이루어진 모든 것은 삼법인의 속성을 갖게 됩니다. 여기서 육경은 필연적인 반응의 속성을 갖고 있습니다. 그래서 근본적으로 변화한 것을 이해해야 됩니다. 무상의 기본인 속성은 일정한 모양을 유지하지 못하고 끊임없이 변합니다. 예를 들어 술을 놔두면 식초가 됩니다. A술이 B식초로 변했습니다. 술을 놔두었더니 시간이 지나서 보니 식초가 되었습니다. 우리가 볼 때 A인 술이 B인 식초로 변한 것입니다. 그래서 A는 없어지고 B는 남아있습니다.

처음에는 술이었다가 뒤에 식초가 되었다면 앞에 것은 없어지고 남아 있는 것은 식초입니다. 존재는 인식이라 했습니다. 그런데 술이 발효되어서 식초가 되었습니다. 변화된 상태에서 인식하는 것은 식초밖에 없습니다. 변화의 끝인 식초를 인식합니다. 그래서 B는 존재하지만 A는 없습니다. 여기서 A는 없어졌으므로 A는 멸했다고 합니다. 없던 B는 어떤 시간을 기점으로 나타나게 됩니다. 이 시간을 기점으로 볼 때 A는 멸했고 B는 생한 것입니다. 이것이 앞에서 배웠던 연기로써 이것이 있으므로 저것이 있고, 이것이 멸하면 저것도 멸한다 입니다.

무상하다는 것은 변화하는 것으로 끊임없이 일정한 모습을 유지하지 못하고 변화를 합니다. 이 변화를 구체적으로 살펴보니 A가 B로 변했습니다. 즉 술이 식초로 변했습니다. 우리는 인식하지 못하는 변화 속에서 술은 없어져 버리고 식초가 생하여 있게 됩니다. 육근과 육경이 부딪쳐서 생긴 육식의 기본적인 속성은 변화입니다. 우리가 인식할 것은 변화하는 것을 변화하는 것으로 받아들이는 것입니다.

우리는 언젠가는 죽습니다. 죽는 다는 것을 지금 받아들인다면 즉 내일 죽는다면 오늘을 맞이하는 우리는 어떻겠습니까? 죽음을 인정한다면 현재의 삶이 훨씬 더 진지하고 긍정적이 될 것입니다.

예를 들어 어릴 때의 내가 다르고 자랄 때 내가 다르고 나이 들어서 내가 다르듯이 성장함에 따라서 내 모습이 변해갑니다. 여기서 나라는 것은 동일체이지만 다르게 인식하는 것입니다. 즉 변화의 기본적인 속성은 다르게 인식하는 것입니다. 육근과 육경에서 보았듯이 무상의 기본적인 속성은 변화입니다. 이것이 부딪칠 때 육식이 생기고 이 식을 의지가 판단하고 생각합니다. '식'의 기본적인 속성이 다르게 인식하는 것입니다. 주어진 모든 상황을 다르게 인식하는 것이 식입니다.

만약 TV 사극에 나오는 정도전을 볼 때 보는 사람들 모두 똑같이 인식합니까? 보는 사람마다 다 다르게 인식합니다. 산스크리스트어로 식은 뷔즌야나(Vijnana)로 표현합니다. '즌야'는 알다. '뷔'는 다르게 알다 입니다. 다르게 아는 것이 식입니다. 인식의 식의 기본적인 속성은 전부 다르게 인식하는 것입니다. 어떤 상황과 부딪칠 때 항상 똑같이 보는 것은 없고 다 다르게 인식합니다. 식의 기본적인 속성은 전부 다르게 인식하는 것입니다. 그래서 A가 B로 변하고 A와 B가 다르다고 인식하는 것이 식입니다. 순간순간이 모여서 전체를 이룹니다. 어떤 상황이 부딪쳤을 때 상황마다 다르게 인식하는 것이 식의 기본적인 속성입니다.

삼사 화합_육근과 육경과 육식

육근과 육경과 육식을 바탕으로 한 육육법연기는 연하여 일어나므로 육근과 육경과 육식 다음은 촉이 연하여 일어납니다. 촉은 일반적으로 육근과 육경과 육식의 삼사 화합으로 인하여 생깁니다. 이제 다르게 인식하는 육식까지 왔습니다. 대상을 인식하면 행동이 따르게 됩니다. 육근을 통해서 대상을 인식합니다. 대상에 대해서 판단하는 것이 육식입니다. 이 육식 다음에 일어나는 것이 촉입니다. 판단이 끝난 다음에 행동인 촉이 일어납니다. 6촉은 눈에 형상이 부딪칠 때, 귀에 소리가 부딪칠 때, 코에 냄새가 부딪칠 때, 혀에 맛이 부딪칠 때, 몸에 감촉이 부딪칠 때, 뜻에 법이 부딪칠 때 일어나는 것입니다. 6촉에서 충돌, 부딪침, 접촉 등을 만들어냅니다. 촉을 보면 일반적으로 두 가지가 있습니다. 촉에는 안과 색이 연하여 안식이 발생하고 또 안과 색과 식의 화합으로 촉이 됩니다. 이 삼사 화합이 이루어져 촉이 되고 또 육근과 육경과 육식이 부딪쳐 촉이 이루어집니다.

촉은 산스크리트어로 말하면 스파사(Sparsa) 즉 충돌입니다. 부딪치는 것입니다. 육근·육경·육식이 결합하여 부딪쳐 촉이 이루어집니다. A에서 B로 변했을 때 변하기 전 A가 나 자신입니까? 변하고 난 후의 B가 나입니까? 충돌이 일어나기 전의 나를 나로 인식할 것인지 충돌이 일어난 후 나를 나로 인식할 것인지 여기서 갈등이 일어납니다.

갈등하는 기본의 바탕은 충돌 때문입니다. 근본적인 의식의 저변에는 분명히 충돌이 일어나기 전을 나라고 했는데, 이 충돌이 일어난 후의 나를 나라고 할 것인지 판단이 되지 않습니다. 그래서 촉에서 변화를 바탕으로 갈등이 생깁니다.

갈등이 일어나는 것은 충돌하기 전과 충돌하고 난 후의 가장 극한 상황으로 삶과 죽음을 생각할 수 있습니다. 바로 충돌 전의 나의 가장 극한 상황은 분명히 살아있었는데 충돌 후의 나는 죽었단 말입니다. 죽음 전의 상황과 죽음 후의 상황을 한번 생각해 보세요. 그 많은 상황 중에 가장 극한 상황은 충돌 전후입니다. 충돌 전에는 살아있었으며 충돌 후에는 죽어버렸습니다.

이 문제에서 분명히 충돌 전의 나를 인식하면 충돌이 일어나기 전의 어제의 상황을 생각해 봅니다. 그리고 충돌이 일어난 후 오늘의 상황도 생각해 봅니다. 충돌 전의 어제와 오늘을 생각해 봤을 때 이 충돌전의 어제는 오늘 생각해 보면 어제의 일입니다. 어제 일어난 일은 대부분 기억합니다. 나는 어제가 있었던 것을 인식합니다. 충돌 전후를 생각해 보니 충돌 전이 어제였다면 충돌 후는 오늘입니다.

그러나 오늘의 상황을 생각해보니 아! 어제는 있었다고 인식합니다. 그런데 이 하루하루가 조금씩 흘러가서 바로 죽음 직전의 상황을 생각하면 죽음 직전의 살아있을 때는 어제이고 죽고 난 다음이 오늘입니다.

상태의 변화인 촉에 대한 이해

충돌 후의 나는 죽었고 충돌 전의 나는 살아있습니다. 그러면 충돌 후 내가 충돌 전을 인식한다면 분명히 내가 있는지 없는지, 우리는 분명히 어제를 인식했었는데 만약 마지막 충돌의 극한 상황인 죽음을 사이에 두고 생각해보면 충돌 전의 어제가 있었다고 인식한다면 전생이 있다고 인식할 수 있습니다.

죽음과 삶의 경계에서 내가 분명히 살아있는 삶을 안다면 그것은 전생입니다. 충돌 전의 이 어마어마한 극한 상황에 의해서 모든 것이 깨어져버려 인식하지 못하는 것입니다.

그래서 우리는 급격한 충돌 상황에 의해서 전생을 기억하지 못합니다. 그런데 우리는 어제는 기억합니다. 10년 전도 기억합니다. 이 몸뚱이를 받아서 살았던 오래 전은 어느 정도 기억합니다. 충돌의 극한 상황이었던 죽음에서 생각해 보세요. 죽음을 경계로 해서 그 전에 있었던 것을 만약 기억한다면 전생을 기억하는 것입니다. 이 충돌의 문제는 전생이 있느냐 없느냐까지 가게 됩니다.

전생 기억의 사례

간혹 전생을 아는 사람이 있습니다. 스티븐슨 박사는 1975년까지 전 세계를 돌아다니면서 전생을 기억하는 1300명의 사례를 모았습니다. 우리는 본래 전생이 있었는지 없었는지도 모르고 또 전생을 기억하지도 못합니다. 그런데 정신과 의사인 스티븐슨 박사는 1300명의 사례를 모아서 책으로 출간했습니다.

내가 전생을 기억하지 못한다고 해서 전생이 없다고 할 수는 없습니다. 분명히 기억하는 사람들이 있습니다. 그 대표적인 예로 이스마일이라는 아이는 태어난 마을에서 3~4살이 될 때까지 마을을 떠나 본적이 없는데 자꾸만 자기 집으로 데려다 달라는 겁니다. 지금 살고 있는 곳이 자신의 집이 아니라면서 자기집에 데려다 달라고 합니다. 그러니까 이 아이는 태어나서 집을 떠나 본적이 없는데도 자기가 살고 있는 마을 이름까지 대면서 우깁니다. 아이의 말을 듣고 알아보니 약 50리 떨어져 있는 곳에 아이가 말한 지명의 마을이 존재한 것입니다.

그래서 부모는 아이를 데리고 그 마을로 갑니다. 그 마을에 있는 어떤 큰 집에 들어가서 자기집이라고 합니다. 기록에 보면 이스마일은 전생의 빚을 이생에서 받았다고 합니다. 전생에 빌려준 돈을 받은 것입니다. 그러니까 이 몸을 바꾸기 전에 그 마을에 사는 A씨에게 돈을 빌려 주었는데 그 A씨는 이 사람이 죽어버리자 돈을 갚지 않았던 것입니다. 그런데 이 아이가 찾아와서 어느 때 자기한테서 돈을 빌려 가지 않았느냐 하면서 죽은 그 사람의 이름을 대면서 왜 돈을 갚지 않느냐고 따집니다. 그래서 전생에 빌려준 돈을 이스마일은 받아 냅니다. 이런 사례를 볼 때 전생이 있다고 해야 할 것입니다.

린포체신앙
티벳에서는 유명한 린포체 신앙이 있습니다. 뛰어난 수도승들은 자기가 죽었을 때 다시 환생할 것을 예언합니다. 이것이 린포체 신앙입니다. 현재 티벳의 법왕인 달라이 라마도 이 린포체 중에 한사람입니다. 달라이 라마 같은 린포체가 10명 정도 존재하고 있습니다. 예를 들어 지금 달라이 라마가 16세이니까 죽고 나기를 16번 하여 환생한 것입니다.

1984년에 예시 린포체라는 분은 미국 LA에서 열반하였는데 이듬해 스페인에서 오셀히타라는 아이로 환생을 합니다. 아이는 2살이 되던 해에 다람살라로 데려가서 키워지는데 이때 달라이 라마는 "이 아이가 예시 린포체의 환생이라는 것은 96%정도 분명하다"라고 하셨습니다. 이 아이가 1985년에 태어났으니 현재 33살이며 린포체로 티벳에서 교육받으면서 살고 있습니다.

지금의 달라이라마가 돌아가시면 법왕이 될 린포체입니다. 이 아이가 태어날 때 사진을 보면 예시 린포체의 모습과 상당히 닮았습니다. 당시 그 사진이 신문에 실렸었는데 아이를 임신하였던 엄마도 예시를 닮았다고 했으며, 아이는 다람살라로 데려와서 키워졌습니다. 스님들이 돌아가시면 자신만 아는 어떤 비밀을 만듭니다.

예를 들어서 경전을 혼자만 아는 곳에 숨겨 놓는다든지 하는 방법으로 어떤 것을 숨겨 두었다가 다시 태어나서 환생하여 그 물건을 찾아냅니다. 전생에 자신이 숨겨둔 것을 다음 생에 태어나서 찾게 되는 과정을 거쳐야 린포체가 됩니다.

육육법연기

1998년에 열린 광주 비엔나레에서 북한의 천재화가인 네 살 된 오은별의 그림을 전시한 적이 있었습니다. 세계그림대회에서 금상을 수상하기도 하였습니다. 도대체 전생이 없다면 그림에 대해서 배운 적이 없는 어린아이가 정말 상상도 할 수 없는 그림을 어떻게 그렸겠습니까? 우리가 잘 모른다고 해서 전생이 없는 것일까요? 분명히 전생이 있는데 우리는 기억하지 못합니다.

바로 육촉의 가장 극한 상황이 죽음의 순간입니다. 죽음과 삶의 경계가 육촉의 극한 상황입니다. 우리는 매일 매일 촉에서 일어나는 것을 기억합니다. 이것이 강하게 부딪쳐서 일어나는 세계는 바로 어제 일어난 것과 10년 전의 것은 기억하지만 극한 상황인 죽음. 다시 태어나기 전의 상황은 기억하지 못합니다. 촉의 극한상황에서 나의 모든 의식이 깨어져버립니다. 그래서 기억을 못합니다. 식이 맑은 사람은 잘 기억합니다. 식이 맑은 사람은 전생을 인식할 수 있습니다.

육촉은 기본적으로 부딪침입니다. 감정의 부딪침, 육신의 부딪침, 모든 것의 부딪침에 의해서 촉이 일어나고 연이어 일어나는 것이 육수입니다. 부딪친 다음에 느낌이 옵니다. 그 느낌은 우리에게 상을 만들어 애욕으로 저장됩니다. 항상 촉은 느낌을 동반합니다. 이 느낌에 의해서 촉에 대한 '좋다' '나쁘다'를 판단합니다. 어떤 촉이든지 좋은 것도 있고 나쁜 것도 있습니다. 좋은 촉은 지속적으로 내 것으로 만들려고 하고 나쁜 촉은 하지 않으려고 합니다. 이것이 바로 '애'로 육애입니다. 이 육애는 갈애로 느낌에 의해서 항상 좋은 감정을 유지하려고 합니다. 이것이 우리의 몸뚱이를, 의식의 덩어리를 만들어 내는 것입니다. 애욕이 모든 것의 뿌리가 됩니다. 애욕이 어떻게 생깁니까? 바로 육근으로 부터 시작한 갈애는 다른 것이 아니라 탐심과 진심과 치심입니다.

그런데 육육법연기는 연하여 일어난다고 했습니다. 앞에 것에 연하여 뒤에 것이 일어납니다. 역으로 앞에 것이 없으면 연하여 뒤에 것이 일어나지 않습니다. 항상 앞에 것에 연하여 뒤에 것이 따라서 일어납니다. 육촉에 연하여 육수가 생깁니다. 육수가 일어나면 육수에 연하여 육애가 일어납니다. 느낌에 의해서 육애가 일어나는 것을 느끼게 됩니다. 느낌에는 좋고 나쁜 것을 판단하고 좋은 감정을 지속적으로 유지하려고 합니다. 이것에 의해서 갈애가 생깁니다. 애욕이 생깁니다. 애욕의 덩어리가 진심이고 치심이고 탐심입니다. 탐진치가 애욕의 덩어리입니다. 물질적인 욕망을 포함하여 우리로 하여금 탐욕을 만들어냅니다. 감정적인 욕망은 우리로 하여금 진애 즉 화내는 마음인 진심을 만들어 냅니다. 모르는 치심이 근본이 되어 탐심과 진심이 생기게 됩니다.

앞에 것에 연하여 일어나는 육육법연기는 육근, 육경, 육식, 육촉, 육수, 육애까지 입니다. 육경의 기본적인 속성인 무상이 육수에 의해서 변했는데 이 변화에서 육식이 육촉으로 변화합니다. 촉은 부딪치기 전 앞의 것이 나인지 뒤의 것이 나인지 하는 갈등을 일으킵니다. 이 갈등의 끝은 삶과 죽음의 가장 극한 충돌입니다.

이 충돌의 끝인 갈등의 가장 복잡한 형태에서 앞의 것을 인식하지 못한 채 다 깨트려져버립니다. 그래서 이 몸을 받아서 다시 태어났을 때 대부분 전생을 기억하지 못하는 이유가 극한 상황의 충돌 때문입니다. 거꾸로 전생을 기억하려면 육촉에서 식이 맑으면 됩니다. 식이 맑다고 하는 것은 기본적으로 어제를 잘 기억하고 10년 전을 잘 기억하고 어릴 때를 잘 기억하는 사람입니다. 가장 극한 상황인 태어나기 전 모태 속의 나와 그것을 넘어선 것까지 기억해 나가면 바로 전생이 기억됩니다. 혹 최면을 걸어서 전생으로 가는 경우도 있습니다.

무상, 시간의 속성은 일단 끊임없이 흘러갑니다. 이 끊임없이 흘러가는 시간 속에서 존재하는 모든 것은 일정한 형태를 유지하는 것이 없습니다. 끊임없이 변해갑니다. 바로 무상입니다. 무상의 기본적인 속성은 변화입니다. 식은 끊임없는 변화를 바탕으로 바르게 인식하는 것이 기본적인 속성입니다. 그래서 바르게 인식하는 식에서 충돌이 일어났는데 죽음과 삶의 경계 속에서 갈애가 생겨납니다. 부딪침 다음에 느낌이 생기고, 느낌에 의해서 갈애가 생깁니다. 육육법 연기의 흐름에 의해서 무상을 인식하고 나면 갈애는 자연히 소멸하게 됩니다.

육육법 연기는 무상을 인식하는 것입니다. 거꾸로 무상을 인식하면 갈애가 소멸되고 이것이 바르게 변하게 됩니다. 갈애가 소멸해버리면 탐진치가 계정혜로 변하게 됩니다. 갈애가 좋은 쪽으로 제대로 변해버리면 탐진치가 계가 되고 정이 되고 혜가 됩니다. 계가 따로 있고 탐이 따로 있는 것이 아니라 탐을 바르게 잘 써면 바로 계가 됩니다. 진이 따로 있는 것이 아니고 정이 따로 있는 것이 아니라 진을 잘 쓰고 잘 절제하면 정이 됩니다. 예를 들어 캄캄한 방에 촛불을 가지고 와서 불을 밝히면 어둠이 없어져 버립니다. 바로 이 원리와 똑같습니다. 육육법연기의 속성과 흐름을 이해함으로써, 시간적 연기에 대한 기본적인 속성과 구체적인 내용들을 살펴봄으로써, 육육법 연기가 어떻게 이루어졌는가를 알게 됩니다.

제14강
오온연기

　이 오온으로부터 불교의 교리들이 다 나온다고 할 수 있습니다. 오온이 그만큼 중요합니다. 제가 가장 오랫 동안 고민했던 부분이 이 오온입니다. 그만큼 이해하기도 힘들고 체계화시키기도 어렵습니다. 오온만 이해 되면 불교가 다 이해된 것입니다.
　우리가 공부한 육근, 육경, 육식, 육육법 연기는 안이비설신의, 색성향미촉법으로 되어 있습니다. 이제까지는 일체법으로 우주에 존재하는 모든 것을 설명했습니다. 오온에 들어오니까, 이제까지 있었던 안이비설신의, 색성향미촉법이 없어지고, 색수상행식으로 출발합니다. 여기에는 육근도 없고 육경도 없습니다. 이것은 생명체가 출발하는 가장 근본적인 출발점입니다. 몸뚱이가 어떻게 생기는지, 인간이라는 생명체가 만들어지는 근본적인 개념이 오온으로부터 출발한다는 것입니다. 불교를 이해하는데 있어서, 기본적인 두 가지 속성은 무상과 무아입니다. 존재하고 있는 모든 것은

오온에 대한 인식

1) 특징 – 존재와 변화 – 변화의 관찰을 통하여 – 존재에 도달

2) A법 ————————————→ B법
   (술)   5시   (식초)

3) B법은 5시 이전에는 없다가 5시 이후에 존재 ⇒ 생(生)
   A법은 5시 이전에는 존재하다가 5시 이후에는 없어짐 ⇒ 멸(滅)

4) '모든 존재는 생멸한다.'
   B법이 생하는 데는 반드시 A법이 전제되어야 한다. : <u>연고관계</u>
   (식초가)   (술이)

5) B법은(식초는) A법에(술에) 의존하여 생한다.

6) A법은 멸하고, B법은 생했다. : 이 둘 사이에는 '반드시 연고관계가 있다'

7) A와 B가 서로 의존하면 <u>동시에 존재하지 않고도</u> 의존할 수 있느냐?

8) 위대한 발상의 전환 : 시간적인 문제를 공간적인 문제로 치환
   5시라는 시간을 기점으로 하여

   A법(술)   드러난 세상   B법(식초)
   (5시) ==================
   B법 (식초)   잠재된 공간   A법(술)

   원래 A법인 술이 있다가 5시를 기해서 술은 멸하고 B법인 식초가 생한다.
   5시를 기해서 내려갔다 올라왔다 할 뿐이다. 드러난 세상으로 올라오면
   생한 것이고, 잠재된 공간으로 내려가면 멸한 것이다.

9) 층의 구조로 파악
   (시간적 관점) 생멸의 세계 ⇒ (공간적 관점) 불생불멸의 세계,
                                              열반적정의 세계

끊임없이 변하는 것이 무상입니다.

변화의 인식으로 존재를 알 수 있다

우주에 존재하고 있는 모든 것의 근본적인 인식은 변화한다는 것입니다. 모든 것은 끊임없는 변화로 이루어졌고, 이 변화하는 것들을 관찰하고 변화의 인식을 통해서, 존재하고 있는 것들의 본질에 도달하게 됩니다. 모든 것은 끊임없이 변한다고 했고, 이 변하는 것을 관찰해봄으로써, 존재하고 있구나 하는 것을 비로소 알 수 있습니다. 예를 들어 술을 발효시키면 식초로 변하고, 우유를 발효시키면 요구르트나 치즈로 변하게 됩니다. 먼저 변화라는 것을 이해하기 위해서 술을 생각해 봅시다. 여기서 술이 발효하면 식초가 됩니다. 술이 식초로 변한 것을 생각해 볼 때 술이 변하기 전의 법을 A법이라고 하고 변하고 난 다음 식초가 된 상태를 B법이라고 생각합시다. 지금 강의하고 있는 오후 5시를 기준으로 생각합시다. 오후 5시를 기해서 만약 이 술이 식초로 변한다고 하면 5시 전에 술이 있었고, 5시 이후에는 식초밖에 없습니다. 그러니까 5시를 기점으로 A법이 B법으로 바뀌었습니다. 무상을 설명할 때 존재하고 있는 모든 것은 끊임없이 변화한다고 했습니다. A법이 B법으로 바뀐 상태가 이것을 나타내고 있습니다. 여기서 무상에 대한 좀 더 본질적인 설명을 해보기로 합시다.

술과 식초

5시를 기준으로 해서 5시 전에는 술이 있었고, 5시 이후에는 식초가 있습니다. 5시를 기준으로 없던 식초가 생겼습니다. 식초는 생을 했고, 술은 없어져 버렸습니다. 원래 있던 술은 5시를 기준으로 해서 멸했습니다. 5시를 기준으로 해서 없던 식초는 생겼습니다. 여기에서 무상이란 모든 존재는 끊임없이 변화한다고 설명을 했는데, 무상에 대한 본질적인 설명은 모든 존재는 생멸한다는 것입니다. 개념 자체가 본질적으로 확실해 집니다. 끊임없이 변한다는 자체가 무상이었는데, 끊임없이 변하는 것들의 출발은 생입니다. 모든 것은 생겼다가 마지막에는 없어집니다. 존재하고 있는 모든 것은 생멸한다는 것입니다. 끊임없이 변화하는 것들의 출발은 생이며 끝은 멸입니다. 생(生)에서 멸(滅)까지 생각한다면 모든 존재하는 것은 생멸(生滅)한다고 설명할 수 있습니다. A법에서 B법으로, 술에서 식초로 변하는 것을 우리는 없다가 생기는 것을 보고 생했다고 하며, 있다가 없어지는 술은 멸했다고 합니다.

좀 더 본질적으로 표현한다면 이 우주에 존재하고 있는 모든 것은 생멸한다고 표현할 수 있습니다. 분명 5시를 기준으로 식초가 생겼고, 그 전에는 술이 있었습니다.

술이 없는데 식초가 생길 수 있습니까? 식초가 생기려면 술이 있어야 하며 술에 의해서 그 다음 식초가 생기게 됩니다. 식초를 생각해 볼 때 어쨌든 술이 있어야만 식초가 생길 수 있습니다. 이 생멸 법에서 생각해야 될 것은 5시를 기해서 분명히 A법인 술은 멸했고, B법인 식초는 생했습니다. 그래서 A와 B에는 서로 연고의 관계가 있습니다.

연고관계

부처님께서는 볏단 두 개를 가지고 이 연고의 관계를 설명했습니다. 연고관계는 육육법 연기를 설명할 때 앞의 것이 전제 되어야만 뒤에 것이 생긴다고 했습니다. 이것을 연생연고관계라고 설명했습니다. 식초가 생기기 위해서는 반드시 연고관계가 존재해야 합니다. 즉 식초가 생기기 위해서는 술이 있어야 합니다. 술이 없이 식초는 생길 수 없습니다. 이 술과 식초는 연고관계가 성립해야 된다는 것입니다. 연고관계가 성립하려면 술과 식초가 동시에 있어야 됩니다. 두 개가 동시에 있어야만 가능 합니다. 두 개가 동시에 존재하지 않고는 연고관계가 성립할 수 없습니다. 술이 있어야 식초가 생길 수 있습니다. 여기에서 A와 B가 서로 의존한다는 연고관계를 생각했을 때 동시에 존재하지 않고도 연고관계가 가능하느냐? 하는 것입니다.

 동시에 존재하지 않고도 연고관계가 가능합니까? 연고관계라는 것 자체는 동시에 존재하지 않고, 즉 의지하지 않고는 연고관계가 안됩니다. 볏집 두 단이 서 있으려면 볏집 한 단에 의해서 다른 한 단이 서 있듯이 A에 의해서 B가 존재하려면 동시에 있어야만이 연고관계가 성립할 수 있습니다. 앞의 것과 뒤의 것이 동시에 있어야만 가능한데 A에서 B로 변해버렸으므로 A는 없어지고 B가 생겨버립니다. 여기서는 동시에 존재할 수 없습니다. 하나가 멸하고 하나가 생합니다. 육육법연기에서는 연고관계를 설명할 때 육식 육촉 육수 육애는 앞의 것에 연하여 뒤의 것이 생겼습니다. 앞의 것이 전제되어 뒤의 것이 생겼는데, 여기에서 술과 식초와의 관계 속에서 술이 있다가 없어지고 식초가 생겼는데, 술과 식초가 동시에 존재하지는 않습니다. 술이 있을 때는 식초가 없었고, 식초가 있을 때는 술이 없습니다. 즉 술과 식초 두 개가 동시에 존재하지 않고도 연고관계가 성립할 수 있느냐 하는 문제가 생기게 됩니다.

A와 B가 어떤 한 시점에서 동시에 존재해야만 연고관계가 성립합니다. 술이 있을 때는 식초가 없고, 식초가 있을 때는 술이 없으니까 동시에 존재하는 시점이 없습니다. A법과 B법이 동시에 존재하는 것은 불가능합니다. 여기서 부처님께서 위대한 사고의 일대 전환을 시도합니다. 부처님께서는 시간적인 상황에서 공간적인 상황으로 존재의 상황을 바꾸어 버립니다. 시간적인 흐름을 생각할 때 항상 변화하는 과정에서 앞의 것이 있어야 만 뒤의 것이 생깁니다. 이 우주를 구성하고 있는 두 가지 속성인 시간과 공간에서 시간은 앞의 것이 있어야 만 뒤의 것이 나타날 수 있지만 공간은 그냥 있는 것 뿐입니다. 공간의 개념으로 넘어오면 연고관계가 성립되지 않아도 변화가 가능하게 됩니다. 부처님께서는 무상에서 무아를 이끌어냅니다. 즉 시간의 문제에서 공간의 문제로 넘어오게 됩니다.

관점의 변화

시간적인 문제에서는 연고관계가 성립해야만 가능했던 것이 공간의 문제에서는 연고관계가 성립하지 않더라도 가능하게 됩니다. 술과 식초와 같은 변화의 존재에서 시간의 관점에서 공간의 관점으로 넘어가면서 사고의 일대 전환이 이루어집니다. 부처님 당시 대중들에게 연기를 설명하고 이해시키는데 있어 최고의 묘수를 던진 것입니다.

시간을 공간으로 치환해놓고 보니까 연고관계가 성립하지 않아도 존재하고 있는 것입니다. 공간은 그냥 있기 때문에 시간의 연속성과 흐름에 의해서 연고관계가 성립하지 않더라도 공간적인 문제가 가능하다는 것입니다. 결국 시간적인 관점에서 시간적인 문제가 공간적인 문제로 치환되다보니까 5시를 기점으로 술이 있다가 식초가 생겼습니다. 그래서 술은 5시를 기점으로 멸했고, 식초는 5시를 기점으로 생했습니다.

시간차원에서 공간차원으로 치환

인식의 대전환은 시간적인 문제를 공간적인 문제로 치환합니다. 불교에서 가장 중요한 사고의 대혁명은 시간적인 문제를 공간적인 문제로 치환하는데서 부터 이루어진 것입니다. 5시를 기점으로 공간에서 생각하니까 공간은 층을 나누어 생각할 수 있습니다. 불교방송국이 8층에 있으니까 1층, 2층을 생각하는 것과 같습니다. 위로 들어나는 세상과 아래로 내려가 보이지 않는 세상으로 나누어 보는 것입니다. 5시를 기점으로 위로 드러나는 세상과 아래로 내려가는 잠재된 세상으로 나누어 보니까 일반적으로 인식할 수 있는 드러난 세상과 보이지 않는 잠재된 세상으로 나누어지게 됩니다.

5시를 기점으로 식초가 생겼습니다. 술은 잠재된 세상 밑으로 내려가 버리게 됩니다. 그러면 연고관계가 성립하지 않는 상태에서 식초가 생겼고, 술은 잠재된 세상으로 내려가 멸했습니다. 우리가 인식할 때 잠재된 세상으로 내려가면 멸한 것이고, 눈으로 귀로 육근으로 인식할 수 있는 드러난 세상으로 올라오면 존재하고 있는 것이 됩니다. 존재라는 것은 인식하는 것입니다.

드러난 세상과 잠재된 세상

드러난 세상에 있는 모든 것은 인식할 수 있어 존재하는 것입니다. 드러난 세상에 올라오면 존재가 되는 것이고, 이것이 잠재된 세상으로 내려가 버리면 멸하는 것입니다. 드러난 세상과 잠재된 세상이 서로 올라갔다 내려갔다만 하니까 없어진 것도 아니고 생긴 것도 아닌 단지 존재하고 있던 것이 내려가면 멸했다고 하는 것입니다. 잠재된 세상으로 내려가 버리면 멸한 것이고 드러난 세상으로 올라오면 생했다고 합니다. 우리가 생멸로 인식하고 있지만, 그것은 생멸이 아니고 불생불멸입니다. 잠재된 세상에서 드러난 세상으로 올라오면 생했다고 하고 드러난 세상에 있던 것이 잠재된 세상으로 내려가 버리면 멸했다고 하는 것입니다. 전체 구조를 놓고 보니까 불생불멸일 뿐입니다.

불생불멸의 세계에서는 생하는 것도 멸하는 것도 없습니다. 이것은 불교의 가장 위대한 구조중의 하나가 됩니다. 존재에 대한 인식은 연기적인 관점에서도 이해 할 수 있어야 하고, 실상론적인 관점에서도 이해 할 수 있어야 합니다. 연기적인 관점에서 볼 때는 생멸의 세계이고 실상의 관점에서 볼 때는 불생불멸이 되어 열반적정의 세계가 되는 것입니다. 우리는 끊임없이 죽고 살고 합니다. 끊임없이 죽고 사는 이 생멸의 세계를 법안으로 보니까 열반의 세계로 불생불멸의 세계가 전개되는 것입니다. 실상론은 영원히 존재하는 것으로 불생불멸의 세계를 말합니다. 불생불멸의 실상으로 이해하게 되면 상주불멸의 세계가 됩니다. 열반경이나 묘법연화경 계통은 실상론을 바탕으로 진리의 세계를 설명한 것입니다. 어떤 관점에서 불교를 이해하느냐에 따라 생멸한다고도 생각할 수 있으며 불생불멸한다고도 생각할 수 있습니다. 생했다 멸했다하는 이것이 결국 불생불멸과 다른 것이 아니라는 것입니다. 연기를 드러난 세상과 잠재된 세상의 관점에서 이해하니까 불생불멸의 세계가 된다는 것입니다.

무아와 무상을 연기적인 관점에서 볼 때는 연기적인 세계가 이루어지고, 또 실상적인 관점에서는 생멸의 세계가 결국 불생불멸의 세계가 되는 것을 알 수 있습니다. 연기론이라 하는 것은 존재하는 이 세계, 현실세계를 이해할 때 생멸의 세계는 허망하다 혹은 허상이다 라고 이야기 합니다. 그래서 공이라고 말합니다. 금강경, 반야경 계통은 모두 이렇게 설명하고 있습니다. 존재하고 있는 세계, 연기로 이해하는 것은 무아와 무상을 바탕으로 끊임없이 생멸이 이어지는 세계입니다. 이러한 세계를 무상하다고 이야기하고 허망하다고 이야기 하고, 결국 공이라고 합니다.

A법과 B법은 어떻게 되었습니까?

변화에 의해 5시를 기점으로 술이 식초로 변했습니다. 실상론적 구조 속에서 A법과 B법은 존재한다고 설명할 수 있습니다. 식초도 존재하고 술도 존재합니다. 술과 식초를 서로 떼어놓고 한번 생각해봅시다. 식초도 있고 술도 있는 것입니다. 떼어놓고 있다 없다 관계 속에서 인식할 때는 '존재한다' 라고 합니다.

무아에 대한 설명

앞의 내용은 무아의 개념과 연관되어 있습니다. 예를 들어 물이라는 것은 H_2O로 수소 원자 두 개와 산소 원자 한 개가 붙어 있을 때 물이 됩니다. 그런데 H와 O가 끊어지면 어떻게 되겠습니까? H는 H로 있게 되고 O는 O로 있게 됩니다. 관계하고 있을 때는 물이 되었는데 관계를 끊어 버리면 물은 없어지고 H와 O만 있게 됩니다. H_2O가 관계하고 있었을 때는 물이 되었다가 관계를 끊어버리면 H는 H, O는 O일 뿐입니다. 관계하고 있을 때는 존재로 인식할 수 있는데, 관계가 끊어질 때는 있다 없다 로 인식합니다. 그래서 A법과 B법은 이런 관계 속에서 존재하고 있다는 것을 알 수 있습니다. A법과 B법은 잠재된 세상을 기준으로 볼 때 밑의 부분은 잠재된 세상이고, 위로 올라온 것은 드러난 세상입니다.

우주에 존재하고 있는 모든 것에는 A법과 B법 밖에 없습니까? 옆에도 똑같은 법들이 계속 연관되어 존재합니다. 무아는 우주에 존재하고 있는 모든 것은 서로 연관되어 있어 나라고 주장할 만한 실체는 없는 것입니다. 그런데 A가 B로 변하고 나니까 B는 스스로 자신은 변하지 않아야 한다고 생각하는 것입니다. 자기 자신은 영원히 존재한다고 생각을 하고 자기 자신은 변하지 않아야 한다고 집착합니다. 즉 위에 올라왔으니까 다시는 내려가지 않아야 한다고 생각합니다. 살아있는 것은 언젠가는 죽는데, 죽지 않는다고 생각하고 있습니다. 옆에서 사람이 죽어나가는 것을 보면서도 본인은 안 죽는다고 생각합니다. 이러한 생각을 이루고 있는 근본적인 바탕은 자기는 항상 생하고 있다는 것입니다.

육신이 만들어지는 원리

자신의 현재 상태에서 다른 상태로 안 바꾸려고 하는 것은 본성이고 그것에 집착이 생기고 자신을 중심으로 한 아집이 생깁니다.

잘못된 자신을 끊임없이 자기라고 인식하는 아집에서 모든 것이 전도되어 번뇌망상이 생기는 것입니다.

아집이 생기고 난 뒤 A법에서 B법으로 바뀌고, 끊임없이 변화하는 상황 속에서 생하고 나면 나는 변하지 않는다는 생각을 하는 것입니다.

그러나 궁극적으로 나는 변하고 있습니다. 변하지만 본인은 변하지 않는다고 고집하는 아집이 생기는 것입니다. 변화 하는 것의 기본적인 속성은 불안입니다. 끊임없이 변한다는 자체에서 기본적으로 생기는 사고의 인식은 불안입니다. A법에서 B법으로 변하고, B법에서 A법으로 변화하는 그 자체의 속성은 바로 불안입니다. 내가 인식하든 못하든 간에 내 속에는 끊임없이 불안이 존재하고 있는 것입니다.

이 몸뚱이가 만들어지고 나면 무아이고 무상에 따라 변해갑니다. 끊임없이 변해가는 것에 대해서 불안이라는 것이 내 속에 자연적으로 생기는 것입니다. 불안하기 때문에 집착하고, 불안하기 때문에 아집이 생기는 것입니다. 나라고 하는 것을 자꾸 내세우게 됩니다. 이것이 생겨나는 근본적인 이유는 불안 때문입니다. 불안하지 않으려고 참선을 합니다. 마음을 안정시켜 한곳에 모으는 것입니다. 불안하지 않고 안정된 상황으로 내자신을 인식하고 이해하고 이끌어가려는 작업인 참선에는 위빠사나와 사마타가 있습니다. 사마타를 잘하기 위해서는 위빠사나를 해야하고, 위빠사나를 잘 하기 위해서는 사마타를 해야합니다.

오취온

다이어트를 하려면 어떻게 해야 합니까? 적게만 먹는다고 다이어트가 되는 것이 아니고 생각자체가 아집에서 벗어나면 다이어트가 되겠지요. 이 몸뚱이가 그냥 생기는 것이 아니라, 내 업에 의해서 끊임없이 갖다 붙인 결과입니다. 내 업만큼 갖다 붙인 것이 몸뚱이입니다.

날씬한 몸매를 만들려면 업을 바르게 가져야 되는 것입니다. 그러면 날씬하지 않으려해도 날씬해지고, 자연히 오래 살게 됩니다.

인간의 몸뚱이를 오취온이라고 합니다. 오온을 축적시켜 만든 것이 이 몸뚱이입니다. 오온의 색수상행식을 다시 한번 살펴봅시다. 이제까지는 육경, 육근, 육식으로 설명했습니다. 육경과 육근과 육식은 몸뚱이에 의해 인식할 수 있는 능력체가 생기고 난 후의 문제입니다. 그런데 색수상행식이라는 것은 인식할 수 있는 뿌리가 하나도 없습니다.

오온은 좀 더 본질적인 문제입니다. 회양선사가 육조 혜능을 찾아 갔을 때 회양에게 어떤 물건이 왔느냐? 하고 묻습니다. 어떤 한 물건이 왔느냐 했을 때, 어떤 한 물건은 부모미생전, 부모에게 이 몸 받기 전에 나는 누구였던가, 이것은 생명의 본질적인 문제와 연관 됩니다. 육근, 육경, 육식을 이야기 할 때는 몸뚱이가 생기고 난 후가 됩니다. 몸뚱이가 생기고 난 후에 오온에 대한 인식이 고의 존재입니다.

이 몸뚱이가 생긴 이유는 불안에 의해 자꾸 자기 것으로 갖다 붙인 것입니다. 자기의 업만큼 갖다 붙여 몸뚱이가 만들어지는 것입니다.

오온이 이해되면 불교를 다 이해한 것입니다.

색수상행식에 대한 구체적인 설명은 다음 시간에 할 것 입니다. 무상과 무아의 두 개의 큰 흐름속에서 존재의 본질적인 문제가 인식 되었습니다.

근본 불안

본질적으로 갖고 있는 것은 불안입니다. A법에서 B법으로 변했기 때문에 A는 멸했고, B가 존재하게 됩니다. 그런데 여기에는 C법도 있고, D법도 있습니다. 또 E법도 있고 F법도 있습니다. A법과 B법이 변화했듯이 C법 D법 E법 F법도 끊임없이 변합니다. 변하니까 C법이 멸했다가 생하고 D법이 생했다가 멸하고, 또 E법도 멸했던 것이 생하게 되고 F법도 생하다가 멸하게 되고, 이와같이 이 우주에 존재하고 있는 모든 것은 끊임없이 생하고 멸함을 되풀이 합니다.

B법의 주위에 있는 C, D, E, F도 끊임없이 변하고 있는 것입니다. B법이 보니까 자신은 변하지 않아야 한다고 집착하지만 자기 옆에서 일어나는 상황을 보니까 끊임없이 변하고 있는 것입니다. 변하는 것은 볼 수 있고 인식할 수 있는 것입니다. 자신은 변하지

않는다고 고집하지만 옆에서 변하는 모습을 보게 됩니다.

C법과 D법을 보니까 바뀌고 변합니다. E법과 F법도 변하고 바뀝니다. 생하고 멸하고 바뀝니다. 결국 B법은 옆의 것이 변하니까 자신이 더 불안해집니다.

불안을 극복하는 방법이 자기화하는 것입니다. 주위를 자신에게 붙여 자신과 하나로 만듬으로써 변화를 극복해 갑니다.

아집과 집착에 의해서 자기자신을 자꾸 더 불안하게 합니다.

옆에서 일어나는 변하는 상황을 보니까 더 불안해 집니다. 결국은 자기자신이 편안해지려면 바뀌는 것을 보고, 자기도 바뀐다고 인식을 하면 되는데, 자기는 바뀌지 않는다고 집착하고 아집을 합니다. 그러니까 자기자신도 안 바뀌고 옆의 것도 안 바뀌게 할 수 있는 방법은 자기자신한테 붙이는 것입니다. 바뀌는 옆의 것을 자신한테로 붙여버리는 것입니다. 그러면 자기는 안 바뀐다고 집착하고 있으니까 옆에 것도 변하지 않는 것이 됩니다. 옆에 것을 자기한테 붙여서 자기 것이 되는가 변하지 않고 영원하다고 집착합니다.

오온의 색수상행식에서 색이 바로 아집, 집착입니다. 오온의 작용에 의해서 끊임없이 자기한테 갖다 붙입니다. 자신의 업만큼 갖다 붙입니다. 우리 몸뚱이는 이렇게 만들어집니다. 이 오온의 작용을 끊임없이 되풀이 하여 내가 가진 업만큼 갖다 붙여 자기 자신을 만들어내는 것입니다. 오온은 이 몸뚱이가 어떻게 해서 생겼는지에 대한 해답입니다.

색, 루파, 아집

색은 산스크리트어로 루파(Rupa)인데 아집입니다. 아집이 생기는 근본 원인은 변화하는 것을 변화하지 않는 것으로 인식하려고 하기 때문에 생기는 것입니다. 생멸하기 때문에 생기는 것입니다. 그 생멸의 뿌리에는 불안이 있습니다. 인간이 본질적으로 갖고 있는 감정은 불안과 공포입니다. 멸 할 때 공포를 가장 크게 느낍니다. 생과 멸의 변화는 생명이 태어날 때 잘 나타납니다. 부모가 자식을 낳을 때 혹은 동물이 새끼를 낳을 때도 그 공포를 최소화하기 위해서 나름대로의 방법으로 낳게 됩니다. 죽을 때 즉 멸 할 때는 내가 평생 살았던 그 가치만큼, 그 능력만큼의 잠재능력을 가지고 죽게 됩니다.

태어날 때의 불안과 공포는 부모가 어느 정도 최소화 해주지만, 생명이 주하다가 멸 할 때는 자신이 평생 살았던 그 댓가만큼 불안을 느끼고 공포를 느끼면서 그 불안을 가지고 갑니다. 다음 생에 몸 받았을 때 갖고 있던 불안을 그대로 갖고 태어나게 됩니다.

우리 몸의 형태는 끊임없이 바뀌는 것 같지만, 자신이 있는 기본적인 업의 덩어리는 계속 내 것일 뿐입니다. 오온을 제대로 이해하고 12연기를 이해하고, 어떤 것이 선이고 어떤 것이 악이고, 착한 일 했을 때 착한 과보를 받게 되고, 나쁜 일을 했을 때 나쁜 과보를 받게 되는 것은 삼세윤회설에서 모두 설명됩니다.

악한 일을 했을 때는 악한 과보를 받고, 착한 일을 했을 때는 착한 과보를 받는다는 것은 정확합니다. 윤회를 100% 믿게 되고 인과를 100% 믿게 되면 지금까지 살아왔던 것 보다 훨씬 더 진지하게 자신의 삶을 생각할 수 있게 됩니다. 우리가 한생을 살아가는 것은 별것이 아닙니다. 수억 겁의 삶속에서 100년이라는 것은 아무 것도 아닐 수 있습니다.

그렇지만, 나를 바꿀 수 있는 유일한 계기는 바로 이 몸 받아있는 100년 동안입니다. 이 몸뚱이가 없을 때는 아무 것도 기약할 수 없습니다.

인간의 몸 받아있을 때 1mm의 방향만 바꾸어 놓아도 그 1mm의 바뀐 방향이 결국 나로 하여금 성불하게 만드는 것입니다. 우리가 갖고 있는 이 삶의 덩어리는 수억 겁 동안 살면서 만든 내 업입니다. 한생 동안 바꿀려고 아무리 발버둥쳐봐야 무엇이 바뀌겠습니까? 그런데도 우리는 부처다라고 큰소리 칩니다. 죽었다 깨어나도 안 바뀔 것 같은 나를 아침에 일어나 내가 부처다라고 생각하고 참선하면 묘하게도 자신이 부처로 만들어집니다.

100년도 안되는 삶에서 업의 덩어리의 방향을 1mm도 못바꾸는 것이 우리의 일반적인 삶입니다. 방향을 1mm만 바꾸어 놓아도 이것이 다음 생 다음 생으로 굴러가면서 자신의 삶을 바꾸는 터닝포인터가 됩니다. 우리가 생각하고 있는 한 점의 위치에서 아주 조금 바뀌는 것이 혁명이고 변화이고 나아가 모든 것이 그것 때문에 바뀌게 되는 것입니다.

제 15강
오온연기의 발생양식

　색은 산스크리트어로 '루파' 입니다. 어떤 것이 A상태에서 B상태로 변했을 때 B가 자신의 상태를 유지하려는 것을 집착 혹은 아집이라 했습니다. 이 아집이 바로 루파입니다. 즉 색입니다. 색수상행식에서 색은 우리의 육신이고 수상행식은 정신이라고 설명할 수도 있지만 좀 더 본질적으로 볼 때 아집이 색입니다. A라는 상태에서 B가 되었을 때 이 B가 자기의 모습을 지속적으로 유지하려고 하는 것이 아집입니다. 그런데 B라는 것은 변하기도 하고 바뀌기도 합니다. 변해가고 바뀌는 것을 인식하는 것을 연기라 했습니다. 무아와 무상을 인식하는 것이 바로 연기였습니다. 여기서 B라는 상태를 연기로 인식하는 것은 정견입니다. 바뀌고 변화되는 현상을 바뀌고 변화되는 것으로 인식하는 것은 정견이고, 바뀌면 안된다고 생각하고 고집하여 자기 상태를 유지하는 것은 아집입니다. 무상과 무아를 바로 보는 것은 정견이 되고 변해서는 안된다하는 자기상태를 고집하는 것은 아집이 됩니다. 여기서 A에서 B로 변했을 때 B로 된 이 상태가 변하지 않아야 된다고 하며 끝까지 고집하는 것이 아집이고 B도 변할 수 있고 다른 것도 바뀐다고 바로 이해하는 것이 정견입니다.

  팔정도를 배울 때 정견이 제일 먼저 나왔습니다. 바르게 보는 것이 바로 무아와 무상을 보는 것입니다. 육육법 연기는 시간에 대한 것이고 오온연기는 공간에 대한 연기입니다. 부처님께서 왜 죽어야만 하는가, 이 문제에서 왜 태어났으며 이 몸뚱이가 왜 만들어졌는가 하는 문제들이 복합적으로 포함되어 있습니다. 왜 생겨났고 왜 죽어야 하는가에 대한 답은 오온입니다. 오온 때문에 이 몸뚱이가 생겨난다는 것을 설명했습니다.

오온연기의 발생양식

  육육법연기와 오온연기가 근본적으로 갖고 있는 특징을 보면 육육법연기는 연고관계가 성립한다고 했습니다. 앞에 사건이 전제되어야 만이 뒤에 사건이 일어나는 것이 육육법연기입니다. 오온연기의 기본적인 발생 양식은 삼우드아야입니다. 부처님께서 오온을 설명할 때 삼우드아야 라고 설명했습니다. 오온의 기본 발생양식인 삼우드아야는 함께 올라감, 또는 집이라고 설명하고 있습니다. 고집멸도의 집입니다. 집이라는 것이 왜 발생하는지, 발생 원인을 집이라고 했습니다. 이와같이 집이 삼우드아야에서는 함께 올라갑니다. 육육법연기에서는 함께 못 올라갔습니다. 앞에 것과 뒤에 것이 있으면 앞에 것에 의해서 뒤에 것이 생기고 또 항상 앞에 것은 없어지고 마지막 상태만 존재합니다. 그러나 오온연기는 함께 올라갑니다. 색수상행식이 육육법연기에서는 육근에서 출발해서 마지막 남아 있는 것은 육애였습니다. 앞에 것은 과정으로 거치고 마지막에는 육애만 남지만 오온에서는 색수상행식이 함께 있기 때문에 이 몸뚱이를 만들어 낼 수 있습니다. 하나만 있다면 형체를 만들어 낼 수 없습니다. 한꺼번에 다 만들어 낼 수 있기 때문에 이 몸뚱이가 만들어질 수 있는 것입니다. 그래서 오온연기는 이 몸뚱이가 어떻게 해서 생기는지 원인을 설명할 수 있습니다.

삼우드아야에서 삼은 함께, 우드아야는 올라감, 오온의 발생양식은 'A법과 B법이 함께 올라가지만 기대지는 않는다. 서로 평등하게 올라간다.'입니다. A법과 B법이 색과 수와 상과 행과 식이 각자 따로따로 올라간다는 것입니다.

여기서 시간적 연기에는 순서가 있음을 알게 됩니다. 그러나 공간적 연기에는 예를 들어서 김불자님이 있다고 뒤에 이불자님이 없는 것은 아니죠? 김과 이는 관계가 없습니다. 앞에 김불자님이 있어도 뒤에 이불자님이 있듯이 아무 상관없이 이 공간에는 각자 개별적으로 존재하는 것입니다.

공간연기의 가장 큰 특징은 전부 개별적으로 존재하고 전부 한꺼번에 올라올 수 있는 것입니다. 그래서 색수상행식은 한꺼번에 올라옵니다. 여기서 이해하기 쉽게 팔식에서 오온의 작용을 색수상행식으로 표현하고, 칠식과 육식에서의 오온의 작용을 색_물질작용, 수_감수작용, 상_표상작용, 행_행위작용, 식_분별작용으로 표현하도록 하겠습니다.

> 색 → Rupa(아집)
> 수
> 상   변할 가능성이 있는 것을 보고 변하지 못하도록
>   집착하는 것
> 상   A법 → B법에서
> 행   1) 아집을 통해서 B와 A는 결코 모습을
>   뒤바꿔서는 안된다고 보는 경우 ⇒ 아집
> 식   2) 뒤바뀔 수 있다고 이해하는 경우(연기의 인식)
>   ⇒ 정견

색(色), Rupa

색은 루파(Rupa)라고 했습니다. A에서 B상태로 변했을 때 변할 수 있다고 이해하는 것은 연기이며 정견이라 했습니다. 이것이 변하지 않아야 된다고 고집하고 집착하는 것을 아집이라고 했습니다. 아집의 상태로 현상을 이해하는 것이 색, 루파입니다.

변할 가능성이 있는 것을 보고 변하지 못하도록, 변하지 않는다고 집착하는 것이 바로 아집입니다. 이 몸뚱이는 끊임없이 변합니다. 그런데 변하지 않는다고 집착하고 고집하는 것입니다.

구체적으로 변할 가능성이 있는 것을 보고 변하지 않는다고, 변하지 못하도록 집착하는 것이 색으로 루파입니다. 기본적으로 A상태에서 B상태로 변했을 때 아집이 생깁니다. 이 아집의 기본적인 속성은 불안입니다. 변해야 되는 데 변하지 않는다는 기본적인 속성으로 생기는 것이 불안입니다. 어떤 상태가 A에서 B에서 C에

서 D에서 E에서 F에서 K에서 G등에서 여러 가지 상태로 변화 됩니다. 우주에는 수만 가지 상태가 존재하고 있습니다. 그런데 A에서 B상태로 되고 난 다음 B는 자기는 변하지 않는 것이라고 딱 고집하고 있습니다. 그런데 주위를 보니 변합니다. 젊은이는 늙기도 하고 있던 것이 허물어지기도 하면서 주위는 끊임없이 변하고 있습니다. 주위는 모두 변해가는데 자기는 변하지 않는다고 고집했지만 자기도 변할 지 어떨지에 대한 근본적인 불안이 생긴다는 것입니다. 이 변하는 것을 수라고 하며 뒤바뀌려는 느낌인 감수작용이 바로 산스크리트어 원어로 베다나로 표현합니다. 위와 아래가 뒤바뀌려는 느낌이 바로 수이고 A와 B의 관계 속에서, C와 D의 관계 속에서 자기는 안 바꿔려고 고집하고 있는데 옆에서 바뀌니까 자기도 바뀌는 것처럼 느껴집니다. 여기서 오는 불안, 느낌이 바로 수입니다.

수(受), vedana

수라는 것은 뒤바뀌려는 느낌입니다. 일반적으로 색수상행식 할 때 수는 감수작용이라고 번역합니다. 그래서 수에서 불안한 감정이 생기게 됩니다. 여기에서 뒤바뀌어서는 안 된다고 하는 것이 상입니다. 상은 산스크리트어로 상즌냐라고 표현합니다. 상즌냐의 뜻은 합쳐서 판단한다, 혹은 하나로 판단한다 입니다. 합쳐서 판단하고 하나로 판단하니까 자신 B는 바뀌지 않는다고 판단하고 고집을 합니다. 그러나 옆에 보니 D가 C로 바뀌려고 합니다. 안 바뀐다고 생각하는데 옆이 바뀌니까 불안한 마음이 잠재하게 됩니다. 그러므로 무명의 상태에는 불안한 속성을 가지고 있는 것입

수(受) - 뒤 바뀌려는 느낌, 감수작용

B (변하지 않는다고 생각)	C
A	D

B(위)와 A(아래)의 관계,
그리고 D(아래)와 C(위)의 관계에서 D와 C의 위치가 바뀐다면?
- B가 볼 때 변하지 않아야 하는데 변한다
→ 불안

불안을 극복하기 위하여

B (변하지 않는다고 생각)	C	E	G
A	D	F	H

CDEFGH는 변한다
변하는 CEG를 변하지 않게 하기 위해서는 변하지 않는다고 생각하는 자신 B와 하나가 되게 한다

불안을 극복하는 방법
- 자기화
→ 정신적으로 복제
→ 육체 즉 세포의 복제, 분열
- 자신의 업만큼 육신을 만들어 낸다

니다.

이 불안을 극복하는 방법으로 자신 B가 변하지 않는다고 생각하는 대로 옆이 안바뀐다고 생각하는 방법은 옆에 있는 C를 자신과 같이 합쳐 버리는 것입니다. 합쳐서 판단하면 자기는 변하지 않는다고 고집하고 옆에 있는 것도 변하지 않는다고 착각합니다.

결국 불안을 극복하는 방법은 자가화입니다. 정신적인 자기화는 자신의 업이 맞다고 생각하고 계속 같은 행위를 되풀이 하는 것입니다. 그래서 평생 우리의 삶은 변하지 않는 것입니다. 육신의 자기화는 자신의 업만큼 육신을 만들어내는 것입니다. 우리 모두는 업대로 자신의 얼굴과 형상을 가지고 사는 것입니다.

예뻐지려고 하면 화장을 하고 성형을 하면 순간은 예뻐보일지 모르나 결국은 업대로 더 망가지게 됩니다. 업이 맑아지고 선해지면 예뻐지게 되어 있습니다.

상(想), samjna

상은 표상작용으로 이미지를 만듭니다. 상이라고 하면서도 뒤바뀌어서는 안된다고 생각하니까 하나로 합쳐버리는 것입니다. 여기서 C가 D로 바뀌고 D가 C로 바뀌는 데도 바뀌는 게 아니라고 생각하여 합쳐버리는 것입니다. 자신은 안바뀐다고 고집했으니까 합쳐버리면 안 바뀌는 것이 됩니다. 옆에 것을 자신과 합쳐 안 바뀐다고 고집하는 상태로 존속하게 됩니다. 다시 말해서 상이라는 것은 뒤바뀌어서는 안 된다고 하는 것입니다. 그래서 '상즌냐'는 합쳐서 판단하다, 하나로 판단한다 입니다. 옆에 있는 것을 하나로 만드는 것이 상입니다. 색은 아집으로부터 출발해서 뒤바뀌려고 하는 옆의 상태를 보고 불안함이 일어나는 것이 수이고 그 불안한 느낌을 극복하기 위해서 상은 뒤바뀌면 안 된다고 하면서 자기한테 합쳐버립니다. 합쳐버리면 된다고 생각하는 것이 상입니다.

옆에서 뒤바뀌려고 하는 것을 뒤바뀌지 않아야 되겠다고 생각하여 자신과 합쳐 하나로 만들어버리면 뒤바뀌지 않는다고 생각하는 것이 상이고 그렇게 행동으로 옮기는 것이 행입니다. 하나로 만들어야겠다고 생각을 일으킨 뒤에 '실제 행동을 일으켜 하나로 만드는 것'이 바로 행입니다.

행(行), samskara

자신과 합쳐 하나로 만들어야겠다고 생각을 일으킨 뒤에 '실제 행동을 일으켜 하나로 만드는 것'이 행입니다. 부처님께서는 존재를 유위법이라고 했습니다. 실질적으로 합쳐야겠다고 생각한 것은 상이고 그것을 행동에 옮기는 것이 행입니다. 옆에 있는 것과 내가 합치면 원래 나와 합쳐진 나는 같지 않습니다. 내게 옆에 있는 것을 붙여버렸습니다. 원래 나는 B와 C가 떨어져 있는 상태였는데 이것을 합쳐버리면 떨어져 있던 B와 붙어버린 상태는 분명 다른 상태입니다. 이것을 다르게 인식하는 것이 식입니다. 상즌냐는 하나로 합치려고 판단하는 뜻으로 하나로 판단하는 것이 상이고 행이라는 것은 상스크리타로 이미 하나로 만들어진 것입니다. 그래서 하나로 합쳐야겠다고 생각하는 것을 합쳐버리는 상태를 행이라 합니다. 식은 변화의 전후법을 다르게 인식하는 것으로 뷔즌야라고 합니다.

우리는 이런 문제에 봉착하게 됩니다. 어떤 생에서든지 내가 경험해 본 것만이 생각에 떠 올릴 수 있는 것인지, 그렇지 않으면 한 번도 경험해보지 못한 것도 떠 올릴 수 있는지, 어떨까요.

행의 작용에 의해서 경험 1과 경험 2를 합쳐서 전혀 새로운 것에 대한 생각을 일으킬 수 있는 것이 인간입니다. 축생은 불가능합니다. 인간만이 행의 능력이 상상도 할 수 없을 만큼 발달되어 있습니다. 그래서 전생에도 한번도 경험하지 못한 것도 꿈을 꿀 수 있으며, 생각할 수 있는 것입니다.

식(識), Vijnana

뷔는 다르게, 즌야는 알다로, 다르게 아는 것이 식입니다. 변화의 전후법을 다르게 인식하는 것입니다. 내가 원래 존재했던 B하고 합쳐버린 상태를 다르게 인식하는 것이 바로 식입니다. 기본적으로 식이라는 것은 어떤 상태로 보더라도 전부 다르게 인식합니다. 색수상행식에 의해서 식은 항상 다르게 인식하는 것입니다. 색수상행식은 오온입니다. 식에서 행을 합쳐 다르게 인식하여 또 다르게 인식된 내가 존재하고 이것을 끊임없이 되풀이하여 옆에 것에 계속 붙입니다. 옆에 것을 자기 것과 똑같다고 인식하고 계속 자기한테 가져다 붙이는 것입니다. 자신의 업만큼 가져다 붙입니다. 이것이 완성된 상태를 오취온이라 합니다.

색수상행식을 끊임없이 되풀이 해서 자신의 업만큼 붙여 형태를 만드는 것을 오취온이라고 했습니다. 이것은 오온에 대한 본질적인 설명입니다. 거시적인 오온은 이 몸뚱이가 어떻게 해서 만들어지는가에 대한 이해입니다. 육근과 육경인 12처를 인식하기 전에 나는 무엇인가? 근본 몸뚱이를 만들어 가는 과정을 오온이라 했습니다. 그렇다면 이 몸뚱이가 만들어지고 난 다음의 오온은 무엇인가? 색수상행식에서 아집의 덩어리인 이 몸뚱이가 만들어진 상태를 색 즉 물질작용이라 합니다.

물질작용

인간은 명색이라 할 때 색의 육신과 명의 정신으로 이루어져 있습니다. 이 때 색수상행식의 작용만큼 육신이 만들어지고 그 육신 안에 정신이 들어있습니다.

이것이 현상적으로 만들어진 육신에 작용하는 것이 물질작용입니다.

감수작용

몸뚱이는 명색으로 이루어졌습니다. 몸뚱이는 색이고, 이 몸뚱이 안에 살고 있는 정신은 명입니다. 색은 육신이고 명은 정신입니다. 부처님의 형상을 보면 나에게 감수작용이 생깁니다. 부처님의 형상을 보면서 나에게 어떤 느낌이 오는가? 그 느낌 자체가 감수작용입니다. 어떤 대상을 봄으로써 몸뚱이 내부에 있는 정신이 인식하는 첫 번째 작용이 감수작용입니다. 그래서 일단 부딪치면 느낌, 감수작용이 있고 그 감수작용을 통해서 형상화 작업을 하는 것입니다.

표상작용

내 속에서 형상으로 만들어지면 표상작용이 일어나고 그 다음 결합생성작용인 행이 만들어집니다. 여기에 사과를 가져다 놓았을 때 얼굴을 찌푸리는 사람, 혹은 미소짓는 사람, 손을 절레절레 흔드는 사람 등등 똑같은 사과를 보더라도 그 반응은 모두 틀립니다.

어떤 대상을 보면 그 대상을 보고 내가 뭔가를 느낍니다. 느낀 대로 형상이 내 속에서 만들어집니다. 사과 하면 머릿속에 사과의 형상이 다 만들어져 있습니다. 한 번 보고, 맛 보고, 인식한 것은 전부 다 형상화 되어 아뢰아 속에 저장되어 있습니다. 그래서 신 맛이 나는 사과를 먹었던 사람이면 사과를 보는 순간 찡그립니다. 그렇지만 매우 달콤한 사과를 먹었던 사람은 사과를 생각하는 순간 얼굴에 화색이 돕니다. 이와같이 과거에 경험했던 것은 상으로 만들어져 있습니다. 우리 머릿속에는 자신이 살아오면서 경험했던 모든 것이 상으로 축적되어 있습니다. 생각해 보면 모두가 형상으로 만들어져 있습니다. 사과의 형상, 감의 형상, 배의 형상, 부처님의 형상, 친구의 형상 등등 내 속에 상이 만들어져 있는 것입니다.

앞에 저장되어 있는 그 사과하고 지금 보고 있는 이 사과하고 결부되어 일어나는 것이 결합생성작용인 표상작용입니다.

행위작용

결합생성작용이 일어나면 그 다음 판단이 일어나는 것입니다. 사과를 먹겠다고 생각하는 사람은 옛날에 먹었던 달콤한 사과를 생각했던 사람일 것이고, 손을 절레절레 흔드는 사람은 옛날에 벌레먹은 사과를 봐서 꼴도 보기 싫은 사람일 것입니다. 바로 식이 작용하는 것입니다. 그래서 색수상행식이 이루어집니다. 어떻게 해서 이 몸뚱이가 만들어졌는가를 설명하는 것도 오온, 색수상행식에 의해서 설명이 되는 것입니다. 이것은 본질적인 색수상행식이고 정신작용도 색수상행식으로 만들어지는 것입니다. 앞에서 설명한 사과를 본 다음 감수작용과 표상작용과 행위작용을 거침으로써 끊임없이 되풀이됩니다. 어떤 대상이나 경계든지 보면 감수작용이 먼저 생기고 그 감수작용을 통해서 형상화되고 그 다음 행은 앞에 있었던 많은 것과 주위에 있는 많은 것과 결합해서 새로운 판단이 생깁니다.

분별작용

새로운 인식이 생깁니다. 식에 결부됨으로써 판단이 생깁니다. 먹을까 말까, 안 먹는다 먹는다, 버린다 모은다 하는 마지막 분별력이 이루어집니다. 이렇게 색수상행식은 우리 몸뚱이가 생기기 전과 생긴 후까지 다 설명할 수 있습니다. 부처님께서는 우리의 존재를 유위법이라고 말씀하신 것입니다. 불교의 경전을 공부하다 보면 제일 이해하기 힘든 부분이 유위법과 무위법입니다. 또 불교경전에서 가장 많이 나오는 부분중의 하나가 유위법과 무위법입니다.

유위법과 무위법

부처님께서는 존재, 이 현상 전체를 유위법이라고 설명했습니다. 그래서 모든 것은 유위법이기 때문에 무상했습니다. 무상했기 때문에 고라고 설명했습니다. 모든 유위법은 괴롭다. 바로 고라고 했습니다. 고의 원어는 듀카입니다. 듀카의 뜻을 풀이해보면 듀는 좋지 않다, 카는 바퀴통으로, 좋지 않은 바퀴통입니다.

즉 잘 돌아가지 않는 것이 고입니다. 잘 돌아가는 것, 제대로 되는 것은 고가 아닙니다. 잘못된 바퀴통이 돌아가지 않고 삐걱거리는 것이 고입니다. 우리 마음이 불편한 것이 바로 고입니다. 마음이 편안한 상태는 낙입니다. 어떤 상황이 일어나서 그것을 받아들일 때 내 상태가 편안하지 않은 것, 좋지 않은 것은 고가 되는 것이고, 내마음 상태가 편안하고 좋으면 낙입니다.

부처님께서는 존재하고 있는 현상계 전부를 유위법이라고 했습니다. 유위법은 생멸이 있기 때문에 생멸법이고 또 인과가 반드시 따르는 인과법입니다. 그리고 인연이 생하고 멸하는 인연소생법입니다. 무위법은 유위법에 반대되는 것입니다. 존재하고 있는 모든 것을 부처님께서는 현상적으로 유위법이라 했으니까 여기에 포함되지 않는 것이 무위법이 되겠습니다. 유위라는 것은 행함이 있는 법입니다. 만들어진 법, 조작된 법으로 인과는 내가 삶으로써, 그 행위에 의해 다음에 어떤 결과를 과보로 받는 것입니다. 이처럼 행함이 있는 모든 법은 유위법이 됩니다. 그러나 무위법은 행함이 없는 법입니다. 현상계를 유위법이라 한다면 무위법은 우리가 존재하고 있는 본질적인 본체계를 무위법이라 할 수 있습니다. 일반적으로 무위법을 설명할 때 현상계의 제법과 같이 인연에 의하여 조작되지 않고 그 자체가 본래 상주하여 불생불멸하는 것입니다.

이것은 가상의 세계, 이상의 세계입니다. 실제 존재하고 있는 모든 것이 유위법이라면 부처의 눈, 깨치고 난 다음 이 세상을 보면 전부 무위법이 됩니다. 우리가 바라보는 이 세계는 유위법이고 깨친 눈으로 이 세계를 보면 무위법이 됩니다. 여기에서 더 이해해야 할 것은 무위법에서는 다음 생에 번뇌의 원인을 만들지 않는 무루법이 만들어지고 유위법에서는 다음 생에 번뇌의 원인이 되는 유루법이 만들어집니다.

무루법과 유루법

유루는 이 세상에 지은 업이 다음 생에 과보로 받는 것입니다. 인과가 있는 이 생에서 지은 모든 과보를 다음 생에 받는 유루법은 유위법입니다. 무루법은 무위법으로 부처는 견성하고 나면 전부 무루법이 되는 것입니다. 중생은 업에 의해 몸을 받습니다. 부처나 보살은 이 세상에 나올 때 업에 의해 나오는 것이 아니라 원에 의해서 나오게 됩니다. 차이점은 중생은 이 몸뚱이를 받아 태어나는 것은 업에 의한 것이고 보살과 부처는 중생을 제도하겠다는 원에 의해서 인간의 몸을 받는 것입니다. 사성제의 고집멸도에서 일반적으로 집은 고가 생기는 원인이고 고는 과제의 제시, 나타난 현상입니다. 고제와 집제는 바로 유루법입니다. 그러면 무루법은 멸이 된 상태입니다. 무루법은 크게 두 가지로 나눕니다. 무위무루법과 유위무루법으로 나눕니다. 고제, 집제, 멸제, 도제에 관계없는 비제가 있습니다. 은밀하게 유위무루법은 비제만이 해당됩니다. 불교의 가장 중요한 개념인 유위법, 무위법, 유루법, 무루법까지 포함하면 불교의 까다로운 용어를 다 배운 것입니다.

나를 만들어내는 원동력

불교의 용어 가운데 가장 혼돈되기 쉽고 어려운 것이 심, 의, 식입니다. 불교는 마음의 종교라고 했습니다. 처음 불교를 배울 때는 마음의 종교이기 보다는 의에 대한 작용이었습니다. 불교를 만들어내는 모든 것은 의의 작용이었습니다. 그래서 마음의 종교가 의이며 식인 것입니다. 심의식이 어떤 순서로 작용하는지도 알 수 있습니다. 머릿속에서 일어난 모든 생각의 근거는 마음입니다. 마음이란 것은 주어진 현상에 대하여 이율배반적인 생각을 할 수 있는 자유로운 영역으로 모든 잡다한 생각을 일으킬 수 있는 능력입니다. 마음에서 일으킬 수 없는 것은 없습니다. 이것이 마음이라면 의는 무엇이었습니까? 의는 의지로 어느 하나를 택하고 나면 그 방향으로 유지하려고 하는 능력이 의였습니다. 그 잡다한 생각 속에서 내가 도를 닦아야겠다는 한 생각을 일으켜 그 쪽으로 밀고 나가는 능력이 의입니다.

우리를 부처로 만들고자 하는 것은 무엇입니까? 의에 의해서 부처가 됩니다. 의에 의해서 이렇게 살아갑니다. 어느 하나를 택하고 나면 그 생각으로 밀고 나가는 능력이 의인데 이 현상이라는 것은 끊임없이 변해갑니다. 무상한 것은 끊임없이 변해갑니다. 아무리 한 방향으로 유지하려고 애를 쓰고 노력해도 결국은 변하게 됩니다. 변하게 되는 것을 아! 변했구나 달라졌다는 것을 인식하는 것이 식입니다. 우리는 끊임없이 심의식을 되풀이합니다. 일반적인 방향성 없는 내가 있고, 무엇인가를 해야되겠다는 의지의 내가 있고 그 의지를 행하고 나면 생각에 따라 식이 일어납니다. 그래서 끊임없이 심의식을 되풀이 하는 것입니다.

색수상행식의 몸뚱이가 생기고 난 다음의 거시적인 현상만 설명하면 전혀 감이 오지 않습니다. 감수작용, 표상작용, 행위작용, 분별작용으로 색수상행식을 설명하면 본질적인 뜻이 이해되지 않습니다. 산스크리트어 원어를 제대로 알면 본질적인 다른 뜻이 있음을 알 수 있습니다. 육근과 육경이 생기기 전의 나는 업 덩어리가 계속 붙여져서 나라는 것을 만들어냅니다. 나라는 아집 덩어리가 만들어지면 색수상행식이 끊임없이 작용하는 것입니다. 색수상행식은 나를 만들어내는 원동력이고 또 나가 만들어지고 난 다음 나를 굴리는 것도 바로 색수상행식입니다. 색수상행식은 나를 만드는 원리이고, 내 삶을 평생 가꾸어가는 원천입니다.

연기에 대한 원자적 이해

부처님 당시에는 시간과 공간이라는 말이 없었습니다. 시간과 공간이라는 개념 자체를 좀 더 이해하기 쉽도록 시간적 연기라는 말을 쓰고 공간적 연기라는 말을 쓰는 것입니다. 시간의 흐름에 대한 이해, 즉 순서가 있는 것으로 앞에 것이 존재하고 난 다음 뒤에 것이 생기는 연기가 하나 있었고, 순서와 상관없이 그냥 같이 존재하는 것, 나라는 것을 만들어내기 위해 시간의 흐름이 필요한 게 아니라 공간 속에 뭔가 덩어리를 만들어야 합니다.

공간 속에서 형상을 만들어내는 것이 오온입니다. 지금 용어로 표현하자면 하나는 시간연기이고 하나는 공간연기입니다. 이것을 바탕으로 이해해야만 12연기를 이해하게 됩니다. 12연기 속에는 과거, 현재, 미래의 3세도 존재하고 죄악도 있고 오온연기도 있고 육육법연기도 있고 이것들을 복합적으로 이해하고 나면 12연기가 완성됩니다.

지금 우리는 존재라는 근본에서 출발하여 여기까지 왔습니다. 부분별로 다 이해했습니다. 총괄적으로 존재하는 것을 이해하는 것이 12연기입니다. 인간이 본래 가지고 있던 속성은 무엇인가?

이 몸뚱이가 만들어지면서 불안이 생깁니다. 불안으로부터 벗어나려고 하는 것은 편안해지기 위한 것입니다. 편해지는 것이 벗어나는 방법입니다. 예를 들어 우주에 있는 입자들을 쪼개보니 분자가 있고 분자안에 원자가 있고 원자 중심에는 핵이 있었고 그 주위에는 전자들이 돌고 있습니다. 더 쪼개보니 이제 쿼크까지 들어갔습니다.

원자 중심에 핵이 있고 핵주변에 전자들이 돌고 있습니다. 원자핵 주변에 전자는 두 개가 돌 수도 있고, 세 개 돌 수도 있고, 어떤 때는 산소도 되고 수소도 되고, 어떤 경우엔 금도 되고 납도 되는 물질을 만들어냅니다. 결국 우리 몸도 원자가 모여서 만들어지는 것입니다. 만약 여기에도 전자가 돌고 있고 위의 궤도에도 전자가 돌고 있다고 생각할 때 위의 궤도를 돌고 있는 전자가 에너지를 더 많이 가지고 있겠습니까? 더 적게 가지고 있겠습니까? 중심으로부터 먼 거리이므로 위치 에너지가 더 큽니다.

존재의 속성, 안정

어떤 물체를 어느 위치에서 다른 위치로 옮길 수 있는 능력이 일입니다. 일을 한다는 것이 내가 지금 10Kg 짜리 돌을 들고 1 m를 옮겼다면 $10Kg \times 1 m$ 거리를 하면 내가 한 일의 량이 나옵니다. 에너지는 일을 할 수 있는 능력을 말합니다. 우리가 열 난다 할 때 그 열도 똑같은 것입니다. 일도 에너지도 열도 다 똑같습니다. 일을 할 수 있는 에너지를 말할 때 위치에너지도 있고, 어떤 물질이 움직일 때는 운동에너지가 됩니다. 예를 들어 물이 높은 곳에서 낮은 곳으로 떨어질 에너지를 위치에너지의 차이에 의해서 떨어질 때의 에너지를 전기에너지로 바꾼 것이 수력발전소입니다. 높은 데 있는 것은 낮은 데 있는 것보다 에너지가 더 큽니다. 에너지가 크면 더 불안합니다. 불안한 것은 기본적으로 안정해지려고 한다고 했습니다. 우주에 있는 기본적인 입자들도 가능하면 안정해지려고 합니다. 안정해지려고 하는 방법이 무엇입니까? 내가 가지고 있는 에너지를 내버리면 안정해집니다. 근본적으로 무상과 무아를 인식하고 나면 쓸데없이 내것이라고 할 필요가 없습니다. 내것이라고 가지고 있는 것이 없어져버리면 나는 평안하고 안정해집니다. 자꾸 내것이라고 가지고 있으니까 에너지가 커져 높은 곳으로 올라가니 무엇이 커집니까? 탐욕과 진심과 치심이 커지니까 자꾸자꾸 불안해지는 것입니다. 다 버리고 나면 가장 안전하고 편안한 상태가 됩니다. 가장 편안하고 안정된 상태를 견성이라고 합니다. 우주에 존재하고 있는 모든 것의 속성은 안전해지려고 합니다. 왜냐하면 우리는 기본적으로 불안하기 때문에 안전해지려는 것입니다. 안전해지려면 탐진치를 없애야 합니다. 높은 곳의 물체는 밑에 가져다 놓으면 안전합니다. 탐진치를 버리면 안정해져 바로 부처의 나라로 갈 수 있습니다.

제16강
12연기_시공간연기

데카르트는 〈방법서설〉에서 "나는 생각한다. 고로 나는 존재한다."고 했으며, 에드워드 윌슨, 하버드대학교 생물학과 교수는 〈컨실리언스consilience, 통섭〉에서 "나는 설명한다. 그러므로 나는 존재한다."고 했습니다.

연기론은 부처님께서 설명한 존재론입니다.
12연기는 연기의 시간적 측면과 공간적인 측면을 통합한 것입니다. 그래서 12연기를 배우고 나면 연기에 대한 모든 이해는 끝이 납니다. 그 다음은 본인이 얼마나 열심히 노력 하느냐에 따라 달라집니다.
살아가면서 나타나는 연기의 거시적인 현상은 인과응보이며 인과응보에 대한 원리를 자세하게 알아보는 것이 바로 연기입니다. 그래서 연기에 의해 굴러가는 삼라만상이 현상론으로 나타나는 것이 인과응보입니다.

```
물체                                          물체
생물(안이비        연기의 법칙              무생물(m)
설신의색성
향미촉법)
              오온연기       육육법연기
              공간연기       시간연기

    안(눈)
                                              색(형상)
      이(귀)    공간(x, y, z)                  성(소리)
                              시간(t)
        비(코)                                향(냄새)
        설(혀)                                미(맛)
        신(몸)
                                           촉(감촉)
          의(뜻, 의지)
                                         법(생각의 대상)
```

아난과 12연기

잡아함경 대연 방편경에 부처님이 어느 때 두류사국 검마사마을에 비구 1250인과 함께 계셨습니다. 그때 아난이 연기에 대해서 사색에 잠겨있었습니다.

'너무나 기이하고 특별하구나. 부처님께서 말씀하신 12가지 인연법의 이치가 매우 깊어서 이해하기가 쉽지 않구나. 내가 마음속으로 관찰해 보니 마치 눈앞에 있는 일과 같은데 무엇 때문에 깊은 이치가 있다 하는가?'

12연기를 보니 별로 어려운 것 같지 않고 쉽게 이해될 것 같은데

부처님께서 왜 어렵다고 이야기하는 것일까?

그렇게 생각한 아난은 자리에서 일어나 부처님께 나아가 부처님 발에 이마를 대고 예배를 하고 한쪽에 앉아 부처님께 여쭈었습니다.

'부처님. 저는 조금 전에 연기법의 이치를 관찰해 보니 마치 눈앞에 있는 것과 같은데 무엇 때문에 부처님께서는 연기법의 이치가 깊다고 하셨는지 궁금합니다.'

부처님께서 아난에게 말합니다.

'그만 두어라, 그만 두어라, 그런 말 하지마라.' 부처님께서 일반적으로 법을 설하실 때 그만 두어라, 그만 두어라, 그런 말 하지마라 이렇게 삼중어로 말씀을 잘 하십니다. 모든 경전에서 보면 부처님께서 법을 설하실 때 기본 구조가 위와 같습니다.

'스님께서 법을 설한다' 할 때 법은 무엇입니까?

정확하게 법이란 무아와 무상을 인식하고 이해하는 이치를 제대로 연기로 설명할 수 있는 것입니다. 우리가 그 법을 경전을 통해서도 설명할 수 있고, 자기가 깨친 바를 통해서도 설명할 수 있고 다양하게 설명할 수 있지만 궁극적으로 법이라는 것은 무아와 무상을 인식하고 연기를 설명하는 것입니다. 이 부분을 설명하지 않으면 법이라 할 수가 없습니다.

어떤 법문을 하더라도 이것을 바탕으로 우리의 삶에 적용시키고 우리가 이해할 수 있어야 법이라 할 수 있습니다.

그만 두어라, 그만 두어라, 그런 말 하지마라 했습니다. 우리가 청법할 때 절 세 번 합니다. 절을 세 번 하는 이유를 보면 부처님께서는 한 번 청하면 거절합니다. 또 한 번 청하면 거절합니다. 최소한 세 번은 청해야 비로소 법을 설하십니다.

왜냐하면 부처님께서는 법을 진정으로 듣고 싶어할 때만 법을 설해줍니다. 들어도 되고 듣지 않아도 되는 대충 생각할 때는 부처님께서 법을 설하지 않습니다. 진심으로 그 법을 꼭 들어야 된다고 생각할 때 부처님께서는 법을 설하십니다. 그래서 항상 세 번을 청합니다.

세 번 법을 청하면 이 사람들이 진정으로 법을 듣고 싶어한다고 생각하고 법을 설하십니다. 법을 청할 때 삼 배 하는 것도 여기에서 유래 합니다.

묘법연화경에서도 경을 설하시기를 세 번 청합니다. 이것은 일반적으로 법을 청하는 방법입니다.

12연기 이치는 너무나 깊어 이해가 어렵습니다.

아난은 부처님의 10대 제자로서 부처님 법을 가장 많이 들은 제자입니다. 부처님께서는 아난에게까지도 깊어서 이해하기 어렵다. 아난아 12연기는 보기도 어렵고 알기도 어렵다. 라고 말씀하십니다.

그만큼 12연기가 어렵다는 것입니다.

지금 우리는 시간적인 개념, 공간적인 개념으로 이 부분을 설명하니까 조금은 이해하기 쉽습니다. 그 옛날에는 시간, 공간 개념으로 설명했겠습니까?

2600년 전에는 지금 설명하는 것보다는 훨씬 더 이 부분이 이해하기 어려웠을 것입니다.

다시 한번 부처님께서는 아난에게 설명합니다. '내 이제 너에게 이야기할 것이니 잘 들어라. 12연기는 무명, 행, 식, 명색, 육입,

촉, 수, 애, 취, 유, 생, 노사를 말하며 사성제의 고집성제로써 고의 원인을 말한다.'

12연기의 구성

12연기의 구성을 살펴보면

무명, 행, 식, 명색, 육입, 촉 수, 애, 취, 유, 생, 노사입니다.

끊임없이 윤회하고 있는 이 몸을 만들어서 죽고 태어나는 과정은 바로 12가지의 과정을 거치면서 이루어지는 것입니다.

여기서 중요한 얘기가 나옵니다. 부처님께서는 왜 죽어야만 하느냐의 이 문제로 출가했습니다. 왜 죽어야만 하는가의 문제에는 죽어야만 하느냐의 문제만 포함되어 있는 것이 아니라 왜 이 몸뚱이가 만들어졌는가의 문제도 포함되어 있는 것입니다.

왜 죽어야만 하는가의 문제에서 제일 첫 번째 단계는 무엇입니까?

모든 법은 생멸합니다. 생멸한다고 하는 것은 만들어지고 없어지는 것입니다. 죽어야만 하는 것은 만들어졌기 때문에 없어지는 것입니다.

생했기 때문에 멸한다는 것입니다.

왜 죽어야만 하느냐의 일차적인 답은 태어났기 때문입니다.

부처님께서 사색한 기본적인 방법은 원인을 찾아가는 것입니다.

왜 그 일이 일어났느냐의 원인을 찾아가는 것은 중요한 공부방법입니다.

우리가 도를 이루고 깨달음을 이루는 것도 모든 것에 일어나는 현상에 대한 원인을 생각해 보는 것입니다. 그래서 중요한 말이 나오는데 바로 사성제의 고집성제로 고의 원인인 집을 관찰하는 것입니다.

12연기를 관찰해 보면 결국 원인을 생각하는 것입니다.

집성제에서 고는 과제의 제시였고 집은 왜 그 일이 일어났는지에 대한 원인이었습니다.

어떤 문제가 발생했을 때 왜 그 문제가 일어났는지의 원인을 생각하는 것이 집성제입니다. 12연기가 바로 집성제라는 것입니다.

부처님께서 다시 아난에게 설명하기를

'아난아 만일 어떤 사람이 어떤 인연으로 늙고 죽음이 있느냐 하고 물으면 생(生), 태어남이 있기 때문에 태어남의 인연으로 늙고 죽음이 있다고 말하여라.

어떤 인연으로 태어남이 있겠는가? 어떻게 해서 이 몸을 받아 태어나느냐고 물으면 유(有), 우리가 존재하는 것. 이 유의 인연으로 태어남이 있다고 말하여라.

어떤 인연으로 유, 존재가 있느냐고 물으면 취. 바로 취득하는 것, 취의 인연으로 유가 있다고 대답하여라.'

이와 같이 취는 애를 인연으로, 촉은 육입을, 육입은 명색을, 명색은 식을, 식은 행을, 행은 무명을 인연으로 하는 것입니다. 이렇게 해서 12연기에서 무명까지 갔습니다.

이 우주에 존재하고 생멸하고 있는 근본 원인과 이치를 밝힌 것이 12연기입니다.

그래서 부처님께서 아난처럼 뛰어난 제자에게도 12연기가 그렇게 쉬운 것이 아니라고 설명합니다. 아난은 말로 설명해도 알 것 같은데 부처님은 왜 어렵다고 하는가? 이해하고 난 뒤에 인식할 수 있어야 하고 체득해서 그것이 내 것이 되어야 합니다. 그러면 '내가 부처가 되는' 것입니다.

차제성과 실상

육육법 연기는 연하여 일어난다고 했습니다.

시간의 관점에서 연기를 이해할 것 같으면 항상 앞에 선행하는 것이 있어야 뒤에 따라오는 것이 시간연기입니다.

오온 연기는 앞의 것에 상관없이 색수상행식이 그냥 생기는 것입니다. 덩어리와 형상을 이룰 수 있는 근거가 됩니다.

그래서 몸뚱이를 이룰 수 있는 근거가 오온 연기에서 만들어지는 것입니다.

육육법 연기는 시간적 흐름에 의해 앞에 것이 있어야 뒤에 것이 만들어지고 오온연기는 앞뒤 상관없이 함께 공존할 수 있는 것입니다. 시공간을 생각해 보면 같이 공존할 수 있는 것은 공간이고 시간은 흘러갑니다. 항상 앞에 것이 있어야 뒤에 것이 있을 수 있는 것이 시간적인 관점입니다.

이 두 가지를 통합하니까 시간적인 관계가 있기도 하고 혹은 오온과 같이 공존하기도 합니다. 시간적 관점과 공간적 관점을 통합하는 것이 12연기입니다. 일반적으로 12연기가 성립하는 근거는 차제성과 실상입니다.

무상과 무아를 아는 것이 연기이므로 12연기가 성립하는 근거는 명입니다. 명은 비드야(vidya)이며, 실존하는 것이며, 밝히는 것입니다. 밝게 아는 것이 바로 12연기의 성립근거가 됩니다. 결국 안다는 존재의 실상을 바로 알고 제대로 밝히고 철저하게 인식하는 것이 명입니다.

연기는 산스크리트어로 pratityasamutpada 프라티이트야 삼우뜨 파다입니다.

프라티는 --에 대하여, --을 향하여 이며, 이는 가다는 뜻입니다. 트야는 --하여, -- 향하여 가서 이며, 쌈은 함께, 우뜨는 위로 일어남을 뜻하며, 파다는 가다의 뜻입니다.

그래서 pratityasamutpada는 기대기도 하고 함께 올라가기도 하는 뜻입니다.

연기의 발생양식, 즉 연기는 어떻게 해서 발생하느냐? 앞에서 육육법 연기는 "연생한다"이며, 오온연기는 "함께 올라온다" 라고 했습니다.

프라티이트야 삼우뜨 파다를 설명하면 "기대기도 하고 함께 올라가기도 하는 것"이므로 한문으로 번역하면 "연기(緣起)"입니다.

그래서 연기는 12가지의 가지가 있어서 함께 올라가기도 하고 기대기도 합니다.

기댄다는 것은 앞에 것이 있어야 뒤에 것이 생기는 시간적인 관점입니다.

함께 올라온다는 것은 흐름의 개념이 아니라 함께 머물며 형상을 이룰 수 있다는 개념입니다. 그래서 몸뚱이를 만들 수 있는 근거가 되는 오온 연기인 것입니다.

12연기는 육육법 연기와 오온연기를 합하므로 시간적인 관점이 작용하기도 하고 혹은 상황에 따라 공간적인 관점이 작용합니다. 그래서 12연기의 발생 양식은 기대기도 하고 함께 올라가기도 하는 것입니다.

색이라는 것

　명색이라는 말이 생소하지만 색수상행식에서 색은 이 몸뚱이라고 했습니다. 그러니까 명은 우리의 정신입니다. 정신과 육체가 바로 명색이 됩니다. 명색이 조금더 분화된 것이 육입입니다. 육이라 하면 육근, 육경이 떠오릅니다. 육입이라 하는 것은 육근과 육경과 육식과 관련이 있음을 알게 됩니다. 이것이 육육법 연기로 연결되어 촉, 수, 애 그 다음 취가 나오고 유가 나오고, 생, 노사가 나옵니다. 이제까지 공부한 것에 몇 가지만 첨부해 보니까 바로 12연기가 된 것입니다.

　부처님께서 왜 죽어야만 하는가 이 문제에 대해서 고민해서 터득한 것이 태어났기 때문에 죽는다고 생각했는데 12연기를 끊임없이 반복해 가니까 왜 태어났는가 하는 그 다음을 한 번 생각해 봅시다. 이 몸뚱이가 왜 태어났는가 하는 것을 거꾸로 생각해 올라가는 것이 어렵습니다. 그러니까 아난이 그냥 말로만 할 때는 쉽다고 했는데 부처님께서 그런 말 하지마라고 한 것이 태어나고 난 다음에 왜 태어났는지를 생각하는 것이 결코 쉬운 것이 아닙니다. 그래서 부처님께서 어렵다고 말합니다. 이것은 그냥 말로 생각으로 되는 것이 아니라 내가 정말 깊은 명상에 잠겨 본질에 대해서 깊이 관조할 때 비로소 알 수 있는 것입니다.

　세세생생 살아가면서 내가 느낀 것만큼 내 것이고, 아는 것만큼 행복합니다. 산은 멀리서 볼 때 울창하지만 산속에 들어가 보면 그 산이 어떻게 생겼는지도 모릅니다. 그런데 산을 나와 보면 산의 모습이 보입니다. 산속에 들어갔을 때 다르고 산속을 빠져나와 전체 윤곽을 볼 때 다른 것처럼 진리도 전체 윤곽을 볼 때 진리를 본 듯합니다. 비를 아무리 쳐다봐도 비의 본질을 잘 알 수 없는데 그 비를 흠뻑 맞으면 비의 본질을 훨씬 잘 느낄 수 있는 것처럼 산속에 깊이 들어가서 눈앞에 보이는 것만 보는 그 자체가 오묘할 수도 있습니다. 이것이 바로 진리의 양면성으로 내가 알면 알 수록 삶은 풍요로워지고 행복해집니다. 불교가 좋은 것은 존재하고 있는 모든 것에 대한 본질을 명쾌하게 밝히기 때문입니다. 명쾌하게 밝힌 것에 종교적인 틀을 씌운 것이 바로 불교입니다.

무명이라는 것

생으로부터 시작했을 때 태어나는 것 다음에서 막혀 더 이상 갈 수가 없습니다. 그래서 태어남 다음엔 왜 유인가? 이 존재를 이해하는 것 보다 거꾸로 생각하면 조금 더 이해하기가 쉽습니다. 무상과 무아를 모르는 것을 무명이라 했습니다. 그러면 무명으로부터 출발해 봅시다.

오온의 색, 수에서 무엇이 나왔습니까? 모르는 것에서 우리가 가지고 있는 생각은 불안입니다. 그 불안을 극복해가는 방법은 자기화하는 것입니다. 자기화라는 것은 상대방도 주위도 자기라고 인식함으로써 변화하는 것을 막으려고 노력하는 작용의 뿌리가 불안의 근거입니다. 근본적으로 자기화하는 이것이 바로 불안입니다. 불안이라 하는 것은 존재하고 있는 모든 것에 대한 움직임입니다. 불안이라는 그 자체가 변화하는 것을 막아 자기에게로 끌어다 붙이는 행을 만들어냅니다. 명의 속성은 바로 성성적정입니다. 고요함이 잠들어 있고 죽어 있는 고요가 아니라 끝없이 깨어있는 고요입니다. 그래서 깨달음을 표현할 때 성성적적이라 합니다.

그런데 무명은 근본적으로 모르기 때문에 불안합니다. 이 불안과 공포가 결국은 자기화로 만들어갑니다. 내 것으로 만들기 위해서 움직임이 있고 행동이 있어 결국은 무명이 행을 만들어 냅니다.

행이라는 것, 상스카라(samskara)

무명 다음에 오는 행은 바로 변화를 막으려는 결합작용입니다. 존재의 있는 그대로의 상태를 유지하려는 결합행위가 바로 행입니다. 무명이 없으면 행은 발생하지 않습니다. 무명이기 때문에 이 몸뚱이를 만들었듯이 무명 때문에 행이 발생합니다.

부처님께서 깨치시고 난 다음 제일 먼저 갈파한 것은

"이것이 있음으로 저것이 있고 저것이 있음으로 해서 이것이 있다" 입니다. 부처님께서 말씀하신 연기 속에는 어마어마한 뜻이 포함되어 있습니다.

우리가 이해해야 할 가장 중요한 것은 이것이 있음으로 저것이 있다는 것입니다. 바로 무명이 있음으로 행이 있다는 것입니다. 12연기를 구체적으로 이해하면 연기의 이것이 있음으로 저것이 있고 저것이 있음으로 이것이 있다고 한 말의 뜻을 이해할 수 있습니다. 무명이 있음으로 행이 있고 행이 있음으로 무명이 있다. 이것이 없음으로서 저것이 없어지고, 무명이 없음으로 행이 없어지는 것입니다. 우리가 잘 외우고 있는 네 줄의 연기 내용이 12연기에 뿌리를 두고 있는 연기법이 있습니다.

　무명이 있음으로 행이 있는 것이 이것이 있음으로 저것이 있는 것입니다. 경전에서 이것이 있음으로 저것이 있다는 것의 이것저것은 12연기의 열두 가지를 전부 다 가르키는 것입니다. 12연기를 제대로 알 때 비로소 연기가 탄생하는 것입니다. 여기서 이것이 있음으로 저것이 있다는 '무명이 있음으로 행이 있다'는 사실은 매우 중요한 것입니다.

　무명이 있음으로써 행이 있는 것을 연기라 하는데 이것은 기대기도 하고 함께 올라가기도 하는 것입니다. 행은 상스카라(samskara)라 하며 '존재가 있는 상태를 그대로 유지하려는 결합 행위'입니다. 어떤 경우에는 행과 무명이 함께 올라가기도 하지만 어떤 경우에는 무명에 의해 행이 생기면 무명은 시간적인 관점에서 없어져버리고 행만 나타나는 것입니다. 그런데 이것은 동시에 일어난다는 것입니다. 어떤 문제에서 제일 힘든 부분은 처음입니다. 중간 부분은 비교적 쉽습니다. 우리는 처음 부분에 대해서는 생각도 하지 않고 이해하려고 노력도 하지 않습니다.

　불교의 뿌리가 되는 연기의 구체적인 이야기는 이것이 있음으로 저것이 있다로 이것과 저것을 지칭하는 것은 바로 12연기의 열두 가지의 내용입니다. 12연기만 제대로 알면 이생에서는 잘 사는 것입니다. 세세생생 살아도 얻어 듣기 어려운 말입니다.

식이라는 것, 뷔즌야나(vijnana)

　식은 결합된 것(행)과 결합되기 전의 것(무명)을 완전하게 다르게 판단하는 것입니다. 오온에서는 식으로 끝나버리지만 12연기에서는 식 다음에 무엇인가(명색) 나타나 식에 의하여 함께 올라갑니다.

식識(Vijnana)은 행동을 일으키는 생각, 즉 인식작용 또는 인식 판단의 주관으로 육식을 말합니다.

행이 있으면 자기 것으로 만들기 위해 움직임이 있습니다. 이 움직임으로 말미암아 결합된 것, 즉 불안하여 자기 것으로 만들기 위해 인식을 형성해야 되는데 이때 새로운 식이 발생합니다. 이 식은 육근과 육경이 부딪힘으로 생기는 식입니다. 식은 행이 결합된 것입니다. 결합되기 전은 무명으로 행과 무명을 완전히 다르게 인식하는 것이 바로 식입니다.

식은 뷔즌야나(vijnana)라 하며 '변화의 전후법을 다르게 인식하는 분별작용'입니다. 식의 근본 속성은 모든 것은 항상 다르게 인식하고 판단하는 것입니다. 어떤 것도 똑같이 인식하는 것은 없습니다.

수백 명 수천 명이 어떤 하나의 현상을 볼 때 그것을 똑같이 인식하는 사람은 하나도 없습니다. 다 다르게 인식합니다. 자기에게 누적되어 있는 업의 형태만큼 식을 인식합니다. 이 식이라는 것은 결합된 것, 행과 결합되기 전의 것, 무명을 완전히 다르게 판단하는 것입니다.

오온에서는 색, 수, 상, 행, 식으로 끝나버렸습니다. 이 식이 오기까지는 색, 수, 상, 행이 있어서 식이 만들어지는 것입니다. 이 식이 있기까지는 앞에 색부터 시작해서 색, 수, 상, 행, 식 까지 생기는 것이 식입니다. 오온에서의 식이 제일 먼저 시작해서 여기서 만들어집니다. 만약 오온이 이 몸뚱이가 만들어지고 난 후의 식이라면 식이 저 마큼 일찍 나오지 않습니다. 무명으로부터 출발하여 식이 생깁니다. 오온에서의 식은 끊임없이 색, 수, 상, 행, 식으로 식이 행 다음에 와버립니다. 그러니까 오온이라는 것은 이 몸뚱이가 만들어지기 전에 식이 오는 것입니다.

좀 더 거시적으로 이 몸뚱이가 만들어지고 난 다음에도 식은 작용합니다. 우리는 어떻게 만들어졌습니까? 색, 수, 상, 행, 식으로 만들어지기 때문에 일반적으로 만들어지기 전의 이 식이 오온을 잘 이해하고 인식하기 어렵다는 것입니다. 그 다음 식이 생기고 난 다음 이 식에 의해서 태어나기 전에 어떤 식이 있었습니다. 태초에 빛이 있었다. 태초에 신이 있었다와 같은 식이 있어서 이 식을 중심으로 만들어지고 모여집니다.

명색, 名色(nama-rupa)

명색이라 할 때 이 몸뚱이가 색이고 명은 정신입니다. 정신과 육신이 어떻게 만들어집니까? 식이 가지고 있는 그 능력만큼 명색이 만들어집니다.

그래서 명이라는 것은 정신적인 것이고 색은 물질적인 것입니다. 모든 색은 이름을 가지고 있고 이름은 색이 사라져도 남아있습니다. 모든 색이 이름을 갖고 있다는 것은 형상이 있는 말입니다.

예를 들어 여기 선생님은 이름이 홍길동입니다. 홍길동 선생님을 지금 이렇게 알고 나면 다른 사람들이 모두 이 사람을 홍길동으로 압니다. 홍길동은 어떻게 생겼다 등등 이렇게 인식하고 있기 때문에 나중에 홍길동은 없어져도 홍길동이라는 이름은 남습니다.

그래서 10년이 지나고 20년이 지나도 그때 홍길동 선생을 떠 올리면 지금은 어떻게 변했을까? 무엇을 하고 있을까? 등을 생각할 수 있습니다.

우리의 생각은 이생이 끝나 다음 생에 가더라도 한 번 인식 한 것은 내 속에서 없어지지 않습니다. 그래서 수억 겁 동안 살아오면서 내가 한 번 본 것은 다 저장되어 있습니다.

색이 사라져도 인식은 내 안에 남아있습니다. 사과를 보면 침을 흘리는 사람도 있을 것이고 얼굴을 찡그리는 사람도 있을 것입니다. 색은 사라져도 이름은 남아서 그 이름만 들어도 형상을 유추할 수 있습니다. 그래서 명색이 식과 함께 떠올려집니다. 식과 명색이 함께 몸뚱이를 만들어가는 과정인 것입니다. 태아가 엄마 몸속에 있을 때 처음에는 형체도 없다가 시간이 지남에 따라 형체를 만들어갑니다. 형상을 만들어가듯이 명색이 육입을 만듭니다. 정신밖에 없던 것이 이제 구체적인 형상인 육입이 만들어집니다.

육입이라는 것, 六入(salayatana)

육입은 육근으로 하여금 육경을 느끼게 하는 환경입니다.

육입은 안이비설신의하고는 다릅니다. 그런데 분명 안이비설신의는 아닌데 안이비설신의가 나타날 수 있는 근거가 육입에서 생깁니다.

육근인 안이비설신의는 촉감을 느낄 수 있는 인식기관, 냄새를 느낄 수 있는 인식기관, 맛을 볼 수 있는 인식기관, 들을 수 있는 인식기관, 볼 수 있는 인식기관, 통합적으로 인식할 수 있는 능력의 형성, 이런 것들이 다 명색을 통해 구체적으로 만들어지는 것이 바로 육입 단계입니다.

육입이 만들어지면 촉을 느낄 수 있는 단계가 됩니다. 육입을 다 가지고 있는 것은 우리 인간들입니다. 육입 중에서 보는 기능이 없는 동물은 형상을 볼 수 없는 동물이 될 수 있고 또 들을 수 있는 기능이 없는 동물은 들을 수 없는 동물이 될 수도 있습니다.

육입을 다 갖추고 있는 것은 고등동물인 인간과 포유류입니다. 또 동물들의 진화속도에 맞춰 어떤 동물들은 네 가지 혹은 세 가지를 가질 수도 있습니다. 그래서 아직까지 우리가 인식하고 있는 것 중에 육입을 넘어서는 것은 없습니다.

촉이라는 것, 觸(phassa)

육입이 만들어지고 나면 주위에 있는 것과 부딪침으로써 촉이 일어납니다. 여섯 가지 인식할 수 있는 기관이 명색으로부터 진화되어 육입이 만들어지고 이 육입을 통해서 부딪침으로 일어날 수 있는 촉을 느낄 수 있습니다. 촉은 중요한 사안이었습니다. 모든 것을 만들어 낼 수 있는 근본 출발이 바로 촉입니다. 그래서 육근과 육경과 육식이 부딪혀서 촉이 만들어집니다.

기억이 깨어지는 단계가 바로 촉입니다. 촉의 단계에 오면 기본적으로 가지고 있는 기억들을 깨뜨리고 앞에 선행했던 것들을 새롭게 인식합니다. 육경과 육근과 육식이 항상 다르게 작용하기 때문에 새롭게 부딪침이 일어나는 단계입니다. 기억이 깨어지는 단계가 촉이기 때문에 젊었을 때는 항상 머릿속에 한 번 일어났던 것은 다 기억합니다.

그러나 세포들도 점차 늙어가고 생각이 많이 축적됨으로 인해 이것이 일어났던 것인지 일어나지 않았던 것인지, 있었던 것인지 없었던 것인지 기억이 나지 않습니다. 자동차 문을 닫아놓고도 자동차 문을 내가 닫았는지 안 닫았는지 한 번 더 확인합니다. 젊은 친구들은 차문을 닫아놓고 확인합니까? 나이든 사람만큼 세포에 기억이 누적되지도 않았고 신경세포들이 깨어진 단계가 아니기 때문에 기억이 분명합니다.

어렸을 때 한 번 들었던 것은 죽을 때까지 기억을 합니다. 나이가 50줄 넘어서면 집 단속을 해놓고도 가스 밸브를 잠근 것인지 어떤지 불안하여 다시 집에 가서 확인하곤 합니다.

기억이 깨어지는 단계가 촉이기 때문에 젊었을 때는 머릿속에 한 번 일어났던 것은 다 기억합니다. 그러나 세포들도 점차 늙어가고 생각이 많이 축적됨으로 인해 이것이 일어났던 것인지 일어나지 않았던 것인지, 있었던 것인지 없었던 것인지 기억이 나지 않습니다.

촉은 어떻게 일어난다고 했습니까? 우리가 살아 있다가 죽는 단계, 하나의 상태가 새롭게 바뀌는 과정이 촉이 가장 활발하게 일어나는 상황입니다. 촉에서 기억들이 깨어지는 것은 살아 있다가 죽는 것이고 죽었다가 다시 태어나는 것입니다. 그래서 기억을 못하는 것입니다. 전생에 있었던 것을 기억 못하는 것이 바로 촉 때문입니다.

참선을 하면서 생각을 가라앉혀 보세요. 번잡하게 일어나고 있는 생각들을 가라앉히면 전생도 기억날 수 있고 전전생도 떠오를 수 있습니다. 깨어졌던 것을 다시 재구성 할 수 있다는 것입니다. 전생이라 하는 것은 촉이 깨어져서 깨어지기 전의 것을 기억하지 못하지만 스스로 힘에 의해 얼마든지 내 속에서 재구성할 수 있기 때문에 전생을 볼 수 있습니다. 깨어진 촉은 끝없이 나를 정화시킴으로써 재구성하여 전생을 볼 수 있는 것입니다.

수라는 것, 受(Vedana)

촉이 있고 난 다음엔 항상 수가 일어납니다. 느낌이 있고 나면 애욕이 생깁니다. 촉과 수와 애에서 시간연기는 끝나버렸습니다. 그러나 12연기는 여기서도 계속 상황이 이어집니다.

눈으로 TV 속의 김태희를 본다고 합시다. 근이 경으로 나아가 즉 눈으로 김태희를 보는 순간 촉이 이루어지며 항상 느낌, 수가 일어나게 됩니다. 수가 구체화 되면 애욕으로 넘어가게 됩니다. 수에서 알아차림으로 느낌을 정제시키고 객관화 시키면 애욕으로 넘어가지 않는 자기화 되지 않은 객관적인 애를 일으키게 됩니다. 예쁜데, 마음에 드는데 등 느낌이 생기면 이 느낌이 어떤 형태로의 형태인 상을 만들어 저장되며 식으로 인식이 됩니다. 그러면 애욕을 형성하게 되는 것입니다.

수의 단계에서 느낌을 알아차려 애로 넘어가는 회전을 멈추게 하여 윤회에서 벗어나 해탈하는 근거를 마련하게 됩니다. 이때 알아차리는 것이 알아차림의 공부입니다. 먼저 편안하게 합장한 자세로 눈을 지긋이 감고 오른발을 들어 놓고 다음 왼발을 들어놓고 교대로 합니다. 이때 생각을 들어 나가는 발 끝에 모으며 발을

듬듬듬 나감나감나감 놈놈놈 하면서 발을 들고 나가고 놓음을 알아차립니다. 이것이 되면 호흡에 생각을 모으고 알아차리고, 다음은 일어나는 모든 느낌과 생각을 알아차리게 됩니다. 알아차림으로 느낌은 연속되지 않고 멈추게 되어 애로 넘어가는 회전이 멈추게 되는 것입니다.

애라는 것, 愛(Tanha)

애욕이라는 것은 물질적인 형상에 대한 애욕, 감정에 대한 애욕으로 결국 취를 만들어냅니다. 애욕은 자꾸 자기 것으로 하고 싶어합니다. 자기 것으로 하고 싶어하는 애욕에 의해 물질도 내것으로 만들고 싶고 감정도 내 것으로 만들고 싶어 취합니다. 애욕이 생김으로써 그런 마음이 일어나는 것입니다.

애愛(tanha)는 느낌과 감정의 결과로 생기는 갈애이며, 느낌에 의해 좋은 감정을 지속적으로 유지하려는 갈애가 생깁니다.

애는 욕애, 유애, 비유애가 있습니다.

욕애는 색성향미촉법에 대한 욕망이며, 유애는 인간의 정의적인 면에서 일어나는 근본적인 욕망으로 영원히 살고 싶은 욕망입니다. 비유애는 그 밖에 일어나는 생명에 대한 욕망입니다.

갈애에는 두가지가 있습니다.

첫째, 감각적 욕망에 대한 갈애입니다. 감각적 욕망이라는 것은 여섯 가지 감각기관이 감각대상에 부딪쳤을 때 일어나는 모든 욕망을 말합니다. '안이비설신의'가 '색성향미촉법'에 부딪쳤을 때 느낌이 일어나고, 이 느낌을 좋아해서 더 좋은 느낌을 갖고자 하는 것이 바로 감각적 욕망에 대한 갈애입니다.

두 번째 갈애는 존재에 대한 갈애입니다. 내가 있다는 유신견을 가지고 더 예뻐지고, 더 부자가 되고, 더 좋은 곳에 태어나고 싶고, 더 오래 살고 싶은 욕망이 바로 존재에 대한 갈애입니다. 이것은 변하는 것을 거부하고 항상 하고 싶은 욕망을 가리킵니다.

애욕에 대한 예를 하나 보겠습니다. 삼국유사에 보면 학문과 덕을 겸비한 조신스님이 신라 세규사에 살면서 명주고을의 땅을 관리하게 되었습니다. 명주고을의 태수의 딸과 있었던 조신스님의 일장춘몽의 이야기입니다. 그곳 태수의 따님이 절에 왔다가 탑돌이 하는 모습을 지켜보게 되고 그 모습에 반해 사랑에 빠지게 됩니다. 날이 갈수록 깊은 사랑의 늪에 빠져 헤어나올 수가 없었습니다. 상사병에 걸려 죽게 생겼습니다. 물도 한모금 잘 넘어가지 않는 나날이 한달이나 계속되었습니다. 하루는 저녁 예불을 올리고 있었습니다. 예불 올리는 순간 엎드려 있는 그 짧은 순간에 태수 딸과 원하던 대로 혼인하게 되었습니다. 고향으로 돌아와 농사를 지어면서 살았는데 일을 할 줄 모르는 스님은 가난하게 살았습니다. 흉년이 들어 논밭도 다 팔고 고향을 떠나 떠돌이 생활을 하다가 큰 아들이 굶어 죽게 되며, 결국은 평생 불운하게 한평생을 살다가 병들어 죽게 됩니다. 사랑만으로 살다간 한생의 삶이 너무나 고달팠습니다. 겨우 목숨을 연명하여 구차하게 살아온 40년을 돌아보며 하루는 부인이 조신의 손을 잡고 온갖 굴욕과 수치심을 참으며 이렇게 한평생 살았으니 이제 헤어집시다. 하는 말에 조신은 깜짝 놀아 눈을 떠니 순간 꿈이었습니다. 조신이 애욕의 실체를 적나라하게 본 일정춘몽이었습니다.

취라는 것, 取(upadana)

취는 산스크리트어로 압어다나(upadana)입니다. 다나dana는 '주다'의 뜻입니다. 'a'가 붙으면 대부분 부정의 뜻입니다. 주다에 어가 붙었으니까 주는 것이 아니고 받는 것입니다. 압up은 '가까이' 라는 뜻입니다. 취라는 것은 가까이에서 받는 것을 말합니다. 애욕은 어디에서 생깁니까?

애가 일어나는 것은 바로 눈에 보이고 몸에 부딪치고 가까이 있는데서 일어나서 '취'하는 것입니다. 가까이 있는 것을 '취'하는 것이지 눈에 보이지도 않는 것을 취하지는 않습니다. 이 애라는 것은 육근을 통해서 인식되어 애욕이 생기고 애욕에 따라 자기에게 좋은 것은 자꾸 자기 것으로 만들려고 하는 취가 생깁니다.

유라는 것, 有(bhava)

취가 생기고 나니까 유가 옵니다. 유는 욕망이 충족되는 행입니다. 결국 존재라 하는 것은 유로 표현됩니다. 취가 이루어짐으로써 가까이 있는 것을 자꾸 자기 것으로 하려는 유가 옵니다. 살아있는 존재가 유가 되는 것이고 살아있음으로써 새로운 행위를 하고 새로운 업을 만들어가는 것이 바로 유가 됩니다.

유라는 것은 욕망이 충족되는 행입니다. 존재는 바로 유로 표현됩니다.

살아있는 존재가 유가 되는 것이고 살아있음으로써 새로운 행위를 하고 새로운 업을 만들어가는 것이 바로 유가 됩니다.

유에는 생유, 본유, 사유, 중유가 있습니다.

생유는 우리가 새로운 생명을 받아 태어나는 것이며, 본유는 생에서 죽기 전까지 살아있는 것이며, 사유는 삶에서 상태가 가장 급격하게 바뀌는 죽음의 상태를 말합니다.

중유는 죽어서 새로운 생명을 받기까지의 기간 동안의 삶의 형태입니다.

불교의식에는 49재가 있습니다. 죽고 난 다음 중음신으로 있다가 염라대왕의 심판을 거쳐 다시 몸을 받는데 49일이 걸립니다. 중음신으로 있는 기간이 49일입니다. 머리의 윗부분인 백회혈은 생명기운이 들어오는 문이며, 발바닥은 생명기운이 나가는 문입니다. 숨을 거두고 난 다음 몸에 있는 모든 생명기운이 빠져나가는데 3일이 걸립니다.

유는 생명이 머무는 것이며, 행을 하며 다시 업을 짓게 됩니다. 명색을 갖고 있는 본유에서만 행을 하게 되고 행에 대한 업이 쌓이게 됩니다.

생이라는 것, 生(jati)

유의 업장으로 미래에 받게 될 과보가 생입니다. 즉 죽음 후에 오는 내세의 출생으로 다시 태어나는 생이 됩니다.

상응부경전에 보면 생이라는 것은 각각의 중생 부류에 있어서, 각각의 중생이 생겨나는 것이며, 출생하는 것으로 출산, 탄생, 여러 가지 구성 요소가 출현하는 것이며, 모든 기관이 완비되는 것입니다.

업에 따라 지옥, 아귀, 축생, 아수라, 인간, 천상으로 태어나게 됩니다.

지옥은 이기심과 부정적인 마음이 100%인 중생으로 살생을 한 과보로 태어나고 화생으로 태어납니다. 오직 고통만이 있는 세상입니다. 지옥중생의 수명은 정해져 있지 않으며 업만큼 과보를 받고 살다가 죽는 곳입니다. 악업이 다하면 과거에 행한 선업의 과보에 따라 다른 세상에 태어나게 됩니다.

축생은 어리석은 마음과 탐욕이 많은 과보로 태어나고 태생과 난생으로 태어납니다. 축생은 언제 다른 동물로부터 공격을 받을지 모르는 두려움이 많은 곳이며 소와 말이나 낙타와 같이 무거운 짐을 평생 날라야 하는 고통스러운 곳입니다. 수명은 축생의 형태에 따라 다양하며 과보만큼 살다가 죽습니다.

축생의 과보가 다하면 인간의 몸으로 태어날 수도 있습니다. 특히 애견용 개는 집안에서 같이 살게 됩니다. 개를 잘 돌보는 것은 좋지만 간혹 부모님에게 어떻게 하나 한번 떠올려보세요. 주인이 좋아하는 만큼 좋아하는 것에 매여 본인도 개의 습성과 같이 되어 갑니다. 다음 생에 개의 몸을 받을 수가 있는 것입니다. 관계는 주고 받고 부딪치면서 성숙되며 수상행식의 행의 과정을 거쳐 건전하고 발전적인 식으로 나타나는 것입니다.

아귀는 빨리어로 뻬따(peta)라고 하는데 행복과는 멀리 떨어진 생명이라는 뜻입니다. 아귀는 알라딘의 요술 램프를 비비면 나오는 지니같이 매우 큰 육체를 가지고 있지만 목구멍은 바늘구멍만 하여 항상 배가 고픕니다. 그들은 숲이나 강, 계곡, 무덤 같은 더

럽고 음침한 곳에 살고 있습니다. 인색하고 집착이 심한 과보로 태어나며 화생으로 태어납니다. 수명은 정해져 있지 않고 과보만큼 살다가 죽습니다.

육도 윤회에서 네 가지 악처 중의 하나인 아수라는 성냄의 과보로 태어나며 화생의 과보로 태어납니다. 여기에도 행복은 없고 오직 고통만이 있을 뿐입니다.
아수라도 수명이 정해져 있지 않으며 자신의 과보만큼 살다가 다른 생명으로 태어납니다.

다섯 번째 태어남은 인간으로 태어나는 것입니다. 사악처와 천상의 중간에 있습니다. 그래서 사악처의 고통과 천상의 행복을 모두 가지고 있습니다. 인간은 오계를 지킨 과보로 태어나게 됩니다. 태생으로 태어나며 수명도 정해져 있지 않으며 자신의 과보만큼 살다가 죽습니다. 죽을 때 어떤 마음을 먹느냐에 따라서 그 마음에 의한 재생연결식이 일어나서 다음 생이 결정 됩니다. 공덕을 쌓아 업에 오염되기 전의 본래 마음으로 돌아가 깨달음을 얻을 수 있는 생명은 인간이 유일합니다. 사악도나 천상에도 과보에 따라 수명대로 살다가 죽기 때문에 공덕을 쌓을 수가 없습니다. 그래서 인간으로 태어났다는 것은 선업의 공덕을 쌓아 부처될 수 있는 유일한 기회임을 알아야 합니다.

노사, 老死(jara-marana)
생으로 말미암아 노사가 이루어집니다. 죽음이 있게 되는 것은 바로 생 때문입니다. 삶의 과정에서 주어지는 모든 고뇌가 여기에 속합니다. 살아가면서 늙고 병들고 죽는 것입니다. 늙음은 변화입니다. 변화의 끝이 사, 죽음이며, 죽음 이후에는 또 다른 삶이 시작되는 것입니다.

이렇게 돌아가서 12연기가 됩니다. 12연기를 인식하게 되면 불교에서 이야기하는 중요한 개념 중에 하나인 인과응보를 알게 됩니다. 인과응보의 기본 개념은 착한 행위를 하면 착한 과보를 받고 나쁜 짓 하면 나쁜 과보를 받는 것입니다. 정말 우리가 착한 일 하면 착한 과보 받고 나쁜 일 하면 나쁜 과보를 받을 것인가? 12연기는 우리가 살아있는 한 생의 문제가 아니라 삼세 윤회를 하는 동안에 생긴 것입니다. 다음 시간에는 12연기가 어떻게 삼세를 윤회하면서 선과 악을 인식하고 어떻게 판단하는 것인지 공부하게 됩니다.

화두를 들고 견성성불한다는 것은 바로 근본 무명을 타파하는 것입니다. 경전공부를 하거나 염불을 한다거나 기도를 한다거나 봉사를 하는 것은 바로 이 취에 대해서 가까이 있는 것을 자기 것으로 하려고 하는 것입니다. 계정혜를 터득함으로써 취를 절제하는 것입니다. 취가 절제되면 거꾸로 애욕에서 자유로워지고 수, 촉으로 돌아갑니다. 무명까지 타파하게 되는 것입니다. 참선하는 것은 직행버스이고 염불하거나 기도하는 것은 취부터 시작해서 돌아가는 것이기 때문에 완행버스와 같은 것입니다. 완행버스는 정류장마다 섭니다. 그래서 완행버스는 목적지까지 못가도 남는 것이 많습니다. 그런데 직행은 빨리 가기 때문에 목적지에 도달하면 남는 것이 있지만 목적지에 도달 못하며 남는 것이 하나도 없습니다. 그래서 참선은 잘 하면 엄청난 덕입니다. 잘못하면 아무것도 남는 것이 없습니다.

제 17강
12연기의 성립

　이오니아의 마법에는 세계는 질서정연하며 몇몇 자연법칙으로 설명될 수 있다고 합니다.
　아인슈타인도 시간과 공간의 운동에서 중력을 전자기력과 통합하는 통일장이론으로 설명해보려고 애를 썼지만 결과를 도출하지 못했습니다.
　우리는 태어나서 명이 다 하면 죽음을 맞이하게 됩니다. 삶과 죽음사이에서 어디서 와서 어디로 가는지 모르는 상태는 윤회이며, 어디서 와서 어디로 가는지 아는 상태를 해탈이라고 합니다. 우리는 연기를 앎으로써 해탈의 경지에 이르게 됩니다.

깨달음과 지혜

　차제성(次第性)은 차례 로 선행하는 것에 의하여 지금의 것이 있다는 것입니다. 부처님께서는 깨달음을 회상하면서

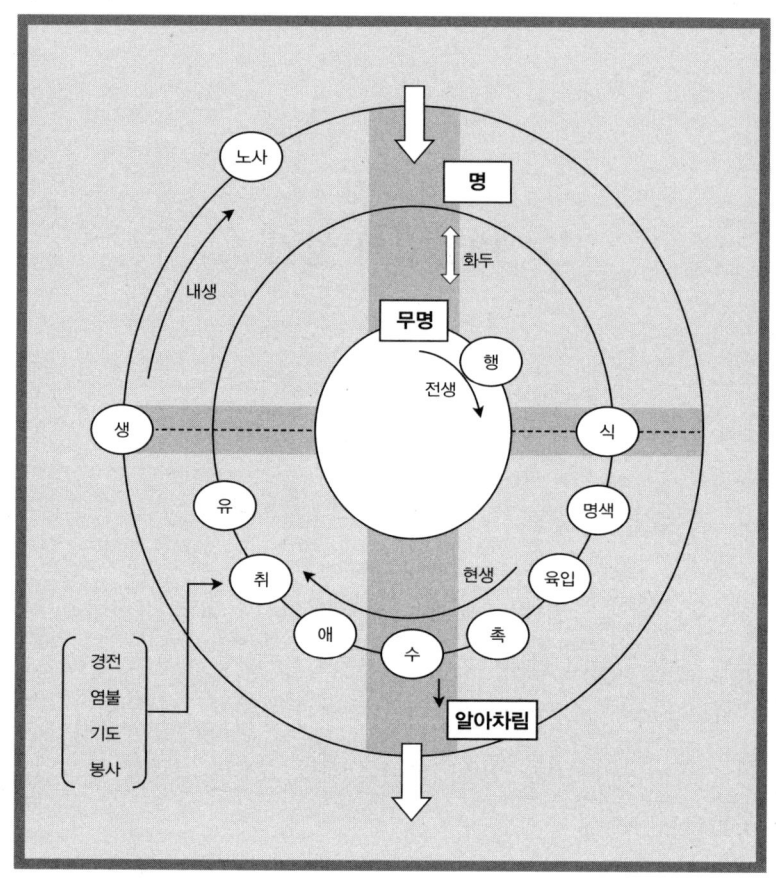

"그 날 초저녁에 제 1의 지혜를 얻어 무명을 벗어나 어둠을 깨뜨리고 연기를 깨달았다. 나는 그 하나하나의 상(相) 및 상세한 상황과 더불어 허다한 과거의 생애를 상기하였다.

이것이 내가 초경(初更)에 접어든 밤에 도달한 제1의 명지(明知)이다. 여기에 무명(無明)이 사라지고 명지가 생긴 것이다. 암흑은 소멸하고 광명이 생겼다.

  그 다음 제2의 지혜로 나고 죽는 인연을 명상하고 사람의 생사와 그 업의 흘러가는 상태를 아는 천안통을 얻었고, 나아가 번뇌가 멸진하는 지혜를 얻었고 고의 원인과 결과 고의 멸과 고의 멸에 도달하는 방법을 분명히 알았다.

  그 다음으로 제3의 지혜로 애욕과 무명에서 벗어나 누진통을 얻어 해탈하였다. 해야 할 일을 다 성취하였다." 하셨습니다.

  연기를 구성하는 요소는 12가지입니다.

  과거 2인은 무명(無明), 행(行)이며, 현재 5과는 식(識), 명색(名色), 육입(六入), 촉(觸), 수(受)이며, 현재 3인은 애(愛), 취(取), 유(有)이며, 미래 2과는 생(生), 노사(老死)입니다.

1. 무명(無明), Avijja

  어리석고 무지한 맹목적인 삶이며, 무아와 무상과 연기를 알지 못하는 것이며, 근본 번뇌로서 일체의 미혹, 집착, 번뇌의 근원이 되는 것이며, 전생의 행위의 결과가 무명입니다.

  즐거운 형상, 좋은 소리, 맛있는 음식 따위의 감각대상을 찾아 다닙니다.

  이 세상에서 좋은 것으로 믿어지는 것을 얻고자 하는 그들의 노력은 존재에 대한 전도된 인식 때문에 생깁니다. 여기서 무명은 말에게 푸른색 안경을 씌워서 마른 풀을 푸른 풀이라고 착각하게 하여 그것을 먹이는 것과 같습니다.

  무명은 커다란 미혹입니다. 이로 말미암아 영겁의 윤회가 일어나게 되는 것입니다. 그러나 밝은 지혜에 도달한 중생은 다시 생존을 받는 일이 없습니다.

윤회의 시작은 무명입니다. 이 때의 시작은 시간을 의미하지 않습니다. 단지 원인이 되는 조건을 말합니다. 언제라고 하는 시간은 문제의 본질을 파악하고 해결하는데 도움이 되지 않습니다.

무명은 무엇을 모르는가 하면

1. 괴로움이 있다는 것을 모릅니다.
2. 괴로움의 원인이 무엇인지를 모릅니다.
3. 괴로움의 소멸을 모릅니다.
4. 괴로움을 소멸시키는 팔정도, 중도를 모릅니다.
5. 출생 이전의 과거 생을 모릅니다.
6. 죽음 이후의 미래 생을 모릅니다.
7. 과거 미래를 모릅니다.
8. 12연기의 성품인 원인과 결과를 모릅니다.

2. 행(行), Sankhara

행(行, sankhara)은 잠재적 형성력. 만들어진 것(유위)을 만들어내는 힘으로 무지에 의한 행위로(업장) 새로 하게 되는 행동(업)입니다.

여기서 이해해야 할 것은 이것이 있음으로 저것이 있다는 것입니다. 바로 무명이 있음으로 행이 있는 것입니다. 12연기를 구체적으로 이해하면 연기의 이것이 있음으로 저것이 있고 저것이 있음으로 이것이 있다는 뜻을 이해할 수 있습니다. 무명이 있음으로 행이 있고, 이것이 없음으로써 저것이 없어지고 무명이 없음으로 행이 없어지는 것입니다.

무명으로 인하여 행이 일어납니다. 무명은 마음입니다. 그런데 마음은 끊임없이 일어나고 행위를 하게 합니다. 무명의 상태에 따라서 일어나는 행도 다릅니다. 연기가 회전할 때는 무명을 바탕으로 하기 때문에 무명으로 시작해서 무명의 상태에 따른 행위를 하게 됩니다.

이것은 무명을 원인으로 하여 행이 일어난다는 것입니다. 이때 행은 업의 형성을 말합니다. 과거에 이루어진 업의 형성력, 마음의 의도, 신구의 삼업을 통틀어 행이라고 말합니다. 보시나 계율을 지켜 내생에서 보다 나은 지위로 태어나고자 하는 의도가 이루어지는 것입니다. 이것은 무명으로 인하여 선업이 일어나는 것입니다. 그러나 악한 마음으로 악한 의도를 가지고 악한 행위를 하면 바로 불선업이 일어납니다. 이것은 무명으로 인하여 불선업이 일어남을 말합니다.

3. 식(識), Vinnana

마음은 비물질이라서 눈에 보이지 않습니다. 그러나 그 마음은 느낌과 생각과 행동을 통해서 알 수가 있습니다. 마음은 매 순간 빠르게 일어나고 사라집니다. 앞선 마음이 사라지면 뒤에 마음이 새로 일어납니다. 새로 일어난 마음은 있던 마음과 다른 마음입니다.

무명과 행은 과거의 마음이지만 식은 현생을 시작하는 첫 번째 마음입니다. 이때의 식은 환생이 아니고 재생연결식입니다. 만약 환생이라고 말한다면 전생의 그 마음이 그대로 계승되어 태어나는 마음이 되겠지만 재생이라고 하면 전생의 마음과 이생의 마음이 다르다는 것을 뜻합니다. 전생의 마음은 이미 끝나 없어지고 그 마음에 담긴 과보가 이생에 연결되어서 새로운 마음이 생긴 것을 뜻합니다.

그래서 과보라는 것은 다르게 받는 것을 의미합니다.

예를 들어 내가 이생에서 돈 천만 원을 박에게 빌려 주었다면 다음 생에 박에게 받는 것은 돈 천만 원을 돌려받는 것이 아니라, 천만 원에 해당하는 무엇인가를 받는 다는 것입니다.

4. 명색(名色), Nama-rupa

명색은 정신적인 것의 명과 물질적인 것의 색을 뜻합니다.

모든 색은 이름을 가지고 있고, 이름은 색이 사라져도 남아 있습니다.

명색이 식과 함께 떠오릅니다.

명색(名色, nama-rupa)은 생각을 일으키는 환경으로 인간을 구성하고 있는 다섯 가지 요소인 오온으로 명은 수(감수작용), 상(표상작용), 행(행위작용), 식(분별작용)을 나타내며, 색은 색(물질적인 것, 물질작용)을 나타냅니다.

명색은 정신과 물질입니다. 새로운 태어남이란 재생연결식이 생기면 반드시 몸과 마음이 생깁니다. 물론 무색계에 태어나는 천인은 마음만 있지 몸은 없습니다. 하지만 31개의 세계 중에 무색계가 아닌 다른 생명이 태어나는 세계에서는 반드시 정신과 물질, 몸과 마음을 함께 가지고 태어납니다.

5. 육입(六入), Salayatana

육입은 안이비설신의가 나타날 수 있는 근거를 말합니다.

촉감으로 느낄 수 있는 인식기관, 냄새를 맡을 수 있는 인식기관, 맛을 볼 수 있는 인식기관, 들을 수 있는 인식기관, 볼 수 있는 인식기관, 통합적으로 인식을 형성할 수 있는 능력의 형성기관 등을 말합니다.

몸과 마음은 육입에 의하여 활동을 하게 됩니다. 이들 여섯 개의 감각기관은 여섯 가지의 법으로서 윤회의 영역을 넓혀갑니다. 즉 연기의 회전 고리를 연장시키고 이어지게 하는 것입니다. 여섯 가지 감각기관이 대상을 맞이해서 연기를 회전시킵니다. 우리가 산다는 것은 여섯 가지 감각기관이 여섯 가지 감각대상을 만나서 여섯 영역의 정보를 받아들이는 것입니다. 윤회를 한다는 것도 여섯 가지 감각기관이 하는 것입니다. 여기서 내가 윤회하는 것이 아니라는 것을 알아야 합니다. 여섯 가지 감각기관의 문을 통해서 들어온 정보가 느낌으로 일어나서 그 느낌을 갈애로 발전시킬 때 윤회하는 것입니다. 이때 중요한 것은 여섯 가지 감각기관이 느끼는 것이지, 결코 내가 느끼는 것이 아니라는 사실을 알아야 되겠습니다.

살아있는 모든 생명은 이러한 과정을 거쳐서 새로운 몸과 마음이 생기는데, 이때의 생명들은 거의 지옥, 축생, 아귀, 아수라의 몸과 마음으로 태어납니다. 이것은 경전에 있는 부처님의 말씀이십니다. 그래서 인간으로 태어나는 경우는 매우 희박한 경우에 해당됩니다. 역시 색계, 무색계에 태어나는 경우도 지극히 희박합니다. 여기서 더 희박한 것은 아라한이 되어서 윤회를 끝내는 것입니다.

6. 촉(觸), Phassa

촉은 기억이 깨어지는 단계이며, 육입과 함께 촉이 떠오릅니다.

촉(觸, phassa)은 감각기관의 느낌의 결과로 육근과 육경과 육식의 접촉으로 이루어집니다.

눈이 형상과 접촉하고, 귀가 소리와 접촉하고, 혀가 맛과 접촉하고, 몸이 감촉과 접촉하고, 마음이 마음의 대상과 접촉합니다. 이때 이러한 접촉을 통해서 아는 마음(식)이 생깁니다.

그래서 눈이 형상과 접촉하여 다시 아는 마음과 접촉합니다. 귀가 소리와 접촉하여 다시 아는 마음과 접촉합니다. 혀가 맛과 접촉하여 다시 아는 마음과 접촉합니다. 몸이 감촉과 접촉하여 다시 아는 마음과 접촉합니다. 마음이 마음의 대상과 접촉하여 다시 아는 마음과 접촉합니다.

7. 수(受), Vedana

수(受, vedana)는 접촉의 결과로 발생되는 느낌, 감정, 희노애락 등을 말합니다.

촉이 있고 난 다음엔 항상 수가 일어납니다. 느낌이 있고 난 다음엔 애욕이 생깁니다. 촉과 수와 애에서 육육법 연기는 끝나버렸습니다.

눈이 형상과 접촉하여 아는 마음이 일어날 때 눈에 의지한 느낌이 일어납니다. 귀가 소리와 접촉하여 아는 마음이 일어날 때 귀에 의지한 느낌이 일어납니다. 코가 냄새와 접촉하여 아는 마음이 일어날 때 코에 의지한 느낌이 일어납니다. 혀가 맛과 접촉하여 아는 마음이 일어날 때 혀에 의지한 느낌이 일어납니다. 몸이 감촉과 접촉하여 아는 마음이 일어날 때 몸에 의지한 느낌이 일어납니다. 마음이 마음의 대상과 접촉하여 아는 마음이 일어날 때 마음에 의지한 느낌이 일어납니다.

맛의 감각 접촉 뒤에는 즐겁거나 괴로운 느낌이 따라옵니다. 좋은 음식을 먹으면 즐겁고 좋아하지만, 나쁜 음식이나 쓴맛은 싫어합니다. 어떤 음식을 먹을 때 느낌은 덤덤합니다. 덤덤한 느낌이지만 그 먹는 기회는 선업의 결과입니다. 그러므로 그러한 음식을 먹는 것은 즐거운 측면을 가지고 있지만 집착에 이릅니다. 그러나 매 순간 정신과 물질에 주시하여 계발된 집중을 하는 수행자는 모든 감각이 일어나고 사라지는 것을 체험해서 알게 됩니다.

8. 애(愛), Tanha

느낌에서 갈애로 넘어가면 연기가 회전합니다. 이것은 순간의 윤회가 계속되는 것입니다. 부처나 아라한이 아닌 모든 생명은 느낌에서 갈애로 넘어가 끝없는 삶을 살아야 합니다. 우리가 아는 것은 모두 느낌입니다. 그런데 이 느낌을 느낌으로 받아들이지 않고 더 좋은 느낌을 원합니다. 이렇게 더 좋은 것을 원하는 것이 바로 갈애입니다.

부귀영화가 모두 느낌입니다. 그러나 부귀영화가 와도 만족하지 못하고 더 큰 부귀영화를 얻고자 합니다. 이것이 갈애입니다. 돈, 사랑, 명예, 미모, 술, 담배, 좋은 집과 화려한 의상 이러한 것들은 모두 느낌입니다. 그러나 이런 느낌은 있는 그대로 만족하지 못하고 더 많은 것을 바랍니다. 이것이 바로 갈애입니다.

그래서 깨달음은 느낌과 갈애 사이에 있다고 하는 것입니다. 느낌에서 갈애로 넘어가지 않고 느낌과 갈애, 두 가지가 소멸되면 깨달음을 얻습니다. 그러나 느낌에서 갈애로 넘어가면 집착을 하고 업을 생성하여 미래에 태어날 조건을 성숙시키는 것입니다. 이것이 윤회입니다.

눈으로 대상을 보고 아는 마음과 함께 느낌이 일어났을 때 미워하거나 싫어하는지 살펴보십시오. 만약 미워하거나 싫어하는 마음을 모르고 계속 미워하면 미워하는 것을 좋아하는 갈애가 생깁니다. 계속 미워한다는 것은 미워하는 것을 좋아해서 집착하는 것입니다. 무엇이든지 좋아야 계속합니다. 어떤 것도 싫으면 계속하지 않습니다.

9. 취(取), Upadana

집착을 빨리어로 우빠따나라고 하는데, 강렬하다는 뜻의 '우빠'와 움켜쥐다는 뜻의 '아다나'의 합성어입니다. 집착은 강력하게 움켜쥐는 것을 말합니다. 또 다른 뜻으로는 고기가 석쇠에 달라붙어서 떨어지지 않는 상태를 말하기도 합니다. 일반적으로 처음부터 집착 하지는 않습니다. 앞서서 갈애가 일어나는 것이 거듭될 수록 집착을 하게 됩니다.

누군가가 좋아서 보고 또 보고, 생각하고 또 생각하는 것이 갈애라면, 보고 싶어서 잠을 이루지 못하는 상태로 발전한 것이 집착입니다. 갈애는 갈애로 그치지 않고 집착을 하게 되며, 집착은 집착으로 그치지 않고 다음 단계인 업을 생성합니다. 그래서 갈애와 집착과 업의 생성은 하나의 발전 단계의 과정입니다.

10. 유(有), Bhava

집착을 원인으로 업의 생성이 일어납니다.

업의 생성을 빨리어로는 깜마바와라고 합니다. 깜마는 업을 말하고 바와는 존재, 유(有), 존재의 상태를 나타내는 뜻과 생성, 윤회, 다시 태어남이란 뜻이 있습니다.

그래서 깜마바와를 여기서는 업의 생성이라고 합니다. 이것을 한문으로는 업유(業有)라고도 합니다.

업은 먼저 생각이 일어나는 것을 시작으로 해서 말을 하는 과정을 거쳐 행위를 하는 결과로 갑니다. 이것이 신구의(身口意) 삼업입니다.

이렇게 해서 이루어진 선업과 불선업은 반드시 이에 상응하는 과보를 받는데, 이것이 원인과 결과로써 연기의 조건입니다. 이 같은 원인과 결과를 아는 것은 업의 존재를 받아들여서 인정하는 것입니다. 그래서 업이 마음의 의도이기 때문에 물질에 속하지 않고 정신에 속합니다. 업이 행이기 때문에 마음의 작용에 속합니다.

11. 생(生), Jati

생은 유의 업장으로 미래에 받게 될 과보입니다. 죽음 후에 오는 내세의 출생을 뜻합니다.

생(生, jati)은 각각의 중생 부류에 있어서, 각각의 중생이 생겨나는 것, 출생하는 것, 출산, 탄생, 여러 가지 구성 요소가 출현하는 것, 모든 기관이 완비되는 것이 생이다라고 상응부경전에서 설명하고 있습니다.

한문으로 생(生)이라고 하는 것은 태어남을 말합니다. 이것은 미래의 태어남을 뜻합니다. 그리고 지금 이후에 태어남을 포함하고 있습니다. 12연기에서 업은 두 가지가 있다고 했습니다. 하나는, 과거에 형성된 업입니다. 무명을 원인으로 행이 일어난다고 할 때 행이 바로 업입니다. 다음은 현재에 생성하는 업입니다. 이것이 업의 생성입니다. 이렇게 두 가지의 업이 있는 것처럼 12연기에서 생이라고 하는 태어남도 두 가지 있습니다.

하나는 현생의 태어남입니다. 행을 원인으로 한 재생연결식입니다. 이때의 재생연결식은 한 일생을 시작할 때만 있고, 그 다음에는 그냥 식으로 바뀌어 죽을 때까지 몸과 마음이 함께 있습니다. 그리고 다른 하나는 미래에 태어남입니다. 이것은 현재 업의 생성이 있은 뒤에 이 과보가 미래의 생을 만드는 것입니다. 이것은 업의 생성을 원인으로 생이 일어난다고 말하는 것입니다. 이처럼 12연기에서의 태어남은 현생의 재생연결식이 있고, 다음에 생이라고 하는 미래의 태어남이 있는 것입니다.

12. 노사(老死), Jara-marana

노는 삶의 과정에서 주어지는 모든 고뇌이며, 사는 생에서 출발한 변화의 끝을 나타냅니다.

이처럼 태어남은 부인할 수 없는 엄숙한 진실이기 때문에 괴로움의 진리라고 하는 것입니다. 생노병사라고 할 때 12연기에서는 생과 노사만 있지 병은 없습니다. 그러나 일반적으로 생노병사라고 말할 때 병은 정신과 물질을 가지고 있는 한 필연적으로 뒤따르는 하나의 현상입니다. 사실 정신과 물질은 병의 먹이이며, 죽음의 먹이입니다. 나무가 있는 한 벌레가 있듯이, 정신과 물질이 있는 한 병과 죽음이 뒤따릅니다.

12연기의 회전

무명으로 인하여 행이 있고, 무명을 제거하면 행이 제거되고,
행으로 인하여 식이 있고, 행을 제거하면 식이 제거되고,
식으로 인하여 명색이 있고, 식을 제거하면 명색이 제거되고,
명색으로 인하여 육입이 있고, 명색을 제거하면 육입이 제거되고,
육입으로 인하여 촉이 있고, 육입을 제거하면 촉이 제거되고,
촉으로 인하여 수가 있고, 촉을 제거하면 수가 제거되고,
수로 인하여 애가 있고, 수를 제거하면 애가 제거되고,
애로 인하여 취가 있고, 애를 제거하면 취가 제거되고,
취로 인하여 유가 있고, 취를 제거하면 유가 제거되고,
유로 인하여 생이 있고, 유를 제거하면 생이 제거되고,
생으로 인하여 노사가 있고, 생을 제거하면 노사(죽음)가 제거됩니다.

연기의 실천 V

제18강 선악의 의미
행복하게 살려면/ 선악의 개념/ 상대선/ 영원한 진리, 자비/ 인과의 법칙/ 생명현상에도 인과법칙이 성립하느냐?/ 프랙탈이론/ 절대선_ 5계/ 산 목숨을 죽이지 말라/ 도둑질을 하지 말라/ 음행을 하지 말라/ 거짓말을 하지 말라/ 술을 먹지 말라

제19강 삼세윤회설
삼세윤회설에 대한 확률적 이해/ 시간과 공간의 확대/ 공업과 개인업/ 전생에 대한 연구/ 티벳의 활불사상, 린포체 신앙/ 최면으로 전생을 가다/ 업보가 나타나는 양상/ 과보를 받는 순서/ 무엇을 믿을까?/ 윤회/ 에드가 케이시/ 윤회의 메카니즘/ 삼세양중인과

제20강 불교의 우주관
삼천대천세계/ 삼계의 구조/ 삼계/ 육도윤회/ 부처님의 어머니, 마야부인의 천도/ 목련존자 어머니의 천도/ 탐진치의 과보/ 포살과 자자/ 불교의 인생관, 견성성불/ 불안과 두려움/ 순치황제의 출가시

제21강 사념처관
무애해도/ 우리는 원래 부처다/ 하느님과 연기/ 사념처관(四念處觀)/ 신/ 수/ 마하시 사야도/ 안반수의경/ 심/ 법/ 일곱가지 깨달음에 대한 고찰/ 다섯가지 요소에 대한 관찰/ 사념처관 수행

제22강 무엇이 정법인가
떨어지는 물 한방울이 바위를 뚫는다/ 자비광명 충만하신/ 정법의 속성, 해탈과 자비/ 자비의 터득/ 밧사카라와의 대화/ 부처되기 위한 조건/ 자비와 평등/ 귀족집 마님의 자비/ 고귀하게 태어나서 고귀한 것이 아니다/ 인과응보/ 인과는 연속성의 속성을 가지고 있다/ 에드가 케이시의 전생 레코드 리딩법/ 김대성의 전생/ 핸리포드의 윤회에 대한 믿음/ 응보는 보복성의 특성을 가지고 있다/ 유전자에 대한 연구/ 인과와 확률/ 인과의 확률론

우리말 발원문

제18강
선악의 의미

불교에는 모든 생명체에게 이익이 되게 하는 다섯 가지 계율이 있습니다.

산목숨을 죽이지 말라 - 나의 삶은 진리를 추구하는데 얼마나 철저한가?

도둑질을 하지 말라 - 나의 삶은 청빈하게 살아가는데 얼마나 철저한가?

음행을 하지 말라 - 나의 삶은 순수하게 살아가는데 얼마나 철저한가?

거짓말을 하지 말라 - 나의 삶은 정직하게 살아가는데 얼마나 철저한가?

술을 먹지 말라 - 나의 삶은 깨어있는 삶을 살아가는데 얼마나 철저한가?

행복하게 살려면

우리는 보다 행복하고 아름답게 살려고 공부를 합니다.

행복하려면 육신이 튼튼해야 합니다. 또한 정신도 건강해야 합니다. 육신도 튼튼하고 정신도 건강하게 하는 좋은 방법은 절 하는 것입니다. 절 하고 참선하는 것 보다 더 좋은 방법이 없습니다.

부처님께서 45년 동안 설 하신 내용은 연기에 대한 응용입니다.

이제까지 공부한 내용은 어떤 물음에 대해서도 답을 할 수 있으며 또 모든 경전의 내용이기도 합니다.

연기를 바탕으로 모든 경전이 이루어졌습니다. 그래서 연기가 얼마나 중요한지를 새삼 느낄 수 있습니다. 이것이 불교의 전부다 라고 해도 과언이 아닐 정도로 중요한 내용입니다.

연기를 지탱하고 있는 거시적인 현상은 바로 인과응보입니다.

착한 일 하면 착한 과보 받고 나쁜 일 하면 나쁜 과보를 받는 연기법을 삶에 적용시키면 인과응보가 되고 연기의 거시적인 현상입니다.

밑으로 흐르는 도도한 물줄기는 연기이고 이 몸을 받아 현상적으로 나타나는 것이 인과응보입니다. 착한 일 했을 때 착한 과보를 받고 나쁜 일 했을 때 나쁜 과보를 받느냐에 대한 이론적인 배경과 선악에 대한 의미와 인과에 대한 확신을 주는 것은 삼세 윤회설입니다. 우리는 연기의 중요성을 알았기 때문에 행동으로 실천해야 됩니다.

부처님께서 가르치신 연기를 실천하는 공부방법은 사념처관입니다. 사념처관으로 육신을 다스리고 정신을 다스리도록 가르쳤습니다.

선악의 개념

인과응보를 이루고 있는 바탕은 선이고 악입니다. 무엇이 선이고 무엇이 악이냐 할 때 근본적으로 선이라는 것은 자기 자신을 편안하게 하는 것도 있고 상대방을 편안하게 하는 행위도 있을 것입니다.

또 자기 자신을 즐겁게 하는 행위도 있고 상대방을 즐겁게 하는 행위도 있습니다. 일반적으로 선이라 하는 것은 모든 존재의 편안함과 즐거움을 동시에 만족시키고 자신과 전체를 이롭게 하는 것입니다.

자신과 전체를 이롭게 하는 생각과 행위를 일반적으로 선이라고 합니다. 이것에 반대 되는 생각과 행위를 악이라 합니다.

그러니까 모든 존재의 불안과 괴로움을 유발시키고 자신과 전체를 해롭게 하는 생각과 행위를 일반적으로 악이라고 합니다.

그런데 선에는 절대적인 선도 있을 것이고 또 상황에 따라 선이 되고 악이 되는 경우도 있습니다. 절대적인 선이라는 것은 시대를 초월하여 어느 누구에게나 공통적으로 선이 되어야 합니다.

나만 잘 되고 다른 사람들은 잘못되면 안되겠지요. 나도 잘 되고 다른 사람들도 잘 되어야 합니다. 절대적으로 나를 이롭게 하는 만큼 모든 대상도 똑같이 이롭게 할 수 있는 행위가 절대선입니다.

상대선이라 하는 것은 내가 이로운 만큼 다른 사람은 괴로울 수도 있는 것입니다. 우리 나라에 이익인 만큼 다른 나라는 손해를 보는 이런 행위들은 일반적인 상대선의 가치를 지니는 상대선에 속합니다.

그래서 궁극적으로 절대선이어야 됩니다.

절대선의 바탕은 무엇입니까?

절대선은 어떤 경우에도 변함이 없습니다. 누구에게나 똑같습니다.

부처님께서 우리에게 어떻게 살아야 될 것인가?를 가르치신 것이 5계입니다. 5계가 나 자신 뿐만 아니라 모든 대상을 편안하고 이롭게 하는 절대선입니다.

절대선을 추구하는 것은 불교의 계율인 5계의 실천뿐 입니다.

산 목숨을 죽이지 말라.

도둑질을 하지 말라.

음행을 하지 말라.

거짓말을 하지 말라.

술을 먹지 말라.

이것이 우리가 이 생에서 지켜야할 5계입니다.

상대선

상대선이라는 것은 개인과 개인 사이에 상반되는 이익 관계에 있거나 혹은 조직과 국가 간에 어떤 이익 관계에서 일어나는 선입니다.

우리나라 70년 대에는 북한에서 무장공비가 자주 넘어왔습니다. 엄밀하게 말해서 북한에서 무장공비가 넘어왔을 때 잡는 것이 우리나라 입장에서는 선입니다.

우리나라 이익을 위해서는 무장공비를 잡아야 되고 북한 입장에서는 안 잡혀야 합니다.

우리나라에서는 무장공비를 못 잡으면 악이 됩니다.

북한 입장에서 보면 무장공비가 안 잡히는 것이 선입니다.

이와 같이 두 나라의 이익이 상충될 때 이것은 절대선이 아닙니다. 한 나라의 이익을 위해서 다른 나라에는 선이 되는 행위가 다른 쪽에서는 악이 된다는 것입니다.

그래서 우리나라 입장에서의 선이 북한 입장에서는 악이 될 수 있고 북한에서는 선이라 하는데 우리가 볼 때는 악이 될 수도 있습니다. 이것은 일반적인 선악의 개념에서 볼 때 보편적인 개념보다는 좀 더 부분적인 선을 추구하는 상대선이라는 것입니다.

영원한 진리, 자비

진리를 추구하는데 있어 상대선은 아무런 의미가 없습니다.

이익을 추구하는데 있어서는 상대선이 필요하지만 진리를 추구하는데 상대선은 별 의미가 없다는 것입니다.

우리의 삶은 육도 윤회를 합니다.

지옥중생과 범부, 성인이 어떻게 존재하고 있는지 생각해보세요. 99% 잘못해 놓고도 1% 잘한 것으로 자기가 잘했다고 고집을 피우는 것이 바로 지옥중생입니다.

주지는 않고 받기만 좋아하는 중생이 바로 지옥중생입니다.

일반적으로 적당하게 주기도 하고 받는 이런 상황은 범부 중생입니다.

한 단계 올라간 보살은 아예 받을 생각을 안 합니다.

주기만 하고 받을 생각은 아예 하지 않는 사람들이 바로 보살입니다.

99.9% 잘해놓고도 뭔가 잘못한 것이 없나 고민하는 것이 보살이라고 했습니다.

진리인 무아와 무상을 체득하고 나면 받을 수가 없지요. 줄 수밖에 없습니다.

모든 것을 줄 수 밖에 없는 상황이 자비입니다.

자비가 충족이 되어 완전한 자비가 일어났을 때가 견성성불입니다.

견성성불은 참선 잘 한다고 생기는 것이 아니라 자기 자신을 자비로 채울 때 그 속에서 일어나는 빛이 바로 견성성불입니다.

자비가 없이는 죽었다 깨어나도 견성성불 할 수가 없습니다.

지혜가 흘러 넘치는 자비에 의해서 연속되는 것이 견성입니다.

인과의 법칙

우리는 선악의 의미를 생각할 때 인과의 법칙을 떠올리게 됩니다.

인과 법칙에서 가장 중요한 것은 선한 행위를 했을 때 상대방도 선한 행위를 해야 되고 내가 악한 행위를 했을 때 상대방도 악한 행위를 일으켜야 인과가 성립하는데 의지가 있기 때문에 선한 행위를 해도 상대방이 선한 행위로 받아들이지 않으면 선한 행위가 될 수 없습니다.

마찬가지로 악한 행위로 보면 악한 반응을 보일 것이고 또 반응이 없을 수도 있습니다.

의지가 없는 생명체는 문제가 되지 않지만 의지가 있는 생명체는 하는 행위마다 어떻게 반응을 할지 아무도 예측을 못합니다.

생명체에 과연 인과법칙이 성립하면 인과법칙이 성립하는 것이고 생명체에 인과법칙이 성립할 지 알 수 없다면 인과법칙이 성립하지 않는 것입니다.

이 말은 연기의 이론이 맞지 않는다는 것입니다.

중요한 것은 연기란 근본적으로 인과응보, 인과 법칙이라 했는데 이 인과법칙이 성립하려면 의지가 있는 생명체에도 똑같이 반응을 해야 가능한 것입니다.

생명현상에도 인과법칙이 성립하느냐?

일반적으로 의지가 없는 물질에는 어떤 행위를 가하면 똑같은 반응을 일으킵니다. 이것은 인과법칙이 성립한다고 합니다.

예를 들어 돌을 던졌을 때 그 돌이 어느 위치에 갈 것인가 알 수 있습니다.

왜냐하면 원인을 정확하게 알면 정확한 결과를 예측할 수가 있기 때문입니다.

중요한 것은 무생물은 원인을 정확하게 알면 일어날 결과를 예측할 수가 있습니다.

의지가 있는 생명체에도 똑같이 작용할 수 있으면 인과법칙이 성립한다고 이야기 할 수 있습니다.

예를 들어 김이라는 중생이 박이라는 중생에게 가하는 작용이 업입니다.

박이라는 중생이 받는 이것이 바로 과보입니다.

내가 어떤 행위를 했을 때 상대방이 거기에 대한 응답이 보를 하

> 무생물(물질) → 의지(×)
> 생명체 → 의지(○)
>
> 선^인 → 락^과
> 악^인 → 고^과
>
> 생명체에서 의지가 작용하는 상황에서 착한 일을 했을 때 좋은 과보를 받는가, 나쁜 일을 했을 때 나쁜 과보를 받는가가 문제이다.

는 것입니다.

그래서 연기는 인과이며, 인연법이며, 인과응보가 되는 것입니다.

박이라는 중생의 반응이 예측 가능하다면 인과관계가 성립한다고 할 수 있고 예측이 불가능 하다면 인과관계가 성립하지 않는 것입니다. 의지가 있는 여러 생명체에도 인과관계가 성립 하느냐 안 하느냐 이것이 문제입니다.

일반적으로 선한 행위를 하면 우리는 좋은 과보를 받습니다.

선인락과입니다. 선한 행위를 했을 때는 즐거운 과보, 좋은 과보를 받기 때문에 선한 행위를 합니다.

반대로 악한 행위를 했을 때는 고통스러운 과보를 받습니다.

이것이 기본적인 대원칙입니다.

예를 들어 내가 돈을 만원 줄 때 싫어하는 사람 있습니까?

다 좋아합니다.

내가 한방씩 때린다 합시다.

두들겨 맞는데 좋아 할 사람은 없습니다.

돈 만 원을 공짜로 받았을 때 좋아하는 정도는 다 틀리겠지만 기본적으로는 좋아하는 것이고 또 한방씩 때렸을 때 거기에 대한 반응은 틀리지만 일단은 전부 다 싫어합니다.

중요한 것은 오계와 같은 절대선을 행했을 때 거기에 대한 반응은 전부 즐거워하고 좋아한다는 것입니다.

악한 행위를 했을 때 반응하는 보는 대부분 고통스러워 하고 안 좋아합니다. 거기에 반응하는 정도는 조금씩 틀릴 수 있습니다.

어느 정도는 다 비슷하게 받아들인다는 것입니다.

이 몸뚱이를 이루어 수억 겁 동안 살아오면서 다양성과 경우를 거쳐 왔기 때문에 일반적으로 선한 행위에 대해서는 즐거워하고 나쁜 행위에 대해서는 고통스러워 하고 괴로워한다는 이 전제를 궁극적으로 받아들인다는 것입니다.

기독교 입장에서는 신의 섭리에 순응한 것이 선일 것이고, 자연과학 및 철학적 입장에서는 자연에 순응하는 것이 선이며, 불교 입장에서는 정견을 바탕으로 하여 자신을 포함한 모든 생명의 이익을 꾀하는 행위가 선입니다.

그래서 육근을 편하고 이익 되게 하는 행위를 일반적으로 선이라고 합니다.

무아와 무상을 인식하고 자아의 실현을 추구하는 방향으로 업을 이루는 행위를 일반적으로 선이라고 합니다.

신을 믿든 믿지 않든 자연에 순응하는 육근을 편안하게 하고 이익되게 하는 행위가 비슷하게 맞습니다.

어떤 행위를 하더라도 인과의 법칙에는 크게 어긋나지 않을 것입니다.

프랙탈이론

이 세상에는 일어날 일만 일어나는 프랙탈 이론이 불교에서는 인과법입니다.

이 세상에서 예측 불가능한 사건은 없습니다.

예를 들어 불자님께서 불교방송국에 오실 때 버스 타고 오셨어요? 택시 타고 오셨어요? 아니면 걸어 오셨어요. 그런데 지난 주에 오셨을 때는 택시 타고 왔다고 합시다. 그 때는 택시 타고 올 수 밖에 없는 상황이 만들어진 것이고 오늘은 걸어 올 수 있는 조건이 만들어져서 걸어온 겁니다. 수만 번 불교방송국에 걸어 갔다왔다 해도 똑같은 길을 간 적은 한번도 없습니다. 버스 타고 올 때도 택시 타고 올 때도 걸어 올 때도 똑같은 길을 똑같이 오지 않습니다. 그런데 그 날 그렇게 일어날 수 밖에 없는 행위로 똑같은 것이 일어나는 것입니다.

향을 피웁니다. 향 연기가 올라가는 것을 생각 없이 보았습니다. 가만히 따지고 보니까 바람이 적당하게 불거나 혹은 여기에 많은 사람이 모였는가하는 여러 가지 상황으로 향 연기가 올라가는 방향은 항상 틀립니다.

모든 조건을 따지면 향 연기는 그렇게 밖에 올라 갈 수 없었다는 것이 프랙탈 이론의 내용입니다. 우리가 사는 것도 이렇게 밖에 살 수 없구나 하는 것이 어느 정도 맞아 떨어질 뿐입니다.

프렉탈 이론은 21세기가 풀어야 할 과학적인 인과론입니다.

과학으로 인과론을 푼 것이 프렉탈 이론입니다.

엄밀하게 인과론 자체가 프렉탈 이론입니다. 이 세상에는 예측 불가능한 사건은 없다는 것입니다. 예측 불가능한 사건이 없다는 것은 일어날 일만 일어나고 있다는 것입니다. 우리의 모든 행위는 예측 불가능 한 것이 없고 전부 다 예측 가능한 것입니다.

그런데 잘 이해해야 될 것은 숙명론입니다. 전생에 지은 업에 의해서 이 생에 딱 결정되어 버리는 것이 절대 숙명론입니다.

우리의 삶 자체는 죽다 깨어 나도 숙명론은 아닙니다. 끊임 없이 변하고 바뀌는데 결과를 예측 할 수 있다 하는 것은 내가 착한 행위를 하면 거기에 대한 착한 과보를 받는다는 것이고 나쁜 행위를 하면 나쁜 과보를 받는다는 것입니다. 전생에 지은 업에 의해서 나쁜 행위를 할 확률이 높은 것입니다. 내가 만약 전생에 나쁜 행위를 했다면 나쁜 행위를 할 수 있는 부분이 꽉 차 있는 것입니다. 부처 성품은 거의 없습니다. 그러니까 내가 하는 행위는 훨씬 더 나쁠 수 있습니다. 나쁜 행위를 할 가능성이 훨씬 더 많지만 의지와 노력으로 나쁜 행위를 절제하고 지향하면 착한 행위 쪽으로 나아갈 수 있습니다. 착한 행위를 하려고 애쓰면 착한 행위는 나타나는 것입니다. 우리의 삶은 숙명론은 아니지만 선인락과라든가 악인고과라는 근본적인 명제는 맞습니다.

절대선_ 5계

산 목숨을 죽이지 말라

첫째 계율인 산 목숨을 죽이지 말라 입니다.

어떤 종교에서든지 산 목숨은 죽이지 말라고 가르치는 데는 없습니다.

다른 생명들은 죽여도 좋지만 인간은 죽이지 말라. 하는 상대적으로 살생에 대한 금지는 있습니다. 궁극적으로 우리가 선에 다다르기 위해서는 살아있는 모든 생명은 죽이지 말라는 것이 첫째 계율입니다.

산 목숨을 죽이지 말라고 했을 때 두 가지로 생각할 수 있습니다.

외부적인 다른 생명도 산 목숨이지만 본질적으로 자기 자신도 산 목숨입니다.

궁극적인 산 목숨은 바로 자기 자신입니다.

자기 자신을 죽이지 말아야 합니다.

자기 자신을 죽이지 않을 때 비로소 다른 대상들도 죽이지 않는 것입니다.

자기 자신을 죽이지 말라는 의미는 자신의 삶을 바르게 사는 것이 바로 산 목숨을 죽이지 말라 하는 것입니다.

자기 자신의 삶을 헛되이 보내는 것도 바로 산 목숨을 죽이는 것에 속하는 것입니다. 좀 더 궁극적인 의미는 자기 자신을 살리는 것이 모든 것을 살리는 것입니다. 자기 자신을 살리지 않고 다른 생명을 살린다는 것은 생각해 볼 문제입니다.

자기 자신을 살릴 수 있는 사람만이 다른 생명도 살릴 수 있습니다.

그래서 살아 있는 생명을 죽이지 말라는 대명제의 궁극적인 뜻은 이 몸을 받아서 이렇게 살아가는 삶을 진리를 추구하는데 철저하게 살아라 하는 것입니다.

부처님의 전생 이야기입니다. 부처님께서 수행하고 계실 때 비둘기 한 마리가 독수리한테 쫓겨 도망가고 있었습니다.

독수리는 나찰이 변한 것으로 부처님을 시험하는 것입니다. 도망가는 비둘기가 수행하고 있는 부처님 뒤에 숨어버립니다. 독수리는 부처님한테 비둘기는 자신의 저녁거리니까 내놓으라고 합니다.

부처님께서는 가만히 생각하시더니 비둘기 대신 내 살을 떼어가라고 말합니다. 그러자 독수리는 비둘기의 무게만큼 부처님의 살을 먹겠다고 합니다.

부처님과 비둘기가 저울에 올라 무게를 저울질 하는데 부처님께서 신체의 일부분만 저울에 올려놓으니 비둘기의 무게와 맞지 않아 결국 부처님 몸을 다 올려놓으니까 저울이 평형을 이룹니다.

이것은 비둘기의 목숨이나 사람의 목숨은 똑같이 소중하다는 생명의 존중을 이야기하고 있는 것입니다.

궁극적으로 다른 생명도 죽이지 말아야 하지만 좀 더 본질적인 문제는 자기 자신을 죽이지 말라, 자기 자신을 죽이지 않는 것은 항상 내 삶 자체가 철저하게 진리를 추구하는데 깨어있어야 한다는 것입니다.

이렇게 할 때 나를 이롭게 할 뿐만 아니라 생명체 모두를 이롭게 하는 것입니다. 이 우주를 이롭게 하는 것이 바로 산 목숨을 죽이지 말라 입니다.

도둑질을 하지 말라

둘째 계율인 도둑질을 하지 말라는 것은 노력하지 않고서 댓가를 바라지 말라는 것입니다.

청빈하게 살아가는데 우리의 삶은 얼마나 철저한가? 하는 문제로 설명할 수 있습니다. 노력하지 않고 그 댓가를 바라지 말라는 것입니다.

어떠한 행위를 하던 내가 노력한 것만큼 원한다면 잘못 될 것이 없습니다. 대부분 노력한 것보다 많이 요구하니까 항상 문제가 되는 것입니다.

다니가비구의 유명한 이야기가 있습니다. 다니가비구는 관리에게 나라의 목재를 가져다 절을 지어라고 부처님께서 말씀하셨다고 거짓말을 합니다. 목재를 담당하는 관리는 부처님과 왕이 사전에 이야기가 된 줄 알고 목재를 내어주었습니다. 절을 다 지어놓고 부처님께 자랑하였습니다. 그러나 다니가비구는 거짓말을 하였고 또 나라 물건을 도둑질한 죄를 물어 출가 수행자로서 최초로 퇴출을 당합니다. 그 때 부처님께서는 '다니가비구여, 너는 거짓말과 도둑질 한 죄로 우리들과 함께 수행할 수 없다.'라고 하셨습니다. 상가가 생기고 나서 최초로 일어난 사건입니다.

욕심이 앞서면 도둑질도 할 수 있음을 명심하여야 합니다.

음행을 하지 말라

셋째 계율은 음행을 하지 말라. 우리는 순수하게 살아가는데 얼마나 철저한가! 입니다.

부처님의 경전 내용에 보면 부처되는 성품, 자비의 종자를 종식

시키는 가장 나쁜 행위가 바로 음행이라고 했습니다.

이것은 도를 이루기 위해서는 어떤 상황에서도 음행을 하지 말라는 것입니다. 경전에 보면 남근을 뱀의 아가리에 넣어줄지언정, 음행은 하지 말라고 부처님께서 강조한 것입니다.

왜냐하면 이 몸뚱이를 만들어내는 근본적인 행위들이 애욕과 결부되어있기 때문에 그 애욕을 만들어 내는 행위가 바로 이 음행으로 부터 나옵니다.

그렇기 때문에 부처님께서는 자비의 종자도 끊고 결국 견성성불 하는데 가장 큰 장애가 되는 음행을 경계한 것입니다.

엄밀하게 음행을 해서는 안되지만 어떤 조직과 관계 속에 살면서 융통성을 가지되 삿된 음행을 하지 말라고 한 것입니다.

거짓말을 하지 말라

넷째 계율은 거짓말을 하지 말라. 정직하게 살아가는데 우리는 얼마나 철저한가? 입니다. 거짓말을 하지 말고 정직하라는 것입니다.

모든 공부는 정직해야만이 할 수가 있습니다. 부처님의 위대함은 바로 정직성입니다. 부처님은 자기 자신한테 철저하게 정직했습니다. 공부의 한 단계를 나아가려면 반드시 정직해야 합니다. 그래서 정직함이 모든 공부의 바탕이 되어야만 하는 것입니다.

그래서 어떤 일이 있더라도 거짓말을 하지 말라는 것입니다.

우리가 살아가는데 정직만큼 더 좋은 것이 없습니다.

항상 30분 쯤 참선을 해보라고 하는 것은 자기 자신을 정직하게 한 번 되돌아 보고 판단할 수 있는 기회를 가지라는 것입니다.

술을 먹지 말라

다섯째 계율은 술을 먹지 말라.

깨어있는 삶을 살아가는데 우리는 얼마나 철저한가? 입니다.

술을 먹지 말라는 것은 단순하게 술만을 의미하는 것이 아니라 중독성이 있는 모든 것을 가까지 하지 말라는 것입니다.

그래서 술은 물론이고 TV도 포함되고 노래방도 포함될 수 있습니다. 여기에 집중하지 말라는 것입니다.

술을 먹지 말라는 것은 중독성 있는 것에 빠지지 말라는 뜻으로 중독성 있는 것에 빠지면 타락하게 되고 부패하게 되어 결국 진리를 추구함에 있어 멀어지게 됩니다.

절대선인 이 5계를 실천하면 진리에 이르게 됩니다.

우리는 매일 한 번씩 5계를 읽고 실천을 해야 진리에 가까운 삶을 살지 않을까 싶습니다.

제19강
삼세윤회설

삼세윤회설에 대한 확률적 이해

부처님께서 깨친 눈으로 보니 인과가 성립되는 것은 삼세윤회설이었습니다.

삼세윤회설이기 때문에 성립하는 인과를 현대과학으로 정리해 보니 이 우주에 존재하는 모든 것은 확률로 존재한다는 것을 알았습니다.

예를 들어 주사위는 1부터 6까지로 되어 있습니다. 1부터 6까지의 숫자가 있는 주사위를 여러 명이 돌아가면서 던집니다.

그런데 1이 나올 확률은 6분의 1이고 2가 나올 확률도 6분의 1, 3이 나올 확률도 6분의 1이고 4, 5, 6의 확률도 다 6분의 1입니다. 실제로 돌아가면서 주사기를 던졌을 때 1이 나올 확률도 6의 1이고 2가 나올 확률도 6분의 1이지만 만약 600명이 던진다고 합시다. 600명이 던져서 1이 100개 나오고 2가 100개 나오고 3이 100

개 나오겠습니까? 분명히 들쑥날쑥 입니다. 1이 90개 나올 수도 있고 110개 나올 수도 있는 것처럼 숫자는 어느 정도 비슷하게 가겠지만 6분의 1이 되지는 않습니다.

그런데 우리는 확률론으로 6분의 1이라고 단정해서 이야기합니다.

이론적으로는 6분의 1이지만 실제로도 6분의 1이 되는 방법이 있습니다. 600개 정도를 600명 정도가 던지니까 변화가 일어납니다. 6천 명, 6만 명, 6십만 명, 6백만 명, 6억만 명 식으로 어마어마한 숫자로 던진다고 가정해 봅시다. 이 우주에 있는 모래 수만큼 많은 숫자가 주사위를 던진다고 상상해 봅시다. 그러면 최소한 6 곱하기 약 10에 20승이나 되는 어마어마한 숫자가 던진다고 상상해 보는 것입니다. 부처님 경전을 보면 겐지스 강에 모래 수만큼 많은 이라는 표현이 자주 나옵니다.

그러니까 겐지스 강의 모래 수만큼 많은 사람이 던진다고 생각해 보세요.

정확하게 1이 나올 확률은 6분의 1이고 2가 나올 확률도 6분의 1이고 6이 나올 확률도 6분의 1이 됩니다. 각 숫자가 나올 확률은 정확하게 6분의 1이 됩니다.

시간과 공간의 확대

여기서 중요한 것은 숫자가 어마어마하게 많아지면 확률이 거의 정확하게 6분의 1이 된다는 것입니다.

일반적으로 숫자를 많게 하는 방법은 두 가지가 있습니다. 지금 이 순간에 많은 숫자를 한꺼번에 다 던질 수 있다고 생각하는 것

```
연기 → 인연과 법칙 → 인과법칙
→ 무한히 긴 시간동안 적용하면 정확하게
   선인락과 악인고과가 성립한다.

→ 엄밀하게 인과와 연기는
   확률론적 인과이다.

인과 < 연속성 ⇒ 인
       보복성 ⇒ 연
```

이 하나의 방법입니다.

또 다른 방법은 시간적으로 엄청나게 길게 하니까 숫자가 많아집니다. 예를 들어 이생에서 숫자가 600만 이라 하면 이것을 수억 겁의 숫자로 늘려 보면 숫자가 어마어마하게 많아집니다.

부처님이 위대한 천재임을 다시 한 번 인식 시키는 것이 삼세윤회설입니다.

내가 분명 선한 일을 했는데도 어떤 경우에는 악한 과보를 받을 수가 있습니다. 또 나쁜 일을 하면서 사는 데도 복을 받고 잘 살고 있다는 것입니다. 이것은 이치가 맞지 않은 것입니다.

그런데 한생만 생각한 것이 아니라 삼세 수억 겁의 시간을 보는 것입니다. 수억 겁 동안에 일어나는 일을 생각해 보면 당연히 착한 일 하면 착한 과보 받고 나쁜 일 하면 나쁜 과보를 받게 되는 것입니다.

한생만 생각할 때는 들쑥날쑥하여 잘못될 수도 있습니다. 확률적으로 보면 숫자가 적을 때 던지면 분명히 고르게 안 나옵니다. 그러니까 어떤 경우에는 복 터지게 좋은 행운도 올 수 있다는 말입니다.

또 죽어라고 착한 일만 했는데도 그에 대한 과보는 못 받고 힘들게 한생을 살 수도 있는데 이것은 긴긴 세월을 합산하여 평균을 내보니까 행한 만큼 결과가 일어나더라는 것입니다.

바로 숫자가 어마어마하게 많다는 것, 긴 시간 동안 생각한다는 것은 결국 항상 일어날 일만 일어나기 때문에 착한 일 하면 착한 과보 받고 나쁜 일 하면 나쁜 과보를 받는다는 것이 확률적으로 충분히 증명 된 것입니다. 이것을 증명한 것이 부처님의 인과법칙의 삼세윤회설입니다.

공업과 개인업

인과에는 두 가지가 있는데 개별적으로 받는 인과가 있고 공통적으로 받는 공업이 있습니다. 개인적으로 받는 인과라는 것은 거의 선인 락(樂)과 악인 고(苦)과에 준해서 받고 공업은 공통적으로 더불어 그 집단이 같이 받는 과보입니다. 예를 들어 소말리아 같은 곳에서는 사람들이 굶어 죽습니다. 북한에도 많은 사람이 굶어 죽습니다. 공업이라는 것은 내가 거기에 태어났다면 굶어 죽어야 될 확률이 매우 커집니다.

우리는 한국에 태어났기 때문에 이 모습 이렇게 살고 있습니다. 만약 미국이나 유럽에 태어났다면 어떻겠습니까? 지금과는 다른 모습으로 살아갈 수 있습니다.

　이와 같이 공업이라는 것은 내가 그 시대에 태어남으로써 시대와 더불어 같이 받는 업입니다. 공업이 중요한 이유는 예를 들어 비행기를 타고 가다가 비행기 안에 꼭 죽어야 될 한 사람 있습니다. 그러면 엉뚱한 수백 명이 같이 죽게 됩니다. 그런데 죽어야 할 팔자고 운명인데도 꼭 살아야 할 사람이 있다면 우리는 그 사람 때문에 더불어 같이 살 수도 있습니다. 더불어 살 때는 무리 속에 있는 한사람의 업이 다른 사람에게 영향을 미칠 수 있다는 것입니다. 우리는 분명히 착한 일 했는데도 공업 속에서는 나쁜 과보를 받을 수도 있고 나쁜 일 했는데도 좋은 과보를 받을 수 있는 그런 여지가 생깁니다. 개인적인 어떤 업에서는 확률이 훨씬 더 작은데 비해서 공업에서는 이 시대와 더불어 같이 받는 업이기 때문에 그런 경우가 훨씬 더 많이 생길 수 있습니다.

　예를 들어 대학 다닐 때 공부 잘 해서 좋은 직장에 취직이 되었습니다. 그 직장에 들어가면 월급도 많이 주고 다 좋을 줄 알았는데 만약 그 직장이 국가적 상황이나 여러 가지 상황에 의해서 허물어지고 안 좋은 쪽으로 흘러간다면 전부 다 나쁜 과보를 받게 되는 것입니다.

　반대로 학교 다닐 때 공부 열심히 하지 않아서 대기업이 아닌 규모가 작은 중소기업에 겨우 들어갔는데 그곳에서 기발한 아이디어를 가진 사람이 있어서 새로운 제품을 만들고 그 제품이 잘 팔려서 굴지의 회사를 만들어 버리면 이 사람은 가만히 있어도 큰 영광을 누릴 수 있습니다. 이 공업도 따지고 보면 자기가 세세생생 살아오면서 지었던 업과 전혀 관계가 없는 것이 아닙니다.

착한 일 하면 착한 과보 받고 나쁜 일 하면 나쁜 과보를 받는 폭이 훨씬 더 크지만 지나고 나면 자신의 업에 준해서 받게 되어 있는 것을 알게 됩니다.

인과를 확률로 보니 결국 무한대의 억겁의 시간을 통해 인과의 법칙은 정확하게 맞습니다. 한 치의 오차도 없이 맞아 떨어집니다.

전생에 대한 연구

전생에 어떤 고행을 했고 수행을 했고 어떻게 살았느냐에 의해서 이생에서 이런 과보를 받는다 하면 훨씬 더 이해가 쉽습니다. 나도 이생에서 착한 일하고 수행을 하면서 열심히 살아야겠다고 생각 할 수 있습니다.

20세기에 살면서 전생의 기억을 연구하는 사람들이 있었습니다. 1975년까지 미국 버지니아대학의 스티븐슨 박사는 약 1300개 이상의 사례를 수집했습니다.

인식하지 못한다고 없는 것이 아니라는 것을 스티븐슨 박사가 증명을 한 것입니다.

전생을 기억하고 있는 그 상황을 찾아 확인을 해보는 것입니다. 예를 들어 어린 아이가 전혀 가 본 적도 없고 누구에게서 들은 적도 없는 마을에서 일어났던 일을 자세히 알고 자신이 전생에 누구였다고 확실하게 말하는 상황은 실질적으로 전생을 증명하는 것입니다.

그 중에 이스마일의 전생이야기는 다음과 같습니다.

이스마일은 1950년 경 터키 남부의 아나다라는 마을에서 태어났는데, 세 살이 되자 이 곳은 내집이 아니다. 내집으로 데려다 달라고 조릅니다.

1962년 조사 결과 이스마일은 건너 마을 과수원집 주인이었는데 50살에 죽었음이 밝혀졌습니다. 네 살된 이스마일은 전생의 마을에 가서 돈을 빌려가서 갚지 않은 전생의 빚을 받았다고 합니다. 지금 우리가 전생을 기억하지 못한다고 해서 전생이 없다고 하지 못합니다.

티벳의 활불사상, 린포체 신앙

티벳에는 린포체 신앙이 있습니다.

린포체 신앙은 공부를 열심히 한 수행자는 자기가 태어날 상황을 예언합니다. 현재 티벳에는 달라이 라마가 있습니다.

달라이 라마 다음 법왕이 될 라마는 예시린포체로서 1980년대에 열반에 듭니다. 이 사람은 열반에 들면서 자신은 프랑스 어디에서 태어난다고 예언을 했고 그렇게 환생한 아이의 어릴 때 사진을 보면 예시린포체가 돌아가셨을 때 그 모습과 거의 비슷합니다. 티벳에서는 그 아이가 2살이 되는 해에 데리고 와서 계속 키웠습니다. 그 라마가 6살쯤에 한국에 한 번 다녀갔습니다.

그 린포체들을 실험하는 방법은 그 사람 혼자만 아는 어떤 물건을 어딘가에 숨겨놓습니다. 그러면 이생에 다시 몸을 받았을 때 그것을 찾아냅니다.

티벳에서 린포체 신앙은 뛰어난 수행자들은 스스로 열몇 번의 환생을 다 알고 있습니다. 성철 스님도 전생 이야기를 많이 했습니다. 우매한 중생에게 인식시키기 가장 좋은 것이 바로 전생 이야기입니다.

어떻게 하면 현생에 적응해서 좀 더 잘 살 것인가? 잘 살기 위해서 전생 이야기를 많이 했습니다.

티벳 린포체 신앙에서 환생을 이야기 하는 것은 분명히 내생이 있다는 것입니다. 죽었다가 다시 태어나는 삶이 내생입니다. 죽었다가 다시 태어나는 미래의 삶인 것입니다. 린포체 신앙과 스티븐슨 박사의 과학적인 정의에서 볼 때 분명히 전생이 있음을 알 수 있고 이 몸도 다시 태어나서 죽을 수 있는 내생이 있다는 것을 알 수 있습니다. 결국 삼세인 과거 현재 미래, 과거생 현생 내생이 있다는 것을 알 수 있습니다.

과거도 있고 현재도 있고 미래도 있다는 것은 시간적으로 생각했을 때 수억겁의 긴 시간이 됩니다. 삼세를 인정하므로 이 시간이라는 것이 무한대의 시간으로 확장 됩니다.

이 무한대의 시간 속에서 우리의 삶은 끊임없이 나타났다가 죽습니다. 끊임없이 되풀이 되는 우리 삶을 무한대의 시간 속에서 보니까 업이 받는 것이 바로 과보입니다.

업보라고 할 때 업이라는 것은 바로 행위이며 그 행위에 대한 결과를 받는 것을 보라고 합니다. 그래서 우리는 업보 혹은 과보라고 합니다.

무한 한 시간 속에서 일어나는 일들은 정확하게 선과 악이 분명하고 선일 때는 선한 과보, 악일 때는 악한 과보를 받습니다. 그런데 잘못하면 숙명론 쪽으로 흘러가기 쉽지만 절대 숙명론이 아닙니다. 우리가 악한 행위를 했을 때 악한 과보를 받는 것은 이 몸뚱이 속에는 수억 겁의 모든 업이 축척 되어 있기 때문입니다.

나에게는 부처되는 업도 한 10% 있을 것이고 보살의 업도 한 10% 있을 것이고 중생의 업은 한 60% 있을 것이고 축생의 업도 한 10% 있을 것이고 지옥의 업도 한 10% 가지고 있습니다. 이것 중에서 전생에 내가 했던 어떤 행위의 업이 지금 이생에서 나타나는 것입니다.

최면으로 전생을 가다

블록샴은 1890년에 태어난 최면술사인데 최면으로 전생을 기억하게 하며, 20년 동안 400명의 전생을 기록으로 남겼습니다.

그 중에 1939년에 태어난 제인 에반스 부인은 최면으로 7번의 전생의 삶에 대하여 증언하였습니다.

1. 로마제국 통치하의 영국에서 가정교사의 아내로서의 전생(서기 286년)
2. 영국 요크에서 유태인 여성으로서의 전생(서기 1190년 사망)
3. 프랑스 부르스의 대부호 작크 꿰르의 하녀로서의 전생(서기 1451년 사망)
4. 스페인 캐더린 공주 시대의 하녀로서의 전생
5. 앤 여왕 재위시 런던에서 바느질 품팔이 소녀로서 산 전생
6. 미국의 메릴랜드 주 수녀로서의 전생(약 1920년 사망)
7. 현생의 제인 에반스(1939년 탄생)

모든 전생에서의 기억이 역사적 사실과 매우 흡사한 부분이 많

았고 역사적으로 고증이 안된 것도 사학자들이 충분히 그럴 수 있다고 인정을 했습니다.

업보가 나타나는 양상

전생에서 했던 행위로 이생에서 과보를 받아야 된다면 그 과보는 이생에서 살고 있는 삶의 모습에 따라 받는 과보의 모습은 달라질 수 있습니다. 예를 들어 내가 전생에 길을 가다가 돌을 툭 찼는데 그 돌이 지나가던 소의 발에 맞아 소다리가 부러져서 넘어졌습니다. 이 행위가 전생에 있었던 행위 입니다.

그래서 내가 이생에서 몸 받아 살아가면서 전생에 소를 다치게 한 과보로 이생에서 내가 자동차를 타고 가다가 사고가 난다든지 하는 업이 내 업 속에 들어있는 것입니다. 그래서 그 업이 축척되어 있는 동안 자동차를 타고 가다가 사고가 날 수도 있는 상황에서 내가 그 사고 때문에 치명적인 큰 손상을 입을 수도 있고 차만 조금 부수어질 수도 있고 혹은 차도 말짱하고 사람도 안 다칠 수도 있습니다.

분명 업에 대해서 받는 보는 다양합니다.

이생에서 어떻게 살아가느냐, 내 삶의 모습과 결부 되어 잘못 살고 있으면 소를 다치게 한 과보가 과중해져 치명적인 손상으로 죽을 수도 있습니다. 그러나 수행과 기도를 열심히 하는데 사고 당할 운이 되었을 때 살짝 부딪쳐서 차도 안 다치고 사람도 안 다치고 그냥 넘어 갈 수도 있는 것입니다. 이렇게 이생에서 내가 살아가는 모습에 따라 업이 보를 받을 때 다양하게 받을 수 있다는 것입니다.

과보를 받는 순서

과보를 받는 순서는 다음과 같습니다. 무거운 업, 습관적으로 지은 업, 임종에 다다라 지은 업, 이미 지은 업에 따라 받게 됩니다.

1. 살생과보가 가장 큽니다. 그중에도 어머니를 살생한 경우, 아버지를 살생한 경우, 아라한을 살생한 경우가 가장 큽니다. 부처의 몸에 피를 흘리게 한 경우도 살생과 같습니다. 수행 승가를 분열시키는 경우도 그 죄가 매우 큽니다.

   부처님 당시 99명을 죽인 살인마 앙굴리말라는 수천 년 동안 남을 괴롭힌 과보를 받은 것입니다. 앙굴리말라는 아라한과를 터득하여 다음 생의 과보는 소멸되었습니다.

   55년 간 소도축자였던 어떤 사람은 소고기가 없으면 밥을 먹지 못했습니다. 저녁에 먹으려고 남겨둔 소고기를 임신부가 찾아오자 부인이 팔아버렸습니다. 저녁에 집에 돌아온 소도축자는 소고기가 없음을 알고 집에 있는 살아있는 소의 혀를 짤라왔습니다. 그 혀를 먹다가 자신의 혀를 깨물어 끊어지는 과보를 받았습니다.

   구테타를 일으켜 아버지 빈비사라왕을 몰아내고 죽인 아들 아사세는 왕이 되어 오랫동안 불면증에 시달렸지만 부처님을 찾아 뵙고 참회하고 수행과경을 독송한 공덕으로 불면증에서 벗어나 편안을 얻게 됩니다.

2. 습관적으로 지은 업을 받게 됩니다.

   부처님 당시, 담미까 거사는 습관적으로 부처님과 승가에 보시한 공덕으로 죽음에 임하여 천신들이 그를 데리러 와서 도솔천에 태어나게 됩니다.
3. 임종에 다다라 지은 업을 받게 됩니다. 55년간 범죄자들을 처형하였던 탐바다띠까의 망나니는 사리불에게 귀의하여 우유죽과 의복을 공양 올린 공덕으로 순간적으로 도솔천에 태어나게 됩니다.

무엇을 믿을까?

하느님을 믿기 쉬워요? 인과를 믿기 쉬워요? 하느님이 훨씬 믿기 싶습니다.

집 가까운 곳에는 교회도 많고 하느님을 믿으면 죄도 하느님이 대신 사해 준다고 하니까 솔깃해져 따라가기가 쉽습니다.

그런데 인과는 믿기가 어렵습니다. 묘한 이치입니다. 인과를 믿는다고 하는 순간 손해를 보는 것 같습니다. 내가 하는 행위에 대한 과보를 내가 다 받아야 된다고 하니까 이것은 해야 되나 말아야 되나? 모든 행동이 다 걸리는 것입니다. 말은 쉽지만 실질적으로 인과를 믿는다는 자체가 절대 쉬운 일이 아닙니다. 좀 더 깊이 생각해 보면 믿고 안 믿고를 떠나서 일어날 일들은 다 일어납니다.

내가 믿는 대로 될 것 같으면 일이 쉬운데 믿든 안 믿든 일어날 일들은 그대로 일어나기 마련입니다. 내가 인과를 믿어도 일어날 일은 일어나고 안 믿어도 일어날 일들은 일어납니다.

이왕 일어난다면 내가 알고 있으면 대응을 할 수도 있습니다. 이 우주에 존재하고 있는 모든 것의 진실이 연기 법칙입니다.

연기 법칙은 인과응보이며 인과법칙이라면 우리는 당연히 인과를 믿어야 합니다. 인과를 믿음으로써 훨씬 더 행복하고 제대로 된 삶을 살 수가 있습니다. 내가 인과를 받지 않는다면 과보가 작용하지 않으면 안 믿어도 됩니다.

믿든 안 믿든 인과는 일어나고 인과법칙은 적용됩니다. 세세생생 살아오면서 내가 행한 만큼 일어날 뿐입니다. 그래서 안 믿는 것 보다는 믿는 것이 훨씬 더 삶에 덕이 되겠습니다. 죽어라고 공부하는 이유는 삶에 득이 되고 행복하고 아름답게 되기 위함입니다.

윤회

불교는 본 것만 인정하고, 증명할 수 있는 것에 대해서만 인정합니다. 전생이 있느냐? 없느냐? 하는 문제는 윤회를 매개로 하여 죽고 다시 태어남입니다.
   전생이 있다면 어제가 있어 어제를 기억하듯이 전생을 기억해야 되는데, 왜 기억이 안 되는지? 이것이 문제입니다.

이 몸을 받아서 살다가 멸하고 또 다시 몸 받아서 살다가 멸하는 것을 윤회 라고 합니다. 윤회 한다고 했을 때 업이 윤회하고 그 업에 대한 과보가 따르게 됩니다. 이생에서 살고 나면 이 몸은 멸하여 없어져 버립니다.
   그러나 내가 행했던 업은 그대로 남아 있습니다. 그 업은 아뢰아식에 저장 되어 있다가 다시 부모를 만나 새로운 탄생을 하게 되면 그 때 업에 대한 과보가 따르는 것입니다.

업이 윤회를 한다는 것입니다.

그러면 내가 지은 업에 대하여 어떻게 과보를 받는가? 이생에서 지은 업을 다음 생에서 받을 것인가?

업을 비파카라 했을 때 비는 '다르다' 파카는 '음식이 익다, 익히다' 즉 업은 다르게 익는 것 입니다.

다르게 익는다는 말은 실질적으로 업에 대하여 받는 보는 다르게 받는 것입니다.

선인락과 악인고과는 맞지만 내가 이생에서 지은 업에 대하여 다음 생에서 받는 과보는 똑같은 모습으로 받는 것이 아니라 다르게 받는다는 것입니다. 내가 만약 이생에서 보살님께 돈을 백만 원 빌려줬습니다. 그럼 다음 생에 몸 받아 태어났을 때 보살님한태 빌려준 돈 백만 원을 그대로 받는다는 것은 업을 똑같게 받는 것입니다. 그러나 내가 이생에서 착한 일 해서 분명히 백만 원을 보시하고 도와줬다면 다음 생에 과보로 받을 때에는 돈으로 100만원 받을 수도 있고 또 귀한 선물로 받을 수도 있는 것처럼 받는 보는 업과 똑같이 받지 않는다는 것입니다. 100만 원을 보시 한 것에 대한 보는 당연하게 받지만 단지 돈 백만 원으로 받는 것이 아니라 다르게 받는다는 것이 바로 업입니다.

에드가 케이시

1877년에 태어난 에드가 케이시는 예언가이며, 영적 능력자로 14,000명의 환자들의 병을 고쳐 주었습니다.

투시능력을 소유한 사람으로 자기 최면으로 들어가 상대방의 몸과 전생을 볼 수가 있다고 했습니다.

이 사람은 여러 가지 질병이 전생의 카르마에 의하여 나타난다고 하였습니다.

어떤 청년은 전생에 고대 페르시아 사람이었는데 폭력으로 통치권을 빼앗아 다른 사람의 피를 너무 많이 흘리게 한 대가로 빈혈증에 시달렸다고 했습니다.

뚱뚱한 몸 때문에 고민하던 사람은 전생에 뚱뚱한 사람을 비웃은 대가를 받은 것이었고, 전생에 마녀재판에 회부된 여자를 성폭행한 한 간수는 현생에 간질로 고생을 하고 있었습니다.

또 다음과 같은 사실들을 예언하였습니다.

1. 체르노빌 원자력 폭발 사건

    1986년 4월, 원전 사상 대재앙을 초래한 체르노빌 원자력 폭발 사건을 1923년 예언했는데, 그의 예언은 63년 후 적중해 놀라움을 금치 못했습니다.
2. 1929년 증권시장 붕괴 예언
3. 러시아 공산주의 붕괴
4. 사해 히브리어 구약 성경 발견
5. 2차대전 시작

윤회의 메카니즘

윤회라는 이 메카니즘을 제대로 알기 위해서는 결국 죽음이라는 것을 알아야 하고 또 무엇이 죽는 것인가를 알아야 합니다. 이 몸이 생했다가 멸하는 의식이 이 육식 속에 저장 되었다가 다시 업으로 다른 몸뚱이로 옮겨가는 것입니다. 이것에 대한 완벽한 설명이 12연기입니다.

  12연기에서 윤회하는 메카니즘을 정확하게 알 수 있습니다. 이 이론에 대한 체험은 선이나 혹은 관조를 통해서 체득 할 수 있습니다. 본인이 그것을 체험하는 방법은 선을 하거나 선정에 들어가는 것입니다.

  불교를 공부하는 방법으로 위빠사나와 사마타가 있습니다. 위빠사나는 관조하고 관찰하는 것입니다. 현상을 지혜와 진리로 인식하고 체득하는 것이 위빠사나 입니다.

  사마타는 아는 것을 내 속에서 익히는 과정이 사마타입니다. 예를 들어 처마 밑에서 한 방울 한 방울 떨어지는 물들이 결국은 바위를 뚫습니다. 한군데 집중해서 끊임없이 들어가다 보면 바위도 뚫습니다.

  혼탁되어 있는 업 덩어리를 정화시키고 전생을 알려면 선정에 들어 내게 일어났던 모습을 알아보는 것입니다.

  윤회한다 혹은 전생이 있다 하는 이런 문제를 좀 더 명확하게 알려면 스스로 체험해 보는 것이 가장 좋습니다. 여기서 가장 큰 문제는 선악의 의지의 문제입니다. 불교의 출발은 의지로부터 시작되었습니다. 일반적으로 의지가 없는 물질이나 물체는 행위를 가하면 100% 행위에 대한 결과가 나타납니다.

  지금 내가 어떤 물건을 던지면 이 물건은 분명하게 던져집니다.

  그런데 내가 만약 의지를 가지고 있는 사람을 던지면 더 큰 힘으로 밀어 부치면 던질 수가 없습니다. 의지가 없는 물체는 우리가

12연기의 순환과정 및 삼세인과의 작용

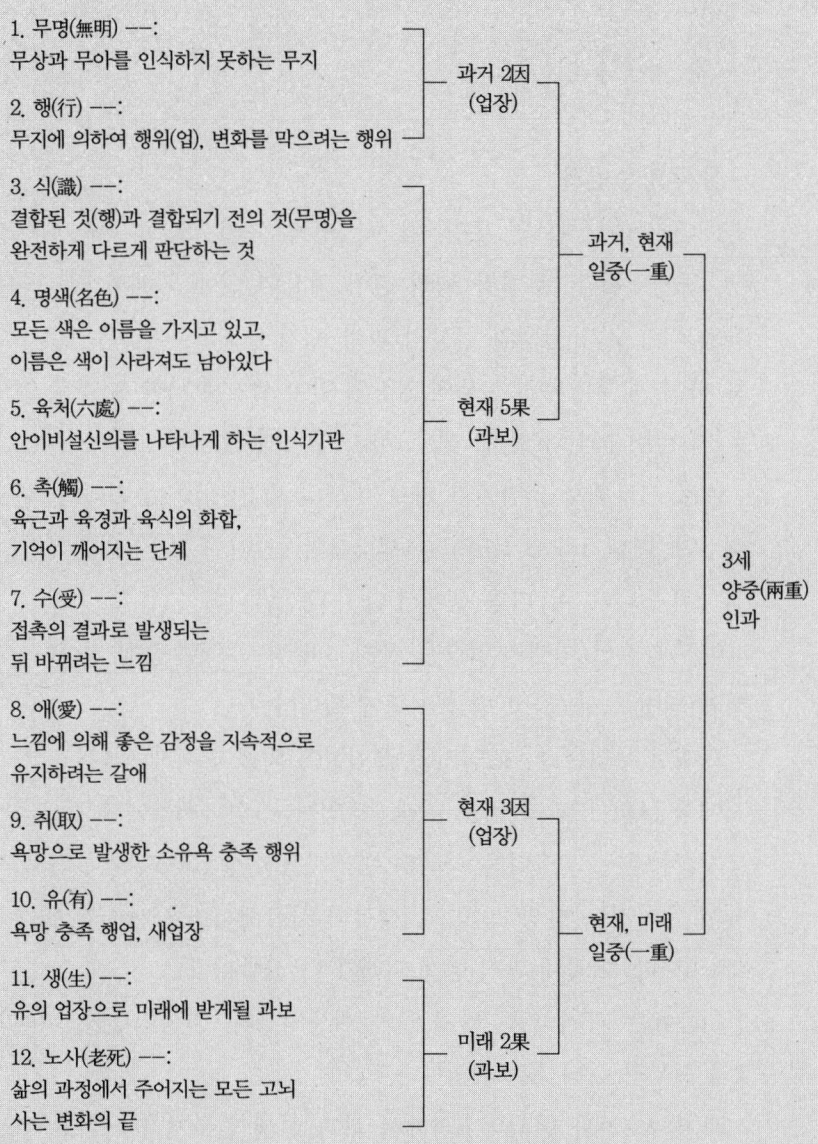

예상한대로 정확하게 나아가지만 의지가 있는 의지체는 부딪칠 때 다양한 현상이 일어납니다. 그것을 삼세 윤회설에서 생각해 보면 의지가 있는 것들이 부딪쳐도 결국은 선인락과고 악인고과다 라는 것을 알 수 있습니다.

삼세 양중인과

12연기를 살펴보면 무명, 행, 식, 명색, 육입, 촉, 수, 애, 취, 유, 생, 노사입니다. 무명과 행의 전생 업장의 인에 의해서 식, 명색, 육입, 촉, 수의 현생의 업장의 과가 생기게 되고, 이것은 인(因)으로 하여 애, 취, 유의 현생의 업장의 인이 생기게 되며, 이것을 인으로 하여 미래의 과(果)인 생, 노사가 생기게 됩니다.

애로 시작해서 유까지가 바로 현생의 세 가지 인이 됩니다. 현생의 3인, 현생 5과가 끝나고 현생 3개의 3인이 두 가지 원인이 되어 업장이 됩니다. 유 다음 생에서 다시 태어납니다.

다시 태어날 미래의 업장을 가지고 생명을 새로 받게 됩니다. 생하게 되면 노사, 늙고 병들고 죽게 됩니다.

그래서 우리는 이 12연기를 끊임없이 되풀이 하게 됩니다. 12가지에서 11과 12과가 바로 미래 2과입니다. 앞에서 1에서 2는 과거 두 가지 인이고, 그다음 식부터 수까지는 현생 5과고, 애부터 시작해서 유까지는 현생 3인이고, 생부터 시작해서 노사까지가 미래의 2과입니다. 이렇게 과거 현재 미래가 다 있습니다.

처음에는 과거의 두 가지 인과 현생의 5과, 현생의 3인, 미래의 2과 전부가 나타나는 것입니다.

과거의 2인과 현생의 5과에서 과거 현생 일주기가 생기고 현생의 3인과 미래의 2과에서 현생 미래의 일주기가 생기고 이것이 다시 통합하면 삼세양중 인과가 생기는 것입니다.

바로 삼세양중인과가 삼세윤회설로 모든 인과는 삼세인 과거 현생 미래를 윤회하면서 끊임없이 되풀이하며 받는 그 인과에 대한 설명이 삼세윤회설입니다.

전생의 어떤 인과가 이생의 모습으로 나타나는지 한번 살펴보겠습니다.

외모는 흉하지만 재산이 많고 또 성미 급하고 화를 잘내는 어떤 여인은, 보시를 한 과거생의 공덕으로 그렇게 태어났습니다.

아름답지만 가난한 여인은 전생에 성내지 않고 참을성 있게 생활한 업으로 아름답게 태어났지만 인색함으로 가난하게 태어났습니다.

아름답고 부유하며 영향력이 있는 여인은 성내지 않고 참을성 있게 생활한 업으로 아름답게 태어났고, 관대함으로 부유하게 태어났고, 질투하지 않은 업으로 영향력 있게 태어났습니다.

제 20강
불교의 우주관

　강물의 줄기를 따라가면 큰 바다에 다다릅니다. 부처님의 법도 무명, 무아, 무상, 연기로 출발했지만 가면 갈수록 커진다는 것을 알게 됩니다.
　불교의 인생관은 불법과 만난 이 인연이 세세생생 살아가면서 가장 큰 행운이 될 수 있는 것은 내가 살아가는 목적이기 때문입니다. 목적을 세울 수 있을 때가 가장 큰 행운입니다. 이 생명이 살아가는 목적이 바로 견성성불인 것입니다.

　불교의 진리관은 연기입니다. 연기는 불교의 진리관이고 우주관입니다. 이 연기는 12처와 18계를 구성하고 있는 모든 것을 체계적으로 설명할 때 12처와 18계입니다. 이것이 어떻게 존재하고 어떻게 작용는지를 12연기로 설명할 수 있습니다. 이 부분이 불교의 사상관이며 진리관입니다. 이 부분을 잘 알면 불교를 잘 안다고 할 수 있습니다. 불교의 진리관인 연기를 이해하기 위해서 일상생활과 이 연기가 어떻게 연결되어 있으며 터득할 수 있는지 알아야 합니다.

불교의 교육관인 사성제, 고집멸도를 잘 실천하는 것이 연기를 이해하고 부처가 되는 방법입니다. 부처님이 처음 깨치신 것이 연기이며 첫 설법은 5비구에게 사성제를 설하셨습니다.
연기를 이해하는 방법, 연기를 실천하는 방법이 바로 사성제입니다. 사성제를 생활 속에 실천하는 것이 불교의 교육관입니다. 불교의 교육관은 곧 사성제를 잘 이해하는 것입니다.

불교의 실천관은 부처님께서 사성제를 설하시면서 팔정도와 육바라밀과 계정혜 삼학을 실천방법으로 가르친 것입니다.
초기불교에서는 정견, 정사, 정어, 정업, 정명, 정전진, 정념, 정정의 팔정도이며, 대승불교에서는 보시, 지계, 인욕, 정진, 선정, 지혜의 육바라밀이며, 선불교에서는 계정혜의 삼학입니다.

불교의 윤리관은 5계와 10계입니다. 부처님 당시 출가 수행자에게 가르친 가장 기본적인 덕목이 바로 5계와 10계입니다. 5계는 살아있는 모든 생명에 적용되는 부분입니다. 불교가 쉬우면서도 어려운 것은 출가 수행자와 신도가 기본적으로 실천하면서 살아가야 하기 때문입니다. 부처님 당시 출가 수행자, 제가 신도에게 5계를 가르치신 것입니다. 불교는 생명의 본질에 접근해 있으며 중요한 것은 모든 생명에 공통된 과제입니다. 내가 승복을 입었다고 다르고 세속의 옷을 입었다고 다른 것이 아니라 승복을 입고 있으면 좀 더 수월하게 공부 할 수 있고 세속의 옷을 입고 있으면 좀 더 어렵다는 것입니다. 지켜야 할 윤리와 가치가 다른 것이 아닙니다. 이 5계와 10계는 불교의 윤리관인 것입니다.

부처님보다 약 200년 후에 태어난 아리스토텔레스는 서구사회의 과학을 체계화시킵니다.
아리스토텔레스가 주장한 우주관은 지구가 이 우주의 중심에 있고 태양이 그 주위를 돌고 있는 구조입니다.
1400년대에 코페르니쿠스에 의하여 태양이 중심에 있고 우리가 살고 있는 지구가 그 주위를 돌고 있다는 지동설을 주장하게 됩니다.
현대의 천체망원경은 우리가 살고 있는 태양계와 같은 것이 1000억 개 정도 모여 은하계를 이루고, 이런 은하계가 1000억 개 정도 모여 있는 것이 우주라는 것을 확인하였습니다. 이 우주의 크기는 빛이 1초에 30만 Km로 달려 1년 동안 가는 거리가 1광년인데, 약 140억 광년 정도나 된다고 합니다.
태양계가 속해 있는 은하계는 중절모자의 모양을 이루고 있는데 태양계는 모자의 테의 중간쯤에 위치하고 있습니다.

삼천대천세계
불교의 우주관은 삼천대천세계를 말합니다. 이 삼천대천이 기본적으로 불교의 세계입니다
이 세계란 어떻게 이루어졌는가? 삼계, 소천, 중천, 대천으로 이

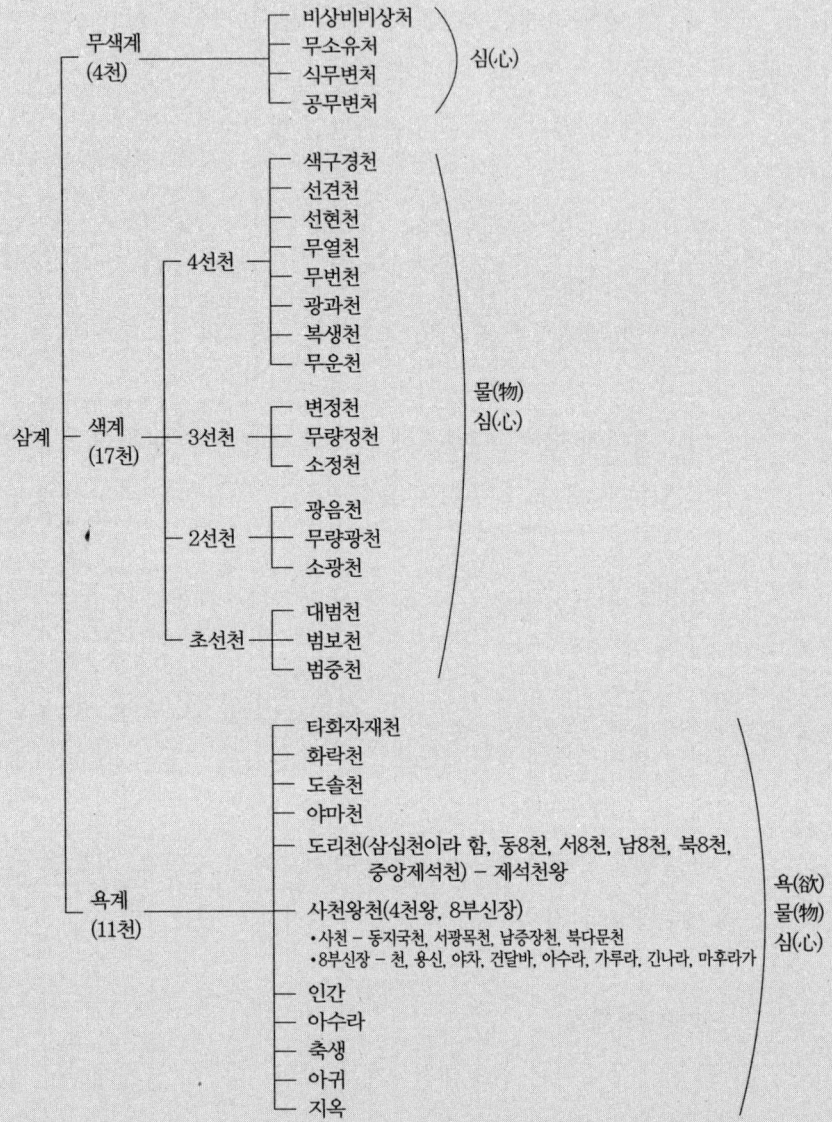

〈삼계구성도〉

色界	第四禪	色	究	竟 天
		善		見 天
		善		現 天
		無		熱 天
		無		煩 天
		廣		果 天
		福		生 天
		福		愛 天
	第三禪	徧		淨 天
		無	量	淨 天
		少		淨 天
	第二禪	極	光	淨 天
		無	量	光 天
		少		光 天
	初禪	大		梵 天
		梵		輔 天
		梵		衆 天
欲界	六欲天	他	化 自	在 天
		化		樂 天
		兜		率 天
		夜		摩 天

須彌山 → 忉利天 (三十三天)
→ 四天王天

루어져 있습니다. 소천은 하나의 세계인 삼계가 1000개 모여 있는 것이고 소천이 1000개 모여 있는 것이 중천세계이고 중천이 1000개 모여 있는 것이 대천세계입니다. 불교에서 이 우주는 삼천대천세계입니다. 삼천대천이란 흔히 천이 3개라서 삼천대천세계라 하는데 대천세계와 같은 것이며 불교에서 말하는 우주입니다.

지구가 있는 태양계가 수천 개 모여 있는 것이 은하계이고 은하계가 수천억개 모여 있는 것이 우주입니다. 현대과학이 풀어낸 우주와 부처님이 말한 대천세계하고 동일한 것입니다. 보통 한 세계를 이야기 할 때 불교에서는 수미산을 말하는데 이 수미산은 상징적인 의미입니다. 수미산을 중심으로 동서남북 4개로 큰 세계를 이루고 있는데 이것이 불교에서 말하는 일반적인 세계입니다.

스님이 축원할 때 부처님께서 도를 이룬 곳으로부터 시작해서 주소를 부릅니다.

석가모니 부처님께서는 우리가 살고 있는 남섬부주에서 도를 이룬 것입니다. 남섬부주란 남쪽에 있는 섬이며 북쪽은 북구로주, 동쪽은 동승신주, 서쪽은 서우화주로 세계를 설명한 것입니다. 지금 우리가 속해 있는 곳은 남섬부주로, 우리의 주소는 남섬부주 태양계 지구촌 아시아지역 대한민국 대구시 남구 대구불교방송이 됩니다.

삼계의 구조

불교에서 세계를 이야기할 때 삼계구지라고 합니다. 삼계는 욕계, 색계, 무색계이며, 구지는 욕계지와 색계 사천선의 4지와 무색계 사처의 4지를 합하여 구지라 합니다. 욕계의 제일 밑에는 지옥, 아귀, 축생, 아수라, 인간, 사천왕천, 도리천, 야마천, 도솔천, 화락천, 타화자재천이 있습니다. 탐욕과 음욕과 치심이 가득찬 곳입니다. 절의 일주문을 통해 들어가면 제일 먼저 통과하는 문이 사천왕문입니다. 절이란 그 자체가 일주문을 통해 인간세상과 하늘나라를 구별짓는데 그 문이 일주문입니다. 일주문을 따라 들어가면 첫째로 나오는 문이 사천왕문입니다. 바로 하늘 세계의 처음 나라가 사천왕천입니다. 그 사천왕천에는 우락부락한 사람들이 많이 서 있습니다. 사천왕천을 지키는 사왕천과 팔부신중들이 우주에 존재하는 삿된 무리를 벌하고 감독하면서 불법을 수호합니다. 사천왕문에 있는 팔부신중은 천, 용신, 야차, 건달바입니다.

건달은 빈둥빈둥 노는 사람을 일컫는 말인데 그 건달이 부처님의 불법을 수호하는 팔부신중 중에 한사람인 것입니다. 많이 떠들고 시끄럽게 구는 것을 보고 아수라와 같다고 하는 그 아수라이며 가루라, 긴나라, 마후라 입니다. 팔부신장에서 나오는 이름이 지금 일반적으로 쓰고 있는 용어 그대로 입니다. 다시 말해서 사천왕이란 일주문을 지나 처음 들어가는 하늘나라로 부처님의 세계로 들어가는 첫 관문입니다.

다음이 도리천입니다. 부처님을 낳아주신 마야부인은 도리천에 태어났습니다. 부처님은 성도하시고 7년 째 되는 해에 도리천에 계신 어머니를 천도한 것입니다. 도리천에서 더 올라가면 야마천이고 그 다음은 도솔천입니다. 33천이란 말이 나오는데 이 33천이 도리천입니다. 33천은 동서남북으로 동쪽으로 8천 서쪽으로 8천 남쪽으로 8천 북쪽으로 8천 중앙에는 제석천인 제석천왕이 있습니다. 바로 33천으로 이루어져 있기 때문에 도리천을 삼십삼천이라고 부릅니다.

삼계

삼계는 욕계, 색계, 무색계로 이루어져 있습니다.

욕계는 우리들이 태어나서 죽고 다시 태어나고 하는 육도윤회하는 곳입니다. 하늘나라를 통틀어서 사천왕천 이상이 욕계에 속합니다. 바로 타화자재천까지는 욕계로서 욕(欲)과 물(物)과 심(心)을 가지고 있어 탐욕과 음욕과 치심의 세계입니다. 인간이 가지고 있는 것을 다 가지고 있는 것이 욕계이며 이것을 벗어난 수승한 세계가 색계입니다.

색계는 물과 심 밖에 없는 욕심은 없지만 음욕은 남아있는 세계입니다.

색계의 제1선천은 범천, 제2선천은 광천, 제3선천은 정천, 제4선천은 복천으로 이루어져 있습니다.

그것마저 없고 마음밖에 없는 하늘나라가 무색계입니다. 공무변처, 식무변처, 무소유처, 비상비비상처로 이루어져 있습니다. 부처되기 전의 세계로 끝없는 선정의 단계입니다. 색계에서 무색계의 단계까지 올라가는 마지막 단계로 부처되기 전의 단계입니다. 비상비비상처 다음이 바로 부처인 것입니다. 부처님께서 도를 이루기 전에 그 당시의 사상가들을 찾아다니면서 공부를 했습니다. 그때 부처님께서 터득한 가장 높은 경지가 비상비비상처입니다. 여기까지 터득하는데 일주일이 걸립니다. 일주일만에 터득하고 보니 결국 왜 죽어야만 하는가의 문제가 여기에서 해결되는 것이 아니라는 것을 깨달으시고 바로 혼자 수행의 길을 떠납니다.

육도윤회

우리는 인간의 몸을 받기도 하고 지옥을 받기도 하고 한 세상 잘 살고 나면 극락에 태어나기도 합니다. 일반적으로 우리는 지옥에서 시작하여 하늘나라 천상까지 육도윤회를 합니다. 육도는 지옥, 아귀, 축생, 아수라, 인간, 천상입니다. 기본적으로 육도 윤회에는 여섯가지 세계가 있는 것입니다. 그래서 우리는 지옥에 태어나기도 하고 선업을 지으면 천상에 살고 열심히 기도하고 한 세상 잘 살면 극락에 왕생합니다. 인간 몸 받아서 본전치기도 못하는

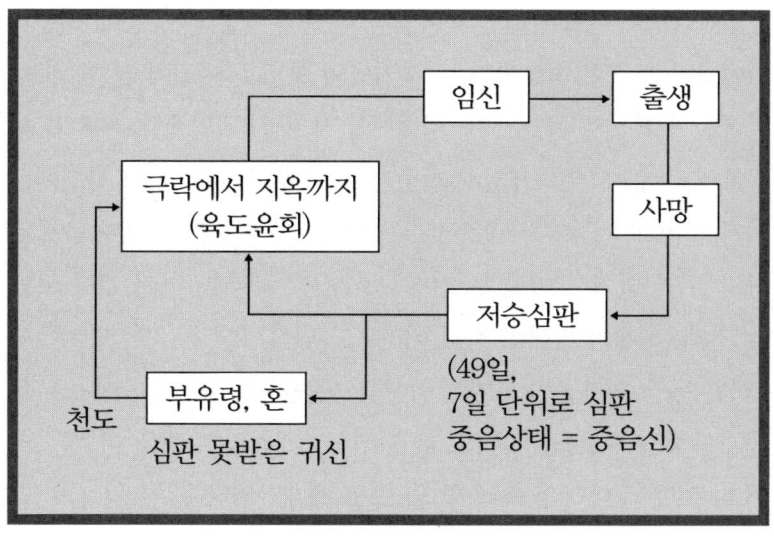

〈육도윤회 과정〉

삶이 되면 지옥에서 아수라 세계로 떨어지는 것이며, 지옥으로 떨어지는 삶은 지금 몸 받아 사는 것 보다 더 못한 삶입니다. 기도하거나 한 세상 잘 살고 나면 극락에 갑니다. 즉 천상에 태어납니다. 칠월 백중에 하는 백중기도가 있는데 여기서 영가를 천도한 것이 유례가 됩니다. 부처님이 도를 이루고 난 후 7년 째 되는 해에 선정에 들어서 보니 부처님을 낳고 칠일 만에 돌아가신 마야부인이 도리천에 태어나 있었던 것입니다.

부처님의 어머니, 마야부인의 천도

부처님께서 선정에 들어 도리천에 있는 천신들을 상대로 설법을 하며 어머니인 마야부인을 천도하게 됩니다. 진정한 법을 가르친 것입니다. 또 천도에 대한 이야기를 하면 부처님 제자 중에 신통제일이었던 목련이 떠오르지요. 부처님의 불법을 이끌어 온 10대 제자에는 신통제일 목련존자, 지혜제일 사리불, 설법제일 부루나, 혜공제일 수보리, 두타제일 가섭존자 등이 있습니다. 인도 사회에는 비가 많이 오는 우기가 있는데 수행자들이 비가 많이 오면 밖으로 나갈 수가 없어서 한곳에 모여서 3개월씩 공부를 하던 것이 오늘날 결제, 해제의 형태로 전해 내려오고 있습니다. 부처님 당시에도 3개월 동안 제자들이 모여서 공부를 했습니다. 부처님한테 법문을 듣기도 하고 수행을 하기도 했습니다. 3개월의 수행을 마치는 날이 바로 우리 나라의 음력 칠 월 보름 해제날입니다. 칠 월 십오 일 해제날에 목련이 선정에 들어서 보니 어머니가 지옥에서 지옥고를 받고 있는 것입니다. 목련은 어떻게 하면 어머니를 좋은 세상에 태어나게 할 수 있을까? 어머니를 천도할 수 있는 방법을 생각했습니다. 목련의 어머니는 살아있을 때 지켜야 할 계율을 지키지 않고 먹고 싶은 것은 무엇이든지 먹고 멋대로 행동하고 하고 싶은 대로 행동한 것입니다. 탐심, 진심, 치심을 내면서 지옥행의 모델로 살았던 것입니다. 그 과보로 무간지옥에서 지옥고를 받고 있었던 것을 목련이 신통으로 선정에 들어서 알게 되었던 것입니다.

목련존자 어머니의 천도

자자를 행하는 중에 목련이 부처님께 청합니다. '부처님이시여, 지금 저의 어머니가 지옥에서 고통을 받고 있는데 어떻게 하면 지옥의 고를 벗어날 수 있겠습니까? 부처님께서 천도를 해주시면 좋겠습니다.' 부처님께서 그 자리에서 청을 들어주십니다. "목련이여,

그러면 오늘 이 자자가 끝나면 유행을 떠나는 모든 수행자에게 공양을 올려라. 그리고 선정에 들어 너의 어머니를 천도하여라. 그러면 너의 어머니가 천도 되리라." 목련은 자자에 참석한 모든 대중에게 공양을 올리고 대중들과 선정에 들어서 지옥에 있는 목련의 어머니를 천도시킵니다. 이것은 지옥에 있는 중생들을 천도하는 제1공식으로 항상 지옥에 있는 중생 영가들을 천도하는 의식으로 보편화 된 것입니다.

음력 7월 15일 백중날은 우주의 기운이 가장 맑고 깨끗한 날입니다. 이 날은 많은 수행자가 3개월 동안 수행하고 마지막 회향을 하는 날이기 때문에 우주의 기운이 가장 밝고 깨끗합니다. 깨끗한 날이기 때문에 지옥에 있는 중생들의 천도가 가장 잘 됩니다.

예를 들어 몸뚱이가 있는 우리는 이야기를 하면 서로 들을 수 있는데 몸뚱이가 없는 귀신은 이야기를 들을 수 없습니다. 우리처럼 몸뚱이를 가진 동업중생들도 미국에 태어난 사람들은 우리 말을 알아들을 수가 없습니다. 지옥에 있는 귀신들이 이 말을 알아들을 수는 더더욱 없습니다. 귀신들에게 감응을 주고 법문을 할 수 있는 것은 선정에 들어서 그들과 대화하는 정신능력밖에 없습니다. 그래서 선정의 힘으로만 지옥에 있는 혹은 이 세상에 있는 귀신들을 천도할 수 있습니다.

탐진치의 과보
인간의 몸뚱이를 이루고 있는 가장 고질적인 것은 탐, 진, 치입니다. 자신밖에 모르는 데서 탐심이 생기고 진심이 생기고 치심이 생기게 됩니다. 이것은 무아를 인식하지 못한데서 생겨난다고 했습니다. 그래서 탐심, 진심, 치심이 매우 무거울 때 받는 과보는 지옥과보, 아귀과보, 축생과보입니다. 탐심이 지나친 사람은 지옥에 떨어집니다. 욕심이 많은 사람은 다음 생에 뱀의 몸을 받는다는 이야기가 있으며 진심이 무거울 때는 아귀의 몸을, 치심이 무거울 때 축생의 몸을 받습니다. 탐진치가 조금 덜 하면 아수라, 인간, 천상의 몸을 받습니다. 우리는 여섯 단계 중에서 다섯 단계에서 몸을 받았기 때문에 인간 몸 받은 사람은 그래도 조금 잘 산 것입니다.

공부를 어느 정도 했을 때 지금보다 못되는 것도 어렵지만 좀 더 잘 하는 것도 어렵습니다. 내가 알고 있는 것은 어지간해서 잊어버리지는 않습니다. 그래서 인간 몸을 한 번 받은 상태에서는 어지간해서 인간이하로 떨어지지 않는다는 것입니다. 그런데 인간 몸 받은 것 보다 더 아래로 떨어진다는 것은 지옥에 간다는 것인데 이 생에 정말 엄청난 탐심(탐욕)을 냈다든지 진심을 냈다든지 했을 때 지옥에 떨어집니다.

포살과 자자

불교에서 행하는 중요한 행사 중에 포살과 자자가 있습니다. 포살은 초하룻날 행하는 법회이고 자자는 15일, 보름에 행해지는 법회입니다. 자자 날에는 모두 모여서 한 달 혹은 석 달 동안 공부하면서 일어났던 생각, 행동을 사람들에게 고백합니다. 나는 공부하면서 어떤 생각을 했고 그것을 행동으로 옮기지는 못했으며 또 어떤 생각을 낸 것은 공부하는데 방해가 되어 참회하여 앞으로는 그런 생각을 일으키지 않겠다고 고백을 합니다. 대중들 앞에서 공개적으로 마음에서 일어났던 죄, 실질적으로 행했던 죄를 고백하는 것이 바로 자자입니다. 불교 행사중에 종교적인 특성을 가장 잘 드러낸 것이 자자입니다. 그래서 이 자자에 모든 수행자는 3개월 동안의 공부를 끝내고 나름대로 유행을 떠나는 것입니다. 자자가 끝나면 다시 공부할 곳으로 떠나는데 떠나기 전에 모든 제자가 둘러앉아 부처님부터 시작해서 수행과정을 고백 합니다.

불교의 인생관, 견성성불

어떤 종교를 믿을 때, 가장 먼저 생각해야 하는 것은 그 종교가 지향하는 목표입니다. 우리가 어떻게 살 것인가? 의 목표가 정해지면 그 목표를 향하여 열심히 살아가는 것과 같은 이치입니다.

불교가 지향하는 목표는 부처입니다. 경전에 "일체중생실유불성"이라고 했듯이 불교의 목표는 부처인 것입니다. 우리가 절에 다니는 목표도 결국은 부처되는 것입니다. 먼저 이 목표가 분명해야 하는 것입니다.

우리가 잘 이해해야 할 것은 세속적인 가치가 진리 가치에 어긋나는 것이 아니라 진리 가치에 포함되는 부분집합이라는 것입니다. 결국 중생이라는 것은 부처에 포함되어 있는 부분집합입니다. 그래서 우리는 부처고 부처될 수 있는 존재이며 불성을 갖고 있다는 것입니다. 우리의 목적은 부처되는 것이지 다른 것이 아님을 알아야 합니다. 절에 열심히 나오는 가장 중요한 이유가 부처되는 것입니다. 불교에서 지향하는 삶의 궁극적인 목표는 부처가 되는 것입니다. 지금 이 순간부터는 우리들의 삶의 목표는 부처되는 것입니다. 목표가 있는 사람하고 없는 사람의 차이는 엄청납니다. 일류대학에 가겠다고 목표를 세워놓고 공부하는 학생과 성적 나오는대로 맞춰서 가겠다는 학생을 1년 동안 공부를 시키면 목표가 분명한 학생은 밤잠을 안 자고 원하는 일류대학에 가기 위해서 공부를 합니다. 목표가 있기 때문입니다. 그렇지만 목표가 없는 학생은 성적에 맞추어 가기 때문에 그렇게 열심히 할 필요가 없습니다. 애를 쓸 필요가 없이 되는대로 가면 되는 것입니다. 우리는 처음부터 다 나름대로 인생의 목표가 있습니다. 세속의 법을 능가하는 가장 중요한 삶의 가치의 기준은 바로 부처입니다. 세세 생생 살아가면서 불법 만난 최고의 행운인 부처 되는 목표를 세우는 것입니다.

주부로서 한 생을 사는 사람, 또 직장 생활을 하면서 한 생을 살 수도 있지만 부처되는 목적을 향해 나아가야 합니다. 삶의 목표인 부처되기 위해서 어떤 경우에는 승복을 입고 어떤 경우에는 세속의 옷을 입기도 하고 다양한 모습으로 세세생생을 살아가는 것입니다.

부처되는 목적을 망각하지 않고 항상 기억하고 있으면 부처 될 수 있지만, 목적이 없으면 이루어지지 않습니다.

돈은 얼마나 벌고 어떤 집에서 어떻게 살 것인가 하는 목적이 있기 때문에 그 목적에 맞추어서 살아가게 됩니다. 나는 이 생에서 대구 시내에서 가장 큰 빌딩을 세우겠다고 원을 세웠다면 그 원이 씨앗이 되어서 빌딩을 세우게 될 인연들이 생기게 되고 결국 건물이 세워지게 됩니다.

　중요한 것은 우리가 부처다 하는 것을 인식하는 문제입니다. 중생의 속성을 갖고 있지만 내 속에는 부처의 속성도 있어서 언젠가는 부처가 될 것입니다. 이생에서 나의 목표는 바로 부처인 것입니다.

불안과 두려움

　예를 들어 내가 차선위반을 하거나 주차위반을 했을 때 불안합니다. 세속에서 정해 놓은 법을 지키지 않았기 때문에 불안합니다. 그것은 벌금을 내야하는 것과 또 내가 차선 위반하면 다른 사람의 차선을 방해해 소통이 원활하지 못하게 하는 죄도 짓게 됩니다. 다른 사람한테 피해를 입히고 나 자신도 물질적으로 정신적으로 피해를 보게 되는 것입니다. 그래서 법은 안 지키는 것보다 지키는 것이 훨씬 더 좋습니다. 근본적으로 법을 어길 때 불안한 마음이 되기 때문에 세속적인 법을 정해 놓으면 그냥 알아서 지키는 것입니다. 달나라에서 태어난 누군가가 지구에 온다면 주차위반이고 뭐고 아무 것도 모릅니다. 자기 멋대로 차를 몰고 다니면서 무엇이 주차위반인지 모릅니다. 그렇지만 우리는 자동차를 운전을 하기 위해서 교육을 받기 때문에 위반인지 아닌지 잘 알고 있습니다. 모를 때는 불안하지 않지만 알게 되면 제대로 하려고 노력을 합니다. 진리의 문제도 마찬가지입니다. 무아와 무상을 모르면 실천하지 않더라도 불안하지 않지만, 알게 되면 불안하게 됩니다.

　주차위반을 하거나 신호위반을 하는 사람들은 법을 지키지 않는 것이 얼마나 위험한 것인지 인식하지 않기 때문에 계속 위반을 하게 되지만, 아는 사람은 위반하더라도 다음에는 위반할 가능성도 낮아지고 또 본인이 위반했다는 것을 알기 때문에 불안해집니다. 우리의 모든 인식, 감정의 기본적인 속성은 불안입니다. 생명체의 근본적인 감정은 불안과 두려움이며, 결국 불안과 두려움이 이 몸뚱이를 만듭니다. 지금 우리는 부처님 법을 모르기 때문에 지키는지 안 지키는지도 모르고 있습니다. 모르는 만큼 위험한 것은 없습니다. 우리가 인식하든지 못하든지 간에 내일 죽는다고 생각하면 오늘 어떻게 살 것입니까?

이 세상에서 몸을 받았다는 것은 출생했다는 것입니다. 태어나기 위해서는 부모에 의해서 임신이 되어야 하고, 임신이 되기까지 어떤 과정이 있습니까? 육육법에서 육근이 있습니다. 육근은 안, 이, 비, 설, 신, 의입니다. 몸뚱이를 이루고 있는 안이비설신의의 안은 눈, 이는 귀, 비는 코, 설은 혀, 신은 몸, 뜻은 의지인 것입니다. 육근에 대한 대상이 육경이고 육경과 육근이 부딪쳐 육식을 만들어 냅니다. 내가 눈으로 대상을 보면 안식이 생기고 귀로 소리를 들으면 이식이 생기고 이와같이 육경과 육근이 부딪쳐 육식을 만들고 육식에 의해서 육촉이 이루어지고 육촉에 의해서 육수가 이루어지고 육수에서 육애가 생깁니다. 즉 육식에 의해서 육촉, 몸뚱이가 부딪치고 부딪친 것에 대한 수, 느낌이 생기고 느낌에 의해서 애욕이 생깁니다. 우리는 애욕 속에서 한 생을 살다 갑니다.

부처님 법을 모른다고 온 종일 TV 시청해도 괜찮고 친구를 만나서 수다를 떨어도 괜찮다고 생각하는 것은 착각인 것입니다. 오늘 한 시간 노력하는 것은 나이가 들어 십 년 노력하는 것 보다 낫습니다. 은행에 돈 넣어 놓으면 이자 붙듯이 공부도 똑같은 것입니다. 진리에 대한 확신이 없는 것은 무아와 무상을 모르기 때문입니다.

순치황제의 출가시

부처가 되면 어떤 이득이 있는지 한 번 살펴봅시다. 지금 부처 된다고 하면 명(明)의 상태가 되는 것입니다. 밝게 아는 이 상태가 바로 부처 되는 것입니다. 명(明)이라는 것은 밝음이고 광명입니다. 불교를 말할 때 '자비 충만 하시고' 라고 합니다. 바로 안다는 자체가 끝없는 광명입니다. 무아와 무상을 알면 내 속에서는 끊임없는 자비가 흘러나게 됩니다. 그것이 바로 부처의 속성입니다.

순치황제는 자신의 전생을 돌아보고 세속의 한 평생이 수행자의 하루 삶보다 못하다고 하면서 왕위를 버리고 출가 수행자가 되었습니다.

순치황제 출가시(順治皇帝 出家詩)

곳곳이 총림이요 쌓인 것이 밥이니
대장부 어디 간들 밥 세그릇 걱정이랴.
황금과 백옥만이 귀한 줄 알지 마소
가사 옷 얻어 입기 무엇보다 어려워라.

이 내몸 중원천하 임금노릇 하건마는
나라와 백성 걱정 마음 편한 날 없구나.
인간의 백년 살이 삼만육천 날이란 것
풍진 떠난 명산대찰 한나절에 미칠손가.

당초에 부질없는 한생각의 잘못으로
가사 장삼 벗어놓고 곤룡포를 걸치었네.
이 몸은 원래 깊은 산 스님이었는데
무엇을 반연하여 제왕가에 떨어졌나?

이몸이 나기전에 그 무엇이 내 몸이며
세상에 태어난 뒤 내가 과연 누구런가.
자라나 사람노릇 잠깐동안 나라더니
눈 한번 감은 뒤에 내가 또한 뉘기런가?

백년의 세상일은 하루 밤의 꿈속이요
만리의 이강산은 한판 노름 바둑이라.
대우씨 구주를 세우고 탕임금이 걸을 치며
진시황이 6국을 통일하고 한태조가 새터 닦네.

자손들은 제 스스로 제 살 복을 타고났으니
자손을 위한다소 말 소 노릇 그만하소.
수천 년의 역사 위에 많고 많은 영웅들아
푸른 산 저믄 날에 한줌 흙이 왠 말인가.

올 때는 기쁘다고 갈 때는 슬프다고
속절없이 인간에 와 한 바퀴를 돌아보니
애당초 오지 않았으면 갈일조차 없는 것을
기쁜 일은 조금이고 슬픈 일만 가득하네.

나날이 한가로움 내 스스로 알 것이며
이 풍진 세상 속에 온갖 고통 여윌세라.
입으로 맛 들임은 시원한 선열미요
몸에 걸치는 것은 누더기 한 벌이 원이로다.

오호와 사해에서 자유로운 객이 되어
부처님 도량에서 마음대로 노닐세라.
세속을 떠나는 일 하기 쉽다 말을 마소
숙세에 쌓아놓은 선근 없인 아니되네.

18년 임금노릇 자유라곤 없었는데
강산을 뺏으려고 몇 번이나 싸웠는가.
내 이제 손을 털고 산 속으로 돌아가니
만가지 근심걱정 내 아랑곳 할 것 없네.

天下叢林飯似山(천하총림반사산)
鉢盂到處任君餐(발우도처임군찬)
黃金白璧非爲貴(황금백벽비위귀)

惟有袈裟被最難(유유가사피최난)
朕乃大地山河主(짐내대지산하주)
憂國憂民事轉煩(우국우민사전번)
百年三萬六千日(백년삼만육천일)
不及僧家半日閒(불급승가반일한)

悔恨當初一念差(회한당초일념차)
黃袍換却紫袈裟(황포환각자가사)
我本西方一衲子(아본서방일납자)
緣何流落帝王家(연하류락제왕가)

未生之前誰是我(미생지전수시아)
我生之後我是誰(아생지후아시수)
長大成人纔是我(장대성인재시아)
合眼朦朧又是誰(합안몽롱우시수)
百年世事三更夢(백년세사삼경몽)

萬里江山一局碁(만리강산일국기)
禹疏九州湯伐桀(우소구주탕벌걸)
秦吞六國漢登基(진탄육국한등기)

兒孫自有兒孫福(아손자유아손복)
不爲兒孫作馬牛(불위아손작마우)
古來多少英雄漢(고래다소영웅한)

南北東西臥土泥(남북동서와토니)

來時歡喜去時悲(내시환희거시비)
空在人間走一回(공재인간주일회)
不如不來亦不去(불여불래역불거)
也無歡喜也無悲(야무환희야무비)

每日淸閑自己知(매일청한자기지)
紅塵世界苦相離(홍진세계고상리)
口中吃的淸和味(구중흘적청화미)
身上願被白衲衣(신상원피백납의)

四海五湖爲上客(사해오호위상객)
逍遙佛殿任君棲(소요불전임군서)
莫道出家容易得(막도출가용이득)
昔年累代重根基(석년루대중근기)

十八年來不自由(십팔년래부자유)
山河大戰幾時休(산하대전기시휴)
我今撒手歸山去(아금철수귀산거)
那管千愁與萬愁(나관천수여만수)

제 21강
사념처관

무애해도

부처님의 원음에 가장 가까운 수행법으로 무애해도가 있습니다.

빠디삼바다막가(무애해도 無碍解道, Patisambhidamagga)는 B.C. 250년 경에 성립된 아비달마시대 이전에 성립된 것으로 부처님의 원음이 가장 생생하게 살아있습니다.

윗수디막가(청정도론 淸淨道論, Visuddhimagga) 5세기경 붓다고사(불음, 각음)가 지은 것입니다. 실론의 싱할라어로 된 불교초기 경전들을 토대로 하여 집대성한 논서도 있습니다.

무애해도에서는 신수심법의 사념처를 설명하고 있는데, 신에 대하여 호흡을 통한 알아차림으로 다음과 같은 내용이 있습니다.

길게 호흡을 들어 마시면서 들어마신다는 것을 알아차립니다.
(1) 길게 마시면서 알아차림

(2) 길게 내쉬면서 알아차림
(3) 짧게 마시면서 알아차림
(4) 짧게 내쉬면서 알아차림

호흡하는 것을 온 몸으로 느끼면서, 코로만 호흡하는 것이 아니라, 숨을 들어 마시는 것을 익힙니다.
(5) 온 몸을 느끼면서 숨을 마시겠노라 익힘
(6) 온 몸을 느끼면서 숨을 내쉬겠노라 익힘

외부적인 자극에 의해서 느끼는 고통과 즐거움의 육체적 현상을 가라앉히면서 숨을 들어 마시는 것을 익힙니다.
(7) 육체적 현상을 가라앉히면서 마시겠노라 익힘
(8) 육체적 현상을 가라앉히면서 내쉬겠노라 익힘

우리는 원래 부처다

우리는 원래 부처이기 때문에 부처가 될 수 있습니다. 회양선사와 마조선사의 이야기에서 마조가 부처 되기 위해서 열심히 공부하고 있을 때 하루는 회양이 확인하러 갑니다. 마조가 공부하고 있는 암자를 찾아가서 보니까 혼자서 열심히 공부하고 있었습니다. 회양선사는 마조를 기다리고 있는데 날이 어둑해지자 마조가 방에서 나옵니다. 그 때 나이가 많은 스님 한 분이 계시는 것을 보고 '스님 어떻게 오셨습니까?' 하고 인사를 합니다.

회양 선사는 '자네 보러 왔네.' 한마디 하시고는 돌을 하나 주워 법당 앞에 있는 바위에 갈기 시작합니다. 한참 보고 있던 마조가

'스님, 지금 뭐하시고 계십니까?' 하고 묻습니다. 그러자 회양선사가 '돌을 갈아 거울을 만들려고 한다'고 하자 마조가 빙긋이 웃으면서 '스님 돌은 아무리 갈아도 거울이 안 됩니다. 돌은 돌일 뿐인데 어떻게 거울이 됩니까?' 라고 합니다.

회양은 뒤도 돌아보지 않고 '그래 그럼 앉아 있다고 부처가 되느냐?' 라고 합니다. 이 한마디에 마조가 크게 깨우치게 됩니다. 돌은 아무리 갈아도 돌일 뿐입니다. 부처 될 수 있다는 것은 원래 부처였기 때문에 부처가 될 수 있다는 것입니다.

마조가 묻습니다. 그러면 어떻게 해야 부처가 됩니까? 회양이 말하기를 '수레가 가지 않는다면 어떻게 하겠느냐? 수레를 치겠느냐? 소를 치겠느냐?'

하느님과 연기

불교를 믿는다 기독교를 믿는다 하는 문제를 한번 생각해 봅시다. 기독교를 믿는다 할 때는 절대자인 하느님을 믿으면 됩니다. 기독교를 믿는 사람들은 성경과 찬송가를 줄줄 외우고 있습니다. 불자들은 어떻습니까? 부처님 앞에 절만 할 줄 알았지 불교에 대해 물어보면 한마디도 못하는 것이 대부분입니다. 일단 내가 이해하고 인식을 하고 체득해야만 내 것이 되는 것입니다. 불교는 믿는다는 것과는 관계가 없지만 절에 가자고 했을 때 상대방에게 왜 절에 가야 하는지, 가면 무엇이 좋은지 설득할 중요한 핵심을 설명해 줄 수 있어야 합니다.

그러면 불교에서 믿는다 할 때 무엇을 믿으라 하면 될까요? 부처님의 가르침의 핵심은 연기였습니다. 그러면 연기를 믿으라 하면 되겠는데 상대방이 알아들을 수가 없습니다. 연기라는 것은 너무 막연하고 어렵습니다. 설명을 해도 어렵습니다. 하느님 = 절대자, 전지전능과 같은 등식이 있으면 되겠습니다. 연기 = 인과응보, 인과입니다. 바로 연기는 인연과의 법칙이며, 인과응보는 이 법칙이 나타나는 하나의 현상입니다. 그래서 연기를 믿는다는 것은 인과를 믿는 것과 같은 것입니다. 인과를 믿는다고 했을 때 상대방은 인과에 대해 생각할 것입니다.

인과를 한번 알아봅시다.

하느님을 믿는 사람은 골치 아플게 하나도 없습니다. 잘못한 일이나 행동이 있으면 하느님이 용서해준다고 했으니까 용서해달라고 기도를 하면 됩니다.

인과를 믿는다는 것은 내가 행한 행동에 대한 그 과보를 내가 받는다는 것입니다. 어느 누구도 대신해 줄 수가 없는 것입니다.

그런데 믿는 사람에게만 인과가 있고, 믿지 않는 사람에게는 인과가 없으면 얼마나 좋겠습니까? 인과는 믿고 안 믿고의 문제와는 관계없이 누구에게 한결같이 적용되는 것입니다. 믿든 안 믿든 인과는 그대로 받게 되어 있습니다.

그러면 인과는 모르는 것이 좋겠습니까? 아는 것이 좋겠습니까? 분명 모르는 것보다 아는 것이 훨씬 더 좋습니다. 그릇의 물이 뜨거운 줄 모르고 마시면 입을 뎁니다. 그러나 뜨거운 것을 알고 조심해서 마시면 입을 데지 않습니다. 인과도 모르는 것보다는 아는 것이 훨씬 더 이익이 큽니다.

이왕 인과가 있다면 모르는 것보다 알고 대비하는 것이 더 났겠지요. 모를 때는 끝도 없이 계속되지만 알게 되면 바른 길로 돌아서려고 노력하고 결국 바른 길을 걷게 되는 것입니다.

사념처관(四念處觀)

부처님은 연기를 가르치면서 체득할 수 있는 수행 방법도 설명하셨습니다. 부처님께서 제자들에게 가르치신 수행방법이 바로 사념처관(四念處觀)입니다. 사념처관을 통해 연기를 체득 할 수 있고 깨달음에 도달할 수 있다고 가르쳤습니다.

부처님께서 구로국 캄마에 계실 때 대념처경을 설하십니다. 대념처경에서 설한 사념처, 즉 네 곳을 생각하라 했을 때 먼저 신(身)입니다, 우리의 몸입니다. 나하고 가장 가깝고 나와 더불어 같이 있는 것이 몸뚱이입니다. 멀리서 찾고 생각하는 것이 아니라 자신의 몸뚱이부터 한번 살펴보라는 것입니다. 그 다음에는 누구에게나 끊임없이 정신 작용이 일어납니다.

수로 느끼고 받아들이는 '감수 작용을 한 번 생각해보라'는 것입니다. 몸뚱이와 감수작용을 포함한 마음의 상태를 구체적으로 살펴보는 것입니다. 이것은 몸뚱이와 관계있는 나 자신을 관조하는 것입니다. '자신의 마음이 어떤지 살펴보아라.'는 것입니다. 다음으로 '대상을 살펴보아라'고 하셨습니다. 대상을 살펴보는 것은 법을 살펴보는 것입니다. 그래서 부처님께서는 첫째 자신의 몸뚱이를 살펴보고, 둘째 몸뚱이 속에서 작용하고 있는 느낌이나 감수 작용이 어떤 식으로 작용하는지 한번 살펴보라는 것입니다. 셋째 몸뚱이가 어떻게 둘러 쌓여 있고 어떤 작용을 하는지 살펴보라는 것입니다. 어느 순간에는 탐심을 일으키고 어떤 순간에는 진심을 일으키고 화내는 마음을 일으키는지 마음을 잘 살펴보라고 하신 것입

> 사념처관
> 1. 신, 먼저 몸을 관찰하고
> 2. 수, 감정과 느낌을 관찰하고
> 3. 심, 자신에게 일어나는 모든 생각을 관찰하고
> 4. 법, 나와 대상의 관계, 대상과 대상의 관계를 관찰하는 것입니다.

니다.

그 다음 대상인 법에 대해서 한번 살펴보라는 것입니다.

이것을 살핌으로써 연기를 터득하고 진리의 세계로 나아갈 수 있습니다. 사념처관은 우리의 몸뚱이와 감수 작용과 마음과 법인 네 가지에 대하여 관찰하는 것입니다. 관찰을 통하여 끊임없이 정진하고 바른 생각 바른 지혜로써 허욕과 번뇌로부터 자유로워져야 한다고 부처님께서 가르치고 있습니다.

신

첫째 몸(身)을 관찰하는 것인데 부처님께서는 대념처경(大念處經)에 자세하게 설명해놓았습니다. 우리는 숨을 들이쉬고 내쉬고 합니다. 숨이라는 것이 매우 중요합니다. 참선할 때 기본적으로 먼저 해야 하는 것이 숨 고르기입니다.

숨이라는 것은 안의 세계와 밖의 세계를 연결시킵니다. 숨을 쉬는 호흡을 통해 들이쉴 때는 바깥에 있는 이 세상의 모든 기운을 들어마시는 것이고 숨을 내쉴 때는 내 속에 있는 맑고 깨끗한 기운을 우주의 끝까지 내보내는 것입니다.

　나와 대상과 우주와 교합할 수 있고 교감할 수 있는 것이 바로 숨을 통해서 입니다. 그래서 부처님께서는 숨에 대해서 관찰해보라고 말씀하신 것입니다. 숨을 내쉬고 숨을 들이쉴 때 혹은 숨을 짧게 쉬고 숨을 길게 쉬고 하는 이런 것들이 현상을 관찰함으로써 정신통일을 하게 되고, 또 숨을 통해서 육신이 훨씬 더 건강해지고 좋아진다는 것을 알 수 있습니다.

　둘째 몸의 동작에 대해서 관찰해 보라는 것입니다. 피곤하면 누워서 좀 게으름을 피우고 다리가 아플 때는 쉬면서 다리를 풀기도 하고 주무르기도 합니다. 게으름을 피워 누웠을 때 내 육신을 한 번 살펴보고 또 포행을 할 때 육신을 한번 살펴보고 관찰을 해보라는 것입니다. 그 다음 한 단계 더 나아가서 하루 생활하는 전부를 관찰해보라는 것입니다. 하루하루 생활을 관찰해 보고, 몸의 안팎에 대해서 관찰해보면 몸 안에는 오장육부도 있고 피도 있고 골수도 있고 내장도 있고 똥, 오줌도 있습니다.

　우리가 먹은 음식은 몸속에서 소화되어 흡수되기도 하고 바깥으로 배설되기도 합니다.

　죽으면 썩을 몸에 대해서 관찰해보라는 것입니다. 이 몸이 죽어 있는 상태를 한 번 생각해 보세요. 죽고 나면 흩어질 몸인데 온갖 애착을 가집니다. 지금은 옆에 있는 사람이 좋지만 죽은 후에도 좋다고 곁에 보관해 둘 수 있겠습니까?

　죽어 지수화풍으로 돌아가고 남아 있는 것은 해골 뿐 입니다. 해골에 대해서 관찰해보고 또 부서진 **뼈**를 통해서 이 몸뚱이에 대한 집착과 애욕에서 벗어나라는 것입니다. 이 몸이 소중하다고 생각했는데 관찰해보니까 몸뚱이는 결국 썩어 없어지므로 애지중지 할 것이 아무 것도 없습니다. 이 몸에 대한 바른 관찰을 통해 집착에서 벗어나는 것입니다.

 이것이 첫째 신, 몸에 대한 관찰입니다.

 그 생각을 계속함으로써 이 몸뚱이에 대한 집착에서 자유로워지고 집착에서 벗어날 수 있다는 것입니다. 부처님께서 제자들에게 가르치신 방법입니다.

 부처님 당시에는 지금보다 집착이 덜 했을 것입니다.

 부처님께서는 바르게 살기 위해서 결국 이 몸에 대한 집착, 생각에 대한 집착, 대상에 대한 집착에서 벗어나는 것이 최선이라고 하신 것입니다.

 집착에서 벗어나는 것이 연기의 세계로 나아가는 방법입니다. 모든 것을 막고 있는 가장 큰 장애는 바로 집착입니다. 몸에 대한 집착으로부터 아집과 애욕이 생겨 모든 것이 생깁니다. 집착하면서 몸을 가꾸는 것하고, 집착에서 자유로우면서 몸을 가꾸는 것은 다릅니다. 집착에서 벗어난다해서 이 몸을 함부로 해도 좋다는 것이 아닙니다.

 이 몸이 없으면 공부를 할 수가 없습니다. 나가세나 존자와 밀린다 왕의 문답 속에서 이런 얘기가 있습니다.

 '나가세나 존자여, 당신은 몸에 상처가 나면 왜 상처를 싸 메느냐?' 라고 밀린다 왕이 묻습니다. 나가세나 비구가 '대왕이시여 상처가 귀하고 소중해서 싸매고 약을 바르는 것이 아니라 약을 바르고 상처를 싸매는 것은 몸을 낫게 하고 잘 보존하여 제대로 수행 정진하기 위해서입니다.' 집착에서 벗어나는 것은 몸뚱이를 함부로 해도 좋다는 것이 아닙니다.

　몸이 건강하지 않으면 아무 것도 못합니다. 건강만큼 중요한 것은 없습니다. 집착하지 말라하는 것과 몸뚱이를 함부로 하는 것이 다르다는 것을 이해해야겠습니다.

　아무 것도 아니다. 하는 그 실상을 사실대로 관찰하여 그 사실들이 눈앞에 나타나면 세상 어떤 경계에도 집착하지 않게 되는 것입니다.

　부처님께서 몸에 집착하지 말라고 가르친 것은 진리를 알면 세상 어떠한 경계에도 집착하지 않게 된다는 그 가르침을 이 몸을 통하여 가르치기 위해서입니다.

수

　둘째 수, 몸과 마음이 감수작용 하는 것에 대해서 살펴보라고 가르치고 있습니다.

　이 몸에 자극이 오면 즐겁거나 괴롭거나 혹은 즐겁지도 않고 괴롭지도 않은 세 가지 느낌이 일어납니다.

　몸이 괴로울 때는 내 몸이 괴롭다는 것을 알아차리는 것입니다. 안다는 것은 그것을 앎으로써 거기서 벗어날 수 있다는 것입니다.

　부처님께서 가르치신 이 논리는 즐거움을 느낄 때는 즐겁다는 것을 알고 괴롭거나 즐겁지 않을 때는 괴롭지도 즐겁지도 않다는 느낌을 알아야합니다. 내가 감기에 걸렸을 때 감기 걸린 것 때문에 몸뚱이도 고통스럽고 괴롭습니다.

　왜 감기에 걸렸을까 생각하면 원인도 알게 되고 감기를 관찰함으로써 감기 때문에 괴롭다는 것을 이해하면 괴로움으로부터 벗어날 수 있다는 것입니다. 이처럼 자기의 몸과 마음으로 쫓아 일어나는 괴로움이나 즐거움이나 괴롭지도 않고 즐겁지도 않은 이 세 가지 감수를 여실히 관찰하고 또한 어떤 사람의 감수작용을 객관적으로 관찰하되 그 작용이 일어나는 것을 관찰하고 또 그 작용이 사라지는 것을 관찰합니다. 그러니까 그 괴로움이 일어나는 것을 내가 살펴보고 관찰하면 그 관찰을 통해 괴로움이 사라집니다. 괴로움이 사라지는 것을 관찰하면 감수가 수시로 변화하여 고정된 괴로움이나 고정된 즐거움이 없어집니다.

내 생각 속에 일어났던 괴로움도 즐거움도 영원하지 않는 것을 스스로 알게되고 느끼게 됩니다. 감기가 걸려 괴롭더라도 그것이 순간적으로 일어나는 현상임을 알고 약을 먹고 견디면 감기가 떨어지고 다시 건강하고 즐거움을 느낄 수 있다는 것을 알 수 있습니다.

이와 같이 고정된 즐거움이 없음을 알게 되면 세상의 어떠한 것에도 집착하지 않게 됩니다. 수를 관찰함으로써 이 세상에 집착할 것이 없다는 것을 알고 나아가 세상의 집착으로부터 자유롭게 됩니다.

이 감수작용을 제대로 관찰함으로써 그런 마음에 도달하게 되고 내 자신이 그렇게 된다는 것입니다. 부처님께서 설하신 사념처관(四念處觀)은 자신에 대한 집착, 대상에 대한 집착에서 벗어나라는 뜻입니다.

집착에서 자유로울 때는 어떤 일이 일어난다 해도 그 일에 대해 자유로워집니다. 집착이 모든 것을 일어나게 하는 원인이라는 것을 부처님께서 강조하신 것입니다. 우리 몸을 생각하고 감수작용을 생각함으로써 집착으로부터 벗어날 수 있다는 것입니다.

무애해도에서 수에 대한 느낌을 다음과 같이 설명했습니다.
(9) 기쁨을 느끼면서 숨을 들이쉬는 것을 익힘
(10) 기쁨을 느끼면서 숨을 내쉬는 것을 익힘
(11) 즐거움을 느끼면서 숨을 들이쉬는 것을 익힘
(12) 즐거움을 느끼면서 숨을 내쉬는 것을 익힘
(13) 정신적 현상을 느끼면서 숨을 들이쉬는 것을 익힘
(14) 정신적 현상을 느끼면서 숨을 내쉬는 것을 익힘
(15) 정신적 현상을 가라앉히면서 숨을 들이쉬는 것을 익힘
(16) 정신적 현상을 가라앉히면서 숨을 내쉬는 것을 익힘

마하시 사야도

마하시 사야도는 사미 때부터 『대념처경』의 7년 혹은 7일 동안 수행을 하면 아라한 아니면 아나함이 된다는 가르침에 주목했습니다. 그리고 증지부의 『칼라마경』에 제시된 스스로 확인한 진리만을 받아들이라는 부처님의 말씀을 따라 수행을 통한 개인적인 체험을 해야겠다는 결심을 하게 됩니다.

실제로 수행을 하려는 사람은 많은 수행법 가운데 한 가지를 선택해야 하는데, 마하시 사야도는 마음챙김을 통한 통찰수행(사띠 팟타나 위빠사나)을 하기로 결심했습니다.

마하시 사야도는 28세가 되던 1932년, 타톤의 밍군 사야도에게 수행 지도를 받았습니다.

마하시 사야도는 4개월 동안 한 잠도 자지 않고 수행에 몰두하였습니다. 잠을 자지 않고 몸이 건강했던 이유는 위빠사나 수행을 통해 일곱 가지 깨달음의 요소[七覺支: 념(念), 택법(擇法), 정진(精進), 희(喜), 경안(輕安), 정(定), 사각지(捨覺支)]를 경험하면서 마음이 정화되었고, 마음의 정화에 의해서 육체가 정화되었기 때문이라고 합니다.

"대념처경"은 모든 삶의 깨끗함을 위하여, 육체적인 고통에서 벗어나기 위하여 정신적인 고뇌에서 벗어나기 위하여, 해탈을 향해 나아가기 위하여 신, 수, 심, 법에 마음을 챙겨 관찰하라고 가르치고 있습니다.

이러한 대념처경의 깨달음을 바탕으로 위빠사나를 세계적인 수행방법으로 확립하게 됩니다.

위빠사나(Vipassana)에서 위(Vi)는 접두어로 '여러 가지'의 의미가 있습니다. 여기서 여러 가지의 의미는 제법무아(諸法無我)의 제법이며, 제행무상(諸行無常)의 제행이며, 일체개고(一切皆苦)의 일체를 의미합니다. 빠(Pa)는 '자세히, 면밀히'의 뜻이며, 사나(Ssana)는 '꿰뚫어 관찰한다'의 뜻입니다. 그러므로 위빠사나는 여러 가지를 면밀히 꿰뚫어 관찰한다의 의미입니다.

안반수의경

부처님께서는 호흡으로 깨달음에 이르는 방법인 안반수의를 설하였습니다. 부처님께서 월지국의 사기유국에 머무실 때입니다. 이때 부처님께서는 앉아서 안바수의를 90일 동안 행하셨습니다. 다시 90일을 홀로 앉아 생각을 가다듬어, 온 세상의 모든 인간과 날아다니는 새와 굼틀대는 동물을 구제하고자 하였습니다.

'비구들이여, 삼매를 닦을 지어다. 비구들이여, 삼매에 든 비구는 있는 그대로를 알아차린다(pajānāti). 있는 그대로를 알아차린다는 것은 어떠한가?
눈(眼)에 대해 무상하다고 있는 그대로 알아차린다.
시각대상(色)에 대해 무상하다고 있는 그대로 알아차린다.
눈의 의식(眼識)에 대해 무상하다고 있는 그대로 알아차린다.
눈의 접촉(觸)에 대해 무상하다고 있는 그대로 알아차린다.
눈의 접촉을 조건으로 하여 일어난 즐겁거나 고통스럽거나 즐겁지도 고통스럽지도 않은 느낌(受)에 대해 무상하다고 있는 그대로 알아차린다.'

안반수의경은 안세고가 번역하였으며, 대장경 신수장 15권 P163, No 602에 수록되어 있습니다. 산스크리어로 아나파나사티 anapanasati라 합니다.
ana - 들숨이며, apana - 날숨이며, sati - 의식의 집중입니다. 이것을 한문으로 번역한 것이 안반수의입니다.

안은 생명의 창조가 되고, 반은 그치는 것이 됩니다. 수의는 잘못되지 않게 하는 것이니 그것은 되어진 그대로를 보호하는 것입니다. 보호한다는 것은 일체의 것이 잘못되지 않도록 두루 지키는 것입니다. 마음이란 의식이 한곳에서 쉬고 있는 것이니, 또한 마음의 본래상태로 되는 것입니다.

안은 생하는 것이 되고, 반은 멸하는 것이 되며, 마음은 인연이 되고 수는 도가 됩니다. 안은 수를 헤아림이 되고, 반은 서로 따름이 되며, 수의는 그치는 것입니다.

안은 도를 생각하는 것이 되고, 반은 맺힘을 푸는 것이 되며, 수의는 죄에 떨어지지 않는 것이 됩니다. 따라서 안은 죄를 피하는 것이 되고, 반은 죄로 들어가지 않는 것이 되고, 수의는 도가 됩니다.

심

셋째 마음에 대한 관찰입니다.

마음에서 일어나는 것들은 탐욕 아니면 진심입니다. 마음에서 일어나는 모든 것은 탐욕과 진심으로 연관되어 있습니다.

탐욕은 두 가지로 나눌 수 있습니다. 물질에 대한 탐욕과 감정에 대한 탐욕으로 나눌 수 있습니다. 진심은 감정에 대한 탐욕입니다.

탐욕과 진심이 우리의 마음을 일으키게 하는 원동력입니다. 탐심과 진심의 뿌리는 치심입니다. 마음에 탐심이 일어나면 아! 이것이 탐심이구나. 좋은 물건이 있어서 갖고 싶은 마음을 일으켰을 때 이것이 탐심임을 알고 내 것을 만들고 싶을 때 그것이 탐심이구나. 생각하고 내 것이 아닌데 내 것으로 하고 싶으면 돈 주고 정당하게 사야겠다.

이렇게 생각함으로써 탐심을 여의면 여읜 줄 알게 됩니다. 화내는 마음은 감정입니다. 진심이 일어나면 이것이 진심이구나. 화내는 마음이 일어나면 이것이 화내는 마음이구나 하고 알고, 화내는 마음이 사라지면 화내는 마음을 여읜 줄 알면 됩니다.

감정이 잘못되었을 때 감정이 잘못되었다 인식하고 포기하고 가라앉히게 되면 여읜 줄 압니다. 이와 같이 어리석은 마음, 뒤바뀐 마음, 넓은 마음, 좁은 마음, 고요한 마음, 산란한 마음, 해탈한 마음, 해탈하지 못한 마음 등을 낱낱이 관하여 또한 안팎으로 관하여 마음이 일어나는 것을 관하고 또 마음이 사라지는 것을 관하여 눈앞에 대하듯 하면 세상의 집착도 놓아 버리게 됩니다.

결국 몸과 감수작용을 관찰함으로써 집착을 놓아 버리면 되는 것입니다. 집착은 크게 두 가지인데 자기 자신에 대한 집착과 대상에 대한 집착으로 나눌 수 있습니다. 대상에 대한 집착은 자기 자신이 아닌 다른 것에 대한 집착입니다. 그래서 부처님께서 집착을 하지 말라고 계속 가르치고 계십니다. 마음을 관하는 법도 결국 집착으로부터 벗어나고 집착을 놓아버리게 하는 법이구나 하는 것을 알 수 있습니다.

무애해도에서 심에 대하여, 느낌을 통한 익힘에 대한 내용은 다음과 같습니다.

 (17) 마음을 느끼면서 숨을 들이쉬는 것을 익힘
 (18) 마음을 느끼면서 숨을 내쉬는 것을 익힘
 (19) 마음을 즐겁게 하면서 숨을 들이쉬는 것을 익힘
 (20) 마음을 즐겁게 하면서 숨을 내쉬는 것을 익힘

(21) 마음을 모으면서 숨을 들이쉬는 것을 익힘
(22) 마음을 모으면서 숨을 내쉬는 것을 익힘
(23) 마음을 해탈케 하면서 숨을 들이쉬는 것을 익힘
(24) 마음을 해탈케 하면서 숨을 내쉬는 것을 익힘

무애해도에서 법에 대하여 인식을 통한 익힘은 다음과 같습니다.
(25) 무상을 따라가며 보면서 숨을 들이쉬는 것을 익힘
(26) 무상을 따라가며 보면서 숨을 내쉬는 것을 익힘
(27) 탐냄을 떠나 따라가며 보면서 숨을 들이쉬는 것을 익힘
(28) 탐냄을 떠나 따라가며 보면서 숨을 내쉬는 것을 익힘
(29) 소멸을 따라가며 보면서 숨을 들이쉬는 것을 익힘
(30) 소멸을 따라가며 보면서 숨을 내쉬는 것을 익힘
(31) 버리고 따라가며 보면서 숨을 들이쉬는 것을 익힘
(32) 버리고 따라가며 보면서 숨을 내쉬는 것을 익힘

법

넷째는 법에 대한 관찰입니다.

부처님께서는 다섯 가지 장애물에 대한 관찰, 다섯 가지 요소에 대한 관찰, 열두 가지 대상에 대한 관찰, 일곱 가지 깨달음에 대한 관찰, 네 가지 진리에 대한 관찰을 설명하고 있습니다. 네 가지 진리는 고, 집, 멸, 도, 사성제입니다. 다섯 가지 요소는 오온이 있습니다. 열두 가지 대상에는 12연기가 있습니다. 이것을 제대로 관찰함으로써 집착에서 벗어난다는 것을 알 수 있습니다.

일곱 가지 깨달음에 대한 고찰

일곱 가지 깨달음에 대한 고찰은 37조도품의 내용 중 7각분에 해당하는 내용입니다.

첫째 택법각분은 지혜로 모든 법을 살펴서 선한 것을 골라내고, 악을 버리는 것입니다. 둘째 정진각분은 가지가지의 수행을 할 때 쓸데없는 고행을 그만두고, 바른 도에 전력하여 게으르지 않는 것입니다. 셋째 희각분은 무상과 무아를 깊이 인식하여 참된 법을 얻어서 기뻐하는 것입니다. 넷째 제각분은 그릇된 견해나 번뇌를 끊어버릴 때에 능히 참 되고 거짓됨을 알아서 올바른 선근을 기르는 것입니다. 다섯째 사각분은 바깥 경계에 집착하던 마음을 여윌 때에 거짓되고 참 되지 못한 것이 마음에 일어나는 것을 버리는 것입니다. 여섯째 정각분은 선정에 들어 번뇌망상을 일으키지 않는 것입니다. 일곱째 염각분은 불도를 수행할 때 잘 관찰하여 정과 혜를 고르게 하는 것입니다.

다섯 가지 요소에 대한 관찰

다섯 가지 장애물에 대해 한 번 살펴봅시다. 다섯 가지는 탐심을 관찰하라, 성냄을 관찰하라, 의혹을 관찰하고 소란한 마음과 혼침한 마음을 관찰하는 것입니다. 이것이 장애가 되는 내용입니다. 그래서 공부하는데 장애가 되고, 바른 생각에 장애되는 다섯 가지로 마음의 상태에 따라 관찰하는데 탐욕이 일어나면 내 마음속에 탐욕이 있는 줄 아는 것입니다. 여기서 내 마음 속에 탐욕이 일어났으면 그 탐욕이 일어난 것을 알면 탐욕을 소멸 시킬 수 있습니다. 관찰한다는 것이 그만큼 중요합니다. 관찰을 통해서 있는 것을 관찰하면 스스로 그것을 해결하게 만듭니다. 알고 나면 스스로 해결할 수 있습니다.

그래서 부처님께서는 가르쳐만 주었습니다. 가르쳐 주면 알게 되고 그 다음 단계는 스스로 해결합니다. 이것이 세세생생 마음을 닦아야 할 방법입니다. 바로 위빠사나에 대한 이야기입니다. 마음을 관조하고 내 마음에 탐욕심이 일어났으면 탐욕심이 있는 줄 알고 탐욕심을 일으켰다가 그 탐욕심이 사라지면 탐욕심을 여윈 줄 알고 또 탐욕스러운 생각이 일어나지 않았더라도 그런 마음이 잘 못됐다는 것을 스스로 인식하고 이미 탐욕이 일어났을 때에는 탐욕심이 없는 것으로 관찰하고 이미 없어진 것은 앞으로도 일어나지 않을 것으로 관찰하는 것입니다.

그래서 성냄도 의혹도 소란함도 혼침한 마음도 탐욕심과 같이 다섯 가지 마음으로 관찰함으로써 성냄과 의혹과 소란한 마음과 혼침한 마음에도 자유로울 수 있습니다. 이와 같이 안으로 관찰하고 밖으로 관찰하여 일어나는 것과 사라지는 것이 명료해지면 그것으로부터 자유로워집니다.

이것이 부처님께서 우리에게 가르치는 방법입니다. 알게하고 스스로 인식하게 함으로써 해결은 스스로 할 수 있게 만드는 것입니다. 알면 바로 해결된다는 것입니다. 몸과 수와 마음과 법에 관한 네 가지 관찰입니다.

화가 났을 때를 한번 생각해 보세요. 왜 화가 났는지 화가 나 있는 상태를 관찰함으로써 그 화를 스스로 가라앉힐 수 있습니다.

화는 그냥 내버려두면 어디까지 갈지 알 수 없습니다. 엄청난 일들이 일어날 수 있습니다. 그렇지만 화가 났을 때 그 화를 관찰하면 가라앉힐 수 있고 평화롭고 좋은 방향으로 해결 될 수가 있습니다.

사념처관 수행

사념처관은 이제까지 공부한 연기를 터득해가는 방법입니다.

내 몸뚱이를 닦아야 하고 바른 생각을 하고 바르게 살아야 하는데 몸뚱이에 대한 애착과 집착이 있으면 제대로 바른 길을 갈 수가 없습니다.

금강경에서 가르치는 공은 아무 것도 하지 말라는 것이 아닙니다. 거룩한 행위를 하되 그것에 대한 결과를 생각하지 않는 것입니다. 집착하지 말라는 것은 집착하지 않음으로써 그 집착하지 않은 자리에 끝없는 자비심이 들어오는 것입니다. 연기에 대한 인식으로 무상과 무아를 제대로 알고 존재의 본질에 대해 알면 끝없이 자비심이 내 속에서 충만된다는 것입니다.

사념처관을 통해서 집착을 벗어남으로써 집착이 있던 자리에 자비가 채워지는 것입니다. 자비가 충만되는 만큼 행함에 대한 과보도 결과도 생각하지 않게 됩니다. 행위 자체가 바로 빛이 되어 자비광명이 되는 것입니다.

사념처관은 부처님 당시 부처님과 더불어 공부했던 많은 제자들에게 매일 가르쳤던 내용들이며, 이것을 통해서 깨달음의 길로 나아가게 한 것입니다.

사념처관으로 일 년 이상 열심히 수행하면 보살 성문 혹은 연각이 된다고 했습니다. "비구들이여, 이것은 중생들의 죄악을 깨끗이

하기 위해서 근심과 슬픔에서 건져내고 괴로움과 번민을 없애며 정법을 깨달아 열반을 증득하기 위한 유일한 것이니 이것이 바로 사념처관이다."라고 하셨습니다.

우리가 지금 수행하고 있는 모든 것의 방법은 이 사념처관으로부터 나옵니다. 사념처관의 기본 골격은 관조하는 것입니다. 살펴보는 것입니다. 내 몸뚱이의 상태도 관찰하고 내 마음의 상태도 관찰하고 내 몸 속에서 일어나는 이런 정신작용들도 관찰하고 대상이 되는 것도 관찰해서 제대로 한번 살펴보라 하는 것입니다.

사념처관을 지속적으로 하면 보살이 된다고 했습니다.

사념처관 자체를 인식하고 깨닫는 것이 위빠사나고 이것을 지속적으로 하면 사마타입니다. 결국 모든 공부는 위빠사나와 사마타가 동시에 이루어져야 가능한 것입니다. 견성성불 하려면 위빠사나와 사마타는 실과 바늘과 같이 동시에 따라다니게 됩니다. 위빠사나만 있고 사마타가 없다면 지혜는 있는데 자비가 없는 것과 같으며, 또 위빠사나는 없고 사마타만 있다하면 이것은 절구통 앉혀 놓은 것과 똑 같습니다.

공부하여 성성적적하기 위해서는 사마타와 위빠사나 둘 다 되어야 합니다. 절구통이 앉아 있어도 이 생명체가 끊임없이 활동하고 살아있어야 합니다. 절구통 같으면서도 성성해야 하는 것입니다. 또 이 위빠사나는 소란한 현상계의 움직임 속에서도 적적해야 되는 것입니다. 그래서 이 두 가지가 동시에 이루어져야 부처님의 세계로 나아갈 수 있습니다.

사념처관의 내용은 내 몸뚱이와 감수작용과 마음과 법을 모두 관찰하고 지속적으로 관조하는 것입니다. 관찰을 지속적으로 함으로써 부처의 세계를 이룰 수 있고 부처의 세계에 다다를 수 있다는 것입니다.

연기를 스스로 인식하고 체득하는 것이 사념처관을 통해서 이루어진다는 것입니다.

사념처관을 하면 기본적으로 생기는 속성인 집착에서 벗어나는 것입니다. 내 몸뚱이와 대상이 가지고 있는 집착으로부터 벗어나는 것이 사념처관의 속성입니다.

집착이 떨어져나간 자리에는 자비가 충만되니까 빛, 광명이 생기게 되고 바로 연기를 터득하게 됩니다. 사념처관을 통해서 스스로 연기에 도달하고 연기를 체득하고 연기에 나아간다고 가르치십니다.

제 22강
무엇이 정법인가

떨어지는 물 한방울이 바위를 뚫는다

결국은 조그만 모래알 하나 하나가 모여서 갠지즈강의 그 많은 모래를 이루듯이, 떨어지는 물 한방울 한방울이 돌을 뚫듯이 매일 공부하는 것이 성불하게 하는 씨앗이 되고 원동력이 됩니다. 공부하는 것도 중요하지만 매일 실천하는 것은 부처님의 법을 바르게 인식하고 실천하는 좋은 계기가 될 것입니다. 어쨌든 불교 공부할 수 있는 좋은 인연을 만났으니 열심히 합시다.

돈 1억 원이 있다고 생각해보세요. 1억을 쓰다가 남은 것은 죽을 때 갖고 갈 수 있으면 좋겠는데 죽을 때는 아무것도 가지고 갈 수가 없습니다. 1억 원이 있을 때 그냥 내버려둡니까? 그 돈으로 집을 짓는다 해도 연구하여 고민하고 걱정도 하면서 집을 지을 것이고, 장사를 한다고 했을 때도 계획을 세워서 어떻게 하면 장사를 잘 할 수 있을까? 연구하고 노력합니다. 그런데 불교 공

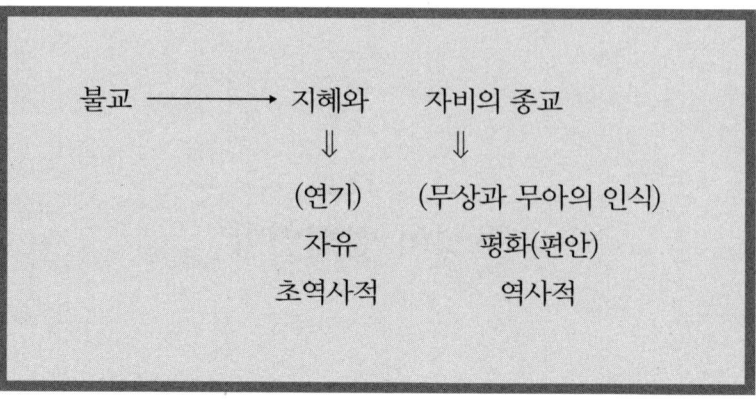

부를 하면서 예습복습을 했습니까? 4주 강의 분량이 한꺼번에 나가기 때문에 예습을 할 수 있습니다. 공부가 끝나고 나면 한번씩 복습도 할 수 있습니다. 공부할 수 있는 기회가 쉽게 이루어지지 않습니다.

어쩌면 세세생생 살아가면서 제대로 공부할 수 있는 인연이 주어지기는 엄청스럽게 어려운 것입니다. 이렇게 공부할 인연이 되었으면 예습복습을 하면서 공부한다면 훨씬 더 잘 할 수 있겠습니다. 공부 잘 하는 학생은 예습을 하고 선생님의 말씀을 들으면 공부하는 내용이 80%이상 이해가 되고 복습 한번 더 하면 100%를 알게 됩니다. 어떤 공부든지 예습복습이 필요하다는 것을 알아야 합니다.

공부에도 왕도가 없고, 인생에도 왕도가 없습니다. 특히 우리가 배우고 있는 이 부분들은 불교의 가장 핵심으로 가장 중요한 부분입니다. 이 자체가 어려운 것이 아니라 이제까지 불교 공부를 하면서 제대로 접해보지 못했던 부분입니다. 부처님께서 가르치신 진주와 같이 아름답고 거룩한 연기를 긴긴 시간동안 공부하였습니다.

불교는 지혜와 자비의 종교라고 합니다. 지혜는 부처님께서 깨치신 연기입니다. 그리고 자비는 연기의 내용인 무아와 무상을 인식하고 나면 생기는 것입니다. 지혜의 속성은 연기이며, 무아와 무상을 인식함으로써 자신에게 쌓이는 그 능력이, 성품이 자비입니다.

자비광명 충만하신

부처님을 이야기할 때 자비광명이 충만하신 분이라고 합니다.

지혜복덕을 구족하신 분이라고 말하기도 합니다. 이 말이 얼마나 묘합니까. 자비와 광명을 이야기할 때 자비가 먼저 나오고 광명이 뒤에 나오는데, 광명이라는 것은 자비로부터 발산되는 빛입니다. 깨치고 나면 존재의 본질적인 성품이 자비임을 알게 됩니다. 그 자비로부터 솟아나오는 빛이 지혜 광명입니다.

연기를 깨치고 나면 복덕을 구족하게 됩니다. 견성을 하고 지혜는 생기는데 복덕이 없는 분도 있습니다. 박복한 분도 있을 것이고 부처님 같이 지혜와 복덕을 두루 갖춘 분도 있습니다.

정법의 속성, 해탈과 자비

정법의 속성은 해탈과 자비입니다. 해탈이 깨달음이며 깨달았기 때문에 연기와 결부되는 내용이 자비입니다. 연기를 깨치므로 내

속에 충만된 성품이 자비가 됩니다. 결국 불교를 제대로 알고 나면 이 육신은 해탈과 자비의 덩어리입니다.

지금 우리가 사용하는 용어로 볼 때 해탈은 진정한 자유입니다. 깨달은 사람을 도인이라 하여 대자유인이라고 표현합니다. 해탈이란 진정한 자유이며 자비란 진정한 평등을 말합니다. 무아를 인식하지 않고서는 진정한 평등이 이루어지지 않습니다. 무아의 근본 내용은 존재하는 모든 것에는 나라고 하는 독립된 실체는 없으며, 서로 연관되어 존재한다는 것입니다. 나라는 실체는 없습니다. 그래서 모든 것이 한 덩어리가 될 때 평등이 됩니다.

정법은 개인적으로 진정한 자유와 평등의 추구에 맞아야 하며 나뿐만 아니라 전체적으로도 모든 생명의 진정한 자유와 평등에 기여하는 것이라야만 합니다. 정법이란 나와 남을 전부 다 이롭게 하고 자유롭게 하는 것입니다. 우리는 마음을 청정하게 하고 지혜를 심화시키기 위해서는 위빠사나와 사마타를 해야합니다. 해탈을 이루고 있는 두 가지 속성은 위빠사나와 사마타입니다. 해탈하기 위해서 정념을 해야 하고 정정을 해야 합니다.

자비의 터득

절제된 계율의 실천과 모든 존재의 생명에 대한 무조건적인 봉사에 의해서 자비가 쌓입니다. 조건 없는 베품이 자비인 것입니다. 예를 들어 내가 이 손을 평생 갖고 다녀도 불편하지 않습니다. 그런데 손에 무엇을 들고 다닌다고 생각해봅시다. 조금 들고 다니다 보면 금방 잊어버립니다. 아니면 다른 곳에 두고 알아차리지 못합니다. 그러나 손은 내것이기 때문에 잊어버릴 염려가 없습니다. 자비란 손과 같은 것입니다. 바로 자비란 내가 착한 일을 하고 보시를 했을 때 그냥 베풀 뿐입니다. 보시를 한 번 할 때는 얼굴을 찡그리지 않고 합니다. 그 다음 두 번째는 할까 말까 망설입니다. 세 번 네 번으로 넘어가면 하기가 싫습니다. 바로 생각이 일어남과 동시에 행동이 일어나는 것이 자비입니다. 그런 마음일 때 내속에 자비가 충만됩니다.

절제된 생각과 무조건적인 봉사에서 생기는 것이 자비심입니다. 무아와 무상을 인식함으로써 생깁니다. 어떠한 상황에서도 자비심이 일어나지 않으면 공부를 할 수가 없어요. 끝없는 자비만이 우리로 하여금 부처되게 하는 씨앗입니다.

밧사카라와의 대화

그러면 구체적으로 지혜, 해탈의 속성에 대해서 부처님께서 어떻게 설명하셨는지 한 번 살펴봅시다.

부처님께서 왕사성의 죽림정사에 계실 때 마가다국의 대신 밧사카라가 찾아옵니다. 죽림정사는 불교의 최초의 정사로써 빔비사라왕이 부처님께서 전도하고 유행하면서 머물 곳이 없는 것을 보고 부처님을 위해서 마련해준 최초의 절입니다. 밧사카라는 부처님께 이야기합니다. 바라문은 4가지 자질을 갖추었을 때 지혜 있는 위대한 사람이라고 이야기합니다.

저희 바라문은 지혜있는 자를 이렇게 표현합니다. "베다의 내용을 이해하는 학문적 능력과 베다의 내용을 잘 암기하여 바로 생각해내는 좋은 암기력과 집안 일에 밝으며 부지런한 성실성과 재력이 있으며 모든 일을 바르게 잘 처리하는 추진 능력을 갖춘 사람을 지혜를 갖춘 사람이라 합니다." 라고 이야기합니다.

부처님이 밧사카라에게 말씀하십니다. 어떤 사람이 지혜있는 사람인가? 하시면서 밧사카라에게 말씀하십니다. 그 사람은 많은 사람의 행복을 위하여 자기자신만의 안녕뿐 아니라 존재하는 많은 사람의 행복을 함께 추구하는 사람이며, 사람들은 그 사람으로 인하여 올바른 길을 선택하고 공덕의 진정한 의미를 알게 된다. 올바르게 살아가는 사람을 보면 다른 사람의 삶에 바른 지표가 될 수 있을 때 지혜를 갖춘 사람이다 라고 하셨습니다.

예를 들어 윤봉길이나 김구와 같이 독립운동을 했던 분들을 생각하면 그런 분의 삶이 표상이 되어 다른 사람들을 올바르게 살아가게 한다는 것입니다. 공덕의 진정한 의미를 알게 하는 것이 지혜라고 하십시다.

자기 자신이 전념하고 싶은 부분에 힘써 정진하고 잘 할 수 있는 부분에 전념을 하며, 가치가 없는 일에는 뒤도 돌아보지 않는다는 것입니다. 가치가 없는 일은 뒤도 돌아보지 않는다는 것은 자신의 마음을 완전하게 조복받았기 때문에 가능한 것입니다.

부처되기 위한 조건

부처님께서는 위대한 사람이 되기 위해서는 첫째 깊은 자기 성찰에 의한 관조의 능력이 성숙되어야 한다고 했습니다.

왜 그 일이 일어나느냐 하는 원인을 찾는 것이었습니다. 불교공부에서 중요한 것은 관조입니다. 관조의 능력이 성숙되어 있는 사람이 지혜있는 사람이라고 말씀하신 것입니다.

둘째 번뇌가 무엇인지 완전히 이해하고 있기 때문에 지혜롭게 살 수 있습니다. 모든 번뇌는 탐심, 진심, 치심입니다. 이것이 근본적인 번뇌이고 나누어져 108번뇌가 되고 팔만사천번뇌가 됩니다.

셋째 번뇌의 소멸에 의해 마음이 구속으로부터 자유로운 상태에 있기 때문에 지혜롭게 살 수 있습니다.

넷째 지혜에 의해서 마음이 편안한 상태에 머물고 있기 때문에 위대하다고 했습니다. 이러한 조건들이 갖추어진 사람은 지혜로우면서도 거룩하게 살 수 있다는 것입니다. 부처님이 가르치신 정념과 정정은 지혜롭게 지극하게 살아가는 위대한 삶의 지침이 됩니다. 부처님의 말씀을 다 들은 밧사카라 바라문은 '부처님이시여, 당신은 지혜있는 사람에 대해서 정확하게 표현하시고 잘 가르쳐 주십니다.' 라고 감탄하면서 불교에 귀의하게 됩니다.

자비와 평등

부처님께서 사위성의 기원정사에 머물러 계실 때 제자들에게 설명하신 내용을 살펴보겠습니다.

부처님께서 예를 들어서 자비를 설명합니다. "사람들이 땅에 구멍을 팠다고 땅이 화를 낼까? 허공에 그림을 그릴 수 있는 것일까? 갠지즈강에 불을 지를 수 있을까?" 그 당시 예를 들 수 있는 상황에는 한계가 있었습니다. 제자들이 "아닙니다. 땅은 화를 내지 않으며 허공에 어떻게 색칠을 하며 어떻게 갠지스강에 불이 나겠습니까?" 하고 대답합니다.

부처님께서 말씀하시기를 "그렇다. 그와 마찬가지로 나쁜 정념의 흔적을 남기는 것을 마음에 품어서는 안된다." 정념은 관조하는 것, 깊이 골똘히 생각하는 것입니다. 바른 정념을 하되 나쁜 정념을 하지 말라는 뜻입니다. 이어서 "대지가 상처를 입었다고 생각하지 않고 갠지즈강이 불을 조금도 괴로워하지 않는 것처럼 그대들에게 일어나는 모든 모멸과 부정을 견디고 어떠한 상대에 대해서도 자애하지 않으면 안되는 것이다." 결국 자비란 기쁜 것도 함께 기뻐하고, 슬픈 것도 함께 슬퍼하는 것입니다. 살아있는 모든 것에 자애하는 마음이 자비이고 평등이라는 것입니다.

"자애는 영원히 흘러야 한다. 자기 자신을 대지와 같이 묵묵히 유지하고 공기와 같이 맑고 갠지즈강처럼 깊게 유지하라." 투명한 공기와 같고 맑고 청정하고 깨끗하게 갠지즈강의 강물처럼 깊게 유지하라는 뜻입니다.

그렇게 한다면 자애하는 마음은 흔들리지 않으며 적대하는 마음도 사라질 것이며 자애하는 마음이 강물처럼 흐를 것입니다. 이것이 부처님의 자비와 평등에 대한 이야기입니다.

귀족집 마님의 자비

부처님께서 예를 하나 듭니다. 어떤 귀족집 마님이 한 번도 성을 내지 않았습니다. 너무나 온화하고 좋습니다. 하녀는 정말 우리 주인 마님이 진정한 자비심으로 충만하여 화를 안내는 것인지 아니면 그냥 그렇게 보일 뿐인지 한번 시험해보기로 하였습니다. 하녀는 어느 누구보다 부지런하고 성실합니다. 하녀가 이렇게 부지런하니까 주인 마님이 화를 낼 일이 없습니다.

시험을 하느라고 다음날 아침에 늦잠을 잤습니다. 당황한 주인이 늦잠을 잔 상황을 이해를 못합니다. 한 번도 늦잠을 잔 적이 없으며 부지런히 청소를 했는데 주인 마님이 일어난지 한 시간 후에 일어났던 것입니다. 한 번은 그냥 봐줍니다. 그 다음 날도 또 그 다음 날도 늦잠을 잡니다. 첫날은 문제가 없었지만 둘째 날에는 "네 멋대로 하는 아이구나." 하고 나무랐으며 셋째 날은 막대기로 그녀의 머리를 쳤다고 경전에 나옵니다.

결국 주인마님은 자기에게 손해가 안 되니까 온화하고 순하게 보였는데 손해가 되니까 본심을 드러낸 것입니다. 주인이 가지고 있는 그런 온화한 마음은 자비가 아니라고 가르칩니다.

고귀하게 태어나서 고귀한 것이 아니다

부처님께서는 "바셋타여, 인간이 고귀한 것은 바라문으로 태어나서 고귀한 것이 아니라 높은 이상을 가지고 있기 때문입니다."라고 하였습니다.

부처가 되겠다고 하는 것이 가장 높은 이상입니다. 중요한 것은 바른 생각과 평등한 봉사이지 고귀한 태생이 아닙니다. 계급도, 불평등도 우월도, 열등도 없이 태어남에는 모두 평등한 것입니다. 다른 사람도 자신과 같이 보거라 남이 그러하면 자신도 그러하고 자신이 그러하면 남도 그러하다고 가르치십니다.

이와 같이 부처님께서는 평생 사성제계급을 타파하고 무너뜨리는데 앞장을 섭니다. 부처님께서 살아계실 그 당시에는 사성제 계급이 타파되었습니다. 그 당시 부처님도 출가하는 제자들도 신분의 차이에 의해서 서열이 정해지는 것이 아니라 출가시기에 의해 순서대로 형님, 아우가 되었던 것입니다. 수드라 계급도 승가에서는 바라문 계급과 같이 평등한 것입니다.

부처님 제자 중에 계율 제일은 우바리입니다. 우바리는 부처님 집안의 이발사였습니다. 부처님의 사촌이 모두 출가하겠다고 부처님한테로 몰려갑니다.

우바리도 아! 이렇게 있어서는 안되겠다. 나도 출가해서 도를 닦아야겠다고 부처님전으로 달려갑니다. 우바리가 하루 먼저 출가를 합니다. 그러자 부처님의 사촌들이 와서 보니 우바리가 자신들보다 앞에 서 있는 것입니다. 부처님의 사촌들은 우리가 어떻게 우바리한테 형님이라고 부르겠느냐고 하면서 우바리보다 늦게 출가할 수 없다고 자신들을 우바리보다 먼저 스님 만들어달라고 부처님께 간청합니다.

부처님께서는 일언지하에 거절합니다. 출가는 오는 순서대로 결정되는 것이지 계급도 신분도 아무 소용없다고 하시면서 그렇게 하기 싫으면 가라고 합니다. 이처럼 부처님은 철저하게 계급타파를 하셨습니다.

인과응보

우리가 불교를 믿는다 했을 때 연기를 믿는 것입니다. 연기는 믿는 것이 아니라 알고 인식하는 것입니다. 인과응보를 믿고 인과법칙을 믿고 인연과 법칙을 믿는 것입니다. 이것은 상대방을 이해시킬 수 있고 자기 자신도 불교를 잘 알 수 있는 하나의 계기가 됩니다. 인과를 이루고 있는 기본적인 내용은 업입니다.

인과는 어떤 행위를 하고 나서 그 행위에 대한 당연한 결과를 받는 것이 업보입니다. 내가 행한 행위가 업이고 보는 행위에 의한 결과를 받는 것입니다.

인과는 연속성의 속성을 가지고 있다
업보의 기본적인 속성은 연속성과 보복성입니다. 여기서 연속성이라 했을 때 인과란 엄밀하게 인연과입니다. 인연과에서 인은 삶의 주체 즉 내가 바로 인입니다. 연은 나 외에 대상이 되는 모든 것입니다. 주체인 내가 인이고 연은 대상이 됩니다.

"까마귀 날자 배 떨어진다."는 속담이 있습니다. 나뭇가지에 앉아 있던 까마귀가 날자 배가 떨어졌는데 나무에 둥지를 틀고 있던 꿩이 떨어지는 배를 맞고 죽었다고 합니다.

다음 생에 까마귀는 사슴으로, 꿩은 산돼지로 태어나고 산 위를 가고 있던 산돼지의 발에 돌이 걸려 굴러 떨어집니다. 그 때 산 아래 풀을 뜯고 있던 사슴이 그 돌에 맞아 죽습니다. 이런 식으로 인과는 되풀이됩니다. 인과 연에서 내가 인이었고 대상이 되는 것은 연이었는데 인의 입장에서는 연속성이고, 연의 입장에서는 보복성입니다.

에드가 케이시의 전생 레코드 리딩법
전생과 윤회에 대한 인식으로 에드가 케이시가 최면술을 이용해서 전생으로 우리들을 인도합니다. 1800년대에 살았던 에드가 케이시는 수많은 사람들에게 최면을 걸어서 인식시킨 유명한 사람입니다. 그는 최면술을 걸어서 개별적으로 중요한 내용을 알아내어 다른 사람의 전생을 알아내는 아카샤 레코드 리딩을 개발합니다. 아카샤 레코드 리딩이란 이 우주에 전생의 저장창고가 있다는 것입니다. 이 전생의 저장창고에 각자의 전생이 저장되어 있다는 것입니다.

  어떤 사람이 갖고 있는 고유 주파수가 있어 주파수만 맞추면 그 사람의 전생을 최면으로 볼 수 있다는 것입니다. 전생의 저장창고에 저장된 전생을 최면을 걸어 자기의 전생을 알게 하여 이야기 하도록 합니다.

  최면에 대한 일대혁명을 일으킨 전생에 대해서 최고의 권위자로 평생을 활약한 사람입니다. 지금 우주에 저장되어 있다는 아카샤가 우주가 아니라 최면상태에서 뇌에서 발생한 알파파가 자기 자신의 염력에 저장되어 있습니다.

  라디오 TV의 주파수를 맞추듯이 주파수를 일치시켜 전생의 삶을 알 수 있다는 것입니다. 그래서 자기자신뿐만 아니라 다른 사람의 전생도 볼 수 있다는 이야기입니다.

김대성의 전생

  신라시대 김대성은 경주 모량리의 가난한 여인 경조의 아들이었는데 경조는 흥륜사의 점개 스님에게 그의 전 재산인 논 두마지기를 시주하고 죽게 됩니다. 그날 밤 신라 김문량의 아내가 임신하여 아이를 낳게 되고, 아이가 손을 펴지 않고 있다가 7일 만에 펴는데 손바닥에 대성(大成)이라는 글씨가 쓰여 있었습니다. 후에 현생의 부모(김문량)을 위해서 불국사를 지었고 전생의 부모(모량리 경조)을 위하여 석굴사를 지었다는 것입니다. 지금도 세계에서 가장 아름다운 절 불국사와 석굴암이 잘 보존되어 있습니다.

핸리포드의 윤회에 대한 믿음

핸리포드는 "내 나이 26세때 윤회를 인정했습니다. 천재는 경험에서 오는 것입니다. 천재를 천부의 재능이나 능력을 생각하는 모양인데 그것은 수 많은 생애를 살면서 쌓아온 오랜 경험의 소산입니다." 라고 했습니다.

핸리포드의 전생은 과연 무엇이었을까? 한번 생각해 봅시다. 소가 사람들의 물건을 실어 나르고 말이 사람들을 태워 나르고 하는 것에 대해서 핸리포드는 왜 짐승들이 무거운 짐을 나르며 고통을 받아야 하는지 얼마나 고민을 했겠습니까? 결국은 이 생에 그로 하여금 차를 만들게 하여 사람들이 말을 타지 않아도 되게 하였으며 소가 짐을 지지 않아도 되도록 하였습니다. 전생에 했던 생각들이 자동차를 만들게 합니다. 짐승들을 위해주는 마음이 결국 차를 만들게 합니다.

응보는 보복성의 특성을 가지고 있다

내가 착한 일을 했을 때 끊임없이 착한 행위쪽으로 흘러갑니다. 이 생에서 내가 착한 행위를 했을 때 다음 생에서도 착한 일을 할 가능성이 커집니다. 인과의 연속성은 내가 이 생에서 열심히 공부했다면 그 공부했던 것을 바탕으로 다음 생에 더 잘 공부할 수 있는 조건을 받아 끊임없이 흘러갑니다.

반복하려는 연속성은 인이 갖고 있는 속성입니다. 그래서 공부하는 사람은 끊임없이 공부하려고 하고 나쁜 일을 하는 사람은 나쁜 일을 하려고 합니다. 결국 자신의 행위 때문에 지옥 불구덩이로 떨어집니다. 이것이 바로 인의 연속성입니다. 이와 같이 인은 한 가지 행위를 지속적으로 할려는 속성을 가지고 있습니다.

보복성은 연이 가지고 있는 속성입니다. 예를 들어 길을 가다가 발로 돌을 찼는데 그 돌에 마침 지나가던 소가 맞았습니다. 그 소는 돌에 맞아 다리를 다쳤습니다. 다음 생에 이 소가 다시 소의 몸을 받든지 내가 인간의 몸을 받아서 이 소가 우연히 낮잠을 자고 있는 내 다리를 밟고 지나갑니다.

이런 것이 바로 보복성입니다. 연은 자신이 당한 만큼 돌려주는 보복성을 갖고 있습니다. 인과의 문제가 결국 존재의 본질을 이해하는 기본적인 바탕입니다. 인과를 믿느냐 하는 것은 윤회의 문제도 포함이 되는데 본질적인 문제입니다.

유전자에 대한 연구

연기의 구조적 문제와 미세한 부분을 이해함으로써 궁극적으로 우리는 인과법칙을 이해하는 것입니다. 그래서 우리는 깨닫기 위해서 인과를 믿어야 합니다. 부지런히 노력하고 애쓰지 않으면 깨달을 수가 없습니다.

이 생에 받은 이 몸을 행복하게 살기 위해서 부지런히 애쓰고 노력하는 것입니다. '부지런히 애쓰고 노력하는' 말보다 더 아름다운 말은 없습니다. 부지런히 애쓰고 노력하는 만큼 행복한 삶이 이루어집니다. 진리는 먼 곳에 있는 것이 아니라 매일 아침 일어나서 한시간 공부하는데 있습니다. 인과를 믿는 것으로부터 모든 것이 시작됩니다. 그래서 인과에 대한 중요한 결론에 도달합니다.

유전자에 대한 연구도 다른 것이 아니라 인과였습니다. 1996년에 시아노 박테리아의 유전자를 풀어보니까 거기에는 40억 년을 살았던 박테리아의 역사가 들어 있었던 것입니다. 바로 전생과 인과가 고여 있었던 것입니다.

인과와 확률

2600년 전에 부처님께서는 인과에 대해서 인식구조론을 완벽하고 명쾌하게 풀어놓으신 것입니다. 그래서 불자들은 자부심을 갖고 살아야 합니다. 세월이 아무리 흐른다 해도 부처님처럼 인간의 인식론에 대한 가르침을 제대로 가르칠 수 있는 사람은 없습니다. 인식론의 바탕은 존재에 대한 인식의 출발이 결국 부처님의 깨달음인 연기에 도달하는 것입니다.

연기는 존재에 대한 속성과 법칙을 명쾌하게 풀어놓은 것입니다. 거시적으로 볼 때 살아가면서 일어나는 현상은 인과법칙입니다. 그래서 인과의 법칙을 벗어나는 것은 아무 것도 없습니다. 인과는 절대로 숙명론이 아닙니다. 인과는 숙명론이 아니라 전생의 어떤 일에 의해서 꼭 그렇게 되는 것이 인과의 속성입니다. 일어나는 사건은 확률입니다.

인과를 이루고 있는 기본적인 바탕은 확률입니다. 이것은 중요한 개념입니다. 인과는 확률로 나타납니다. 인과가 확률로 나타난다는 것은 내가 전생에 행한 수많은 행위로 이생에서는 부처도 될 수 있고 또 대통령도 될 수 있고 혹은 또 평범한 시민으로 한 달에 월급 150만 원 받는 월급쟁이로 살 수도 있고 아니면 거지로 살 수 있는 다양한 삶의 모습이 가능하다는 것입니다.

내가 어느 것을 택하여서 어느 쪽으로 살아가느냐 하는 것은 확률이 가장 큰 쪽으로 살아가게 됩니다. 간혹 확률이 적은 쪽으로 살아갈 수도 있겠지요. 강력한 기도의 힘은 다른 사람의 삶의 확률도 바꿀 수 있습니다.

인과의 확률론

부처님께서 가르치신 모든 것이 인과의 확률론입니다. 연기의 정확한 표현은 인과의 확률론입니다. 어떤 행위를 했을 때 그 행위가 100으로 나타나는 것이지만 어떤 행위든지 똑같이 100으로 나타나는 것은 없습니다. 그래서 이생에 이몸을 받아 이렇게 살아가는 것은 수억 겁 동안 살아오면서 갖고 있는 많은 다양성 중에 확률이 가장 큰 쪽으로 몸을 받습니다. 어떤 사람은 선생을 하고 어떤 사람은 병원에서 일하고 어떤 사람은 가정에서 일하면서 살아가는 것은 수억 겁을 살아왔던 내 업이 가장 큰 쪽으로 나타나서 이렇게 밖에 살 수 없는 것입니다.

세세생생 살아가면서 인간의 몸을 받기가 어렵다고 했습니다. "맹구우목"이라는 고사가 있습니다. 눈먼 거북이가 천년에 한번 물 위로 올라왔을 때 바다에 떠 다니는 나무에 거북이의 목에 걸린다는 이야기처럼 그만큼 어려운 것이 인간 몸을 받는 것입니다. 우리는 지금 인간 몸 받았습니다. 인간 몸 받는 것이 얼마나 귀한 것인지를 인식하는 것이 연기입니다.

　자신이 스스로 귀하지 않다고 생각하는데 대상이 귀하고 소중하게 여기겠습니까? 내 삶의 주체는 나 자신입니다. 내 자신의 삶이 그만큼 소중하고 귀한 것을 연기를 통하여 깨달아야 합니다. 이 우주에서 수억 겁 살아가더라도 오늘 이 하루는 두 번 다시 오지 않습니다. 이 하루는 세세생생 살아가더라도 두 번 다시 오지 않는 소중한 하루입니다.

우리말 발원문

모든 중생들이 부처가 될 수 있다고 일깨워주신 부처님의 자비광명에 진심으로 감사드립니다. 미혹하고 어리석은 저희들, 부처님의 삶을 닮고자 매일매일 일어나는 생각들의 흐름들을 되돌아 보며 편안하고 행복한 하루가 되도록 애쓰고 노력하고 있습니다.

부처님! 수 억겁을 내려오면서 알게 모르게 지은 모든 죄업들을 참회하며, 이생에서 만난 귀하고 귀한 불법인연이 성불인연의 씨앗이 되어 부처 이루기를 발원합니다. 중생의 업으로 인하여 아무리 힘들고 어려운 삶일지라도 이생에서 꼭 부처를 이루겠다는 서원은 한시도 잊지 않고 가슴에 새기겠습니다.

부처님! 어떠한 일이 있더라도 살생을 하지 않기를 발원합니다. 나는 얼마나 진리를 추구하는 문제에 철저한가를 매일 되돌아 보겠습니다. 어떠한 일이 있더라도 도둑질하지 않기를 발원합니다. 나는 청빈하게 살아가는 데 얼마나 철저한가를 매일 되돌아보겠습니다. 매일 반복되는 단순한 일상생활 속에서도 이생에 이 몸 받은 귀한 인연을 생각하면서 헛된 삶이 되지 않도록 청빈한 생각으로 살아가기를 부지런히 애쓰고 노력하겠습니다.

부처님! 어떠한 일이 있더라도 음행을 하지 않기를 발원합니다. 나는 얼마나 순수하게 살아가는 데 철저한가를 매일 되돌아 보겠습니다. 어떠한 일이 있더라도 거짓말하지 않기를 발원합니다. 나는 얼마나 정직하게 살아가는 데 철저한가를 매일 되돌아 보겠습니다. 매일 반복되는 단순한 일상생활 속에서도 이생에 이 몸 받은 귀한 인연을 생각하면서 헛된 삶이 되지 않도록 순수하게 정직하게 생각하고 살아가기를 부지런히 애쓰고 노력하겠습니다.

부처님! 어떠한 일이 있더라도 생각이 미혹하지 않기를 발원합니다. 나는 얼마나 깨끗하게 살아가는 데 철저한가를 매일 되돌아 보겠습니다. 매일 반복되는 단순한 일상생활 속에서도 이생에 이 몸 받은 귀한 인연을 생각하면서 헛된 삶이 되지 않도록 깨끗하게 생각하고 살아가기를 부지런히 애쓰고 노력하겠습니다.

어떠한 일이 있더라도 매월 8일, 15일, 23일, 30일 사재일에는 오계를 꼭 지키는 불자가 되겠습니다. 불법을 배우고 수계를 받고 사재일에 오계를 지킴으로 스스로 불자의 기준이 되겠습니다.

자비광명 충만하신 부처님께 귀의합니다.
올바름의 기준되는 진리법에 귀의합니다.
청정한 삶 걸으시는 승가에 귀의합니다.

김성규 金成奎

법명은 정명(淨名). 1955년 경주에서 태어나 청소년기를 보내면서 역사와 불교에 대하여 관심이 많았다. 1987년 영남대학교에서 이학박사학위를 받았다. 저서로는 불교의 연기론과 물리학의 상대론을 접목시킨 『불교적 깨달음과 과학적 깨달음』을 1990년에 처음 세상에 내 놓았으며, 불교우화 백유경을 현대적 감각으로 해설한 『부처가 되는 100가지 방법』, 불교의 진수인 선불교에 대한 화두여행 『화두』, 불교에 대한 이해를 불교사적으로 살펴본 『이것이 불교다』, 불교경전 중 최대의 관심을 모으고 있는 금강경에 대한 해설서 『마음은 보석』, 우리말로 알기 쉽게 번역한 『묘법연화경』, 『우리말 유마경』, 『대승기신론』이 있으며, 과학과 불교의 접목 에세이 『과학속의 불교, 불교 속의 과학』, 과학적이며 선적으로 알기쉽게 해설한 『반야심경 강의』 등이 있다. 연기를 체계화한 『부처님이 깨친 연기를 이야기하다』, 불교의 역사를 총 정리한 『2600년 불교의 역사』, 마음의 구조를 구체적이고 체계적으로 밝힌 『유식삼십송』, 육조단경 교리를 바탕으로 선을 강의한 『육조단경강의』가 있다. 독송용으로 재편집한 『금강경독송』, 『우리말 묘법연경』이 있다. 여러 승가대학과 일반 불교대학에서 강의하였고, 법륜불자교수회와 영남불교대학에서 오랫동안 활동하였으며, '이뭣고' 백년결사운동의 지도법사로 활동하였다. 인터넷 신문 뉴스웨이(스포츠한국과 무궁화 중앙회 후원) 주최 2007년 제 5회 장한 한국인상에서 대상을 수상하였으며, 현재 영남대학교 의과대학 교수로 재직하고 있다.

2018년 대구불교방송에서 매주 일요일 묘법연화경 강의
미래불교를 창출하는 인터넷 불교 교육원 통섭불교사이버대학(http://www.tongsub.com)을 운영하고 있으며, 2013년에 이 모든 불교운동을 아우르는 (사)통섭불교를 설립하여 월간지 통섭불교(관세음에서 이름 바꿈), 통섭불교강의 등을 통하여 불교활동을 펼치고 있다.